LONG MEI ER ZHAN SHI WEN JIAN

隆美尔战时文件

[英] 李德·哈特◎编著　　黄颖贤◎译

华文出版社
SINO-CULTURE PRESS

图书在版编目（CIP）数据

隆美尔战时文件 /（英）李德·哈特编著；黄颖贤译.
— 北京：华文出版社，2020.6
　　ISBN 978-7-5075-5291-1

Ⅰ.①隆… Ⅱ.①李…②黄… Ⅲ.①隆美尔
（Rommel, Erwin Johannes Eugen 1891-1944）—生平事迹
Ⅳ.①K835.165.2

中国版本图书馆CIP数据核字（2020）第053819号

隆美尔战时文件
LONGMEIER ZHANSHI WENJIAN

编　　著：	［英］李德·哈特
译　　者：	黄颖贤
出版策划：	兴盛乐
责任编辑：	魏姗姗
出版发行：	华文出版社
社　　址：	北京市西城区广外大街305号8区2号楼
邮政编码：	100055
网　　址：	http://www.hwcbs.com.cn
电　　话：	总 编 室 010-58336239　　发 行 部 010-58336267
	责任编辑 010-58336195
经　　销：	新华书店
印　　刷：	北京彩虹伟业印刷有限公司
开　　本：	710×960　1/16
印　　张：	16
字　　数：	228千字
版　　次：	2020年6月第1版
印　　次：	2020年6月第1次印刷
书　　号：	ISBN 978-7-5075-5291-1
定　　价：	49.80元

版权所有　侵权必究

出版说明

本书由英国著名历史学家李德·哈特编著完成，它的主要内容是详细展示隆美尔战时所思所想和战略战术，对读者了解北非和欧洲战场情况有莫大助益。

为了更好地帮助读者了解那段历史，编著者和译者不仅给予了充分的注解，还做了大量补充说明。注解和补充说明文字字体有别于正文字体和信件字体，这样做的目的，是为了让读者看起来一目了然。

在一起编排的信件，如果年份一致，除第一封信外，剩余几份信件不带年份，只落款月份和日期。

华文出版社
2020年5月

导　言

　　隆美尔之所以闻名世界，主要是他作战指挥能力高超。不过，他的写作才能，也让他青史留名。很难再从历史上找到另外一个将军，像隆美尔一样记录战争的点点滴滴。现在，我们把他的所有记录编辑成书，让更多读者了解他。

　　隆美尔的厉害之处在于，他可以把自己的作战过程以及指挥策略写得很生动，他在描写闪击战的机动性能以及装甲部队运动的速度上，写得相当精彩。读者看了这本书，会产生身临其境之感，仿佛跟随着他一起经历了战争。

　　隆美尔记载每一件事都比较客观、真实。他的语言非常精准，经得起历史的推敲——当然，里面会有一些小错误，不过，瑕不掩瑜。本书中可能会有一些个人主观方面的推论，但没有歪曲历史事实。

　　隆美尔可以把所有的作战经过详细地记录下来，这跟他本人的作战经历有关系——他几乎全都亲自上场指挥，尤其是最重要的时刻，他肯定会出现在最重要的地点。

　　隆美尔不仅在行军作战上闻名于世，他的文学功底也被人称赞。在成为名将以前，他根据自己参加第一次世界大战的经历，写了一本很实用的步兵战术教科书。其他战术类教科书内容都很枯燥乏味，可他写的这本读起来生动有趣。第二次世界大战爆发时，战斗更频繁，他很好地利用了这次机会，扩大了自己的写作范围，把更多东西留给后人。他是天生的作家，也是一个与生俱来的战士。

　　第二次世界大战爆发的时候，他为了创作出一本惊世巨作，每天都会做记录。只要逮到空闲的机会，他就会把笔记改写成正式的作品。

可是，他最后服从了希特勒的命令，被迫自杀，因此他生前这个重要的计划不能完成。可他留下来的所有手稿，已经可以编辑成一部让人惊叹不已的巨作。他的手稿，语言上可能还需要一些修饰，但是文字的表现力非常强，而且诸多附加的评论也让他的手稿变得更有价值。

如"沙漠战争守则"一节就是一篇很成熟的军事思想作品。这本书有许多充满哲理的观点。例如，他觉得时间的集中远远超过空间的集中；快速反应可以胜过数量的优势；弹性能作为逆袭的武器；虚张声势有时候可以化险为夷；打破陈旧思想，勇于创建新的规则；制人，非制于人；夺取制空权更利于地面作战；"原则"和"权变"的划分……在我还没看到隆美尔的个人文件以前，我只知道他是一个出色的战术家和野战指挥官，万万没有想过他的战略涵养如此之高。他是一个厉害的元帅，军事才能让人无比惊叹。

要看一个指挥官是不是真的厉害，主要是看他在敌人心中的形象是什么样的。几百年来，在英国人的心中，除了拿破仑，就是隆美尔最厉害。虽然隆美尔的成就比不上拿破仑，但其能力的高超是毋庸置疑的。

英国人把隆美尔看作"偶像"。他的敌人——英国第八军团士兵们，也很尊敬他。要是说到他们当中有谁的表现比较出色时，其他人会赞美道："和隆美尔一样厉害！"

英国内阁曾经想削弱隆美尔在自己军队中的影响力，他们做了很多事情，例如恶意诋毁，抨击他的军事行为。但这样做没什么效果。

要想对一个指挥官做出最公正的判断，就要充分考虑很多客观因素。隆美尔曾经做出过许多贡献，其中最厉害的，是他在没有空军的帮助下，可以做到以少胜多。第二次世界大战爆发时，不管是同盟国还是轴心国，除了他，没有人能在如此恶劣的情况下反败为胜——只有一个人是特例，就是大战初期的韦维尔将军，可他的敌人是战斗力不强的意大利人。

隆美尔并不是一个十全十美的人，他也有几次明明可以得胜、最后却失败的情况。在跟一支实力远远高于自己的军队作战时，一个差池就能导致全军覆没。可实力强大的那方，却可以用他们的实力去弥补这种错误。隆美尔能够在这样艰难的环境下行动迅速，通过欺敌和快速反应来打败对手，还是很厉害的。拿破仑有一句名言："最厉害的将军就是那个出错最少的人。"隆美尔就是这样的人。

要把不同时代的名将做一个比较，最稳妥的办法就是比较他们的"作战艺术"。这与"作战技术"完全是两个概念。我们既可以通过他们所取得的成果来比较，也可以通过他们对敌人的了解程度来做比较。

跟其他名将一样，隆美尔很不喜欢听到反对自己的声音。他批评过哈尔德、凯塞林，当然，他的批评不一定都是正确的。在非洲战役的最后，他的脾气因为身体的不健康而变得更糟糕。可是，"君子之过也，如日月之食焉"，当把自己的情绪都发泄完毕，他就不再记恨，也会对其他人的表现做出正确的评价。例如，他之后表扬了凯塞林。还有，不管是法国人、英国人，还是美国人，他都不会因为仇恨而扭曲对他们的评价——他很了解每一个敌人。

有很多人会疑惑，隆美尔这么厉害，为什么要为希特勒这种残暴的君主效力那么多年？我们应该从一个职业军人，特别是德国军人从小到大接受的教育以及思维模式去理解。在这本书里，可以看出原因：隆美尔是一个精力充沛的人，他一开始只是同情希特勒。可在他跟希特勒比较熟悉以后，他渐渐感到绝望。还有，他当时在非洲，习惯了统领全局，他越是有能力解决大的困难，就越是更清楚地了解同盟国的经济实力，从而他的思想也慢慢发生了改变。他没有办法把这种改变的历程写下来，但我们能得到许多暗示。他的儿子和手下曾经提供了一些证据，证明他后来是想要打倒希特勒，所以才会被逼自杀。

很多时候，天才跟发明创造有着必然的联系。可是在一些"军事名将"身上却看不到这样的情况。有大部分人是因为擅长使用一般的工具或者方法从而得到成功，只有少部分的人会寻找新的工具或者方法。很奇怪，不是吗？历史告诉我们，只有在武器和战术（特别是后者）方面都实时改革，一个民族才会更好地发展下去。

这样的发展，一般都是由纯粹的学者带头，然后慢慢得到军人的重视。然而，很多高级将领毫不在意。在战争史上，有远见的想法比有远见的将军还要少，可是前者对后世的影响却无比深远。因此，我们就有了两个不一样的军事天才，前者是创造型，后者是执行型。

隆美尔完美地结合了这两个特点。当闪击战术开始在英国出现时，隆美尔还没那么有名，可他很快就掌握了这种战术的要领，然后通过加工改造，发展成自己的战术。除了古德里安，他是第二个熟练掌握这种战术的人。最让人敬佩的是，他1940年2月成为第七装甲师师长前，根本不熟悉战车。他只用了不到3个月的时间就掌握了战车的相关情况，然后就开始上战场指挥作战。他在法国战役中表现突出，得到希特勒的信任，希特勒让他去非洲指挥作战，并赋予他独立指挥权。在非洲，隆美尔把这种战术发挥到了极致。

隆美尔善于把握一切机会。如果想搞明白他在这方面的能力如何，不妨看一下以前的著名将领是否也具备这种能力。

古代的战争不多，能用的武器射程也很短。一个将领的指挥范围也许只有一个"战场"，而不是一个"战区"。这时，指挥官就需要一双"慧眼"。所谓"慧眼"，是指高超的观察力和灵敏的直觉。古往今来，所有有名的将领都有这种慧眼，这让他们在战场上能及时把握住战机。在形势严峻的非洲战场，兵力严重缺乏，大漠阻碍军队及时转移，而隆美尔总能打败敌人，说明他这方面的能力比很多古代名将都强。

到了近代，兵器的射程范围大了，作战的士兵也多了，因此战争的范围越来越大。这时，指挥官就要有所改变。他们这时最需要的是威灵顿说的"透视能力"——比"慧眼"还要厉害的本领。指挥官要看穿敌人的意图，知道敌人那边的情况，甚至还要搞明白敌人在想什么。今天，指挥官还要很好地掌握心理学，要了解对手的想法。毋庸置疑，隆美尔的透视能力很强，看他的文件就知道了。

隆美尔总能出其不意地杀敌人一个措手不及，这就是他的透视能力的具体表现。速度和奇袭是孪生兄弟，指挥官需要这种素质。

所以，按照上面说的，除了"闪击英雄"古德里安，近代没有第二个人比隆美尔更厉害。从历史上看，懂得用速度来达到奇袭效果的人没几个，例如拿破仑、弗里斯特和成吉思汗等。如何奇袭，隆美尔的相关文件给出了答案。

最后要说，一个厉害的指挥官需要具备领导才能。就好比战车马达，不论战车驾驶者技术如何，要是马达出现问题，战车就会抛锚。在一个优秀将军的指挥下，军队可以完成一个个艰难的任务，让敌人无比惊讶。

隆美尔完全具备这种领导能力，他是军队里所有人的偶像，所有将士都愿意替他卖命。因此，隆美尔率领军队取得一个又一个胜利，不是偶然的。

李德·哈特

目录

第一部　1940 年的法国战役

第一章　马斯河上的突破 / 002
第二章　合围 / 016
第三章　索姆河上的突破 / 026
第四章　向瑟堡追击 / 037

第二部　非洲战争的第一年

第五章　格拉齐亚尼失败的前因后果 / 048
第六章　第一回合 / 051
第七章　1941 年的英军夏季攻势 / 074
第八章　1941 年的冬季战役 / 083

第三部　非洲战争的第二年

第九章　加扎拉和托布鲁克——作战的准备 / 106
第十章　向埃及境内追击 / 119

第十一章　主动权的丧失 / 124

第十二章　与时间赛跑 / 135

第十三章　成败关头——阿兰哈法 / 140

第十四章　无希望的会战——阿拉曼 / 144

第十五章　阿拉曼的回顾 / 164

第十六章　大撤退 / 165

第十七章　在欧洲的会商 / 173

第十八章　回到突尼斯 / 178

第十九章　在两条火线之间 / 197

第四部　侵入战

第二十章　1944年的侵入战 / 214

第二十一章　天已经黑了 / 240

隆美尔战时文件

第一部
1940年的法国战役

第一章　马斯河上的突破

1940年5月10日，希特勒在欧洲西线战场发动了筹谋已久的战争。这次战争很快就取得了胜利。

5月13日，古德里安的装甲军在色当周边，隆美尔的装甲师在迪南周边，双方一起越过了马斯河。这两道很小的裂缝后来变成一个很大的口子。德军的战车势如破竹，只花了7天的时间，就到达英吉利海峡。这一场战争不仅打败了法国，还让英国落入孤立无援的境地。英国人凭借着海峡这道天险，总算是守住了阵地。战争继续下去，演变成世界大战，后来英国才反败为胜。可以说，1940年5月中旬的突破战，有着不可估量的历史价值。

这一场战争以后，很多人都觉得德国军队会赢，因为希特勒的进攻太犀利，其他国家军队没办法与之抗衡。可之后真正研究学习，才明白这种想法是不正确的。

其实，德国军队没有太大的优势，兵力也不足。德军当时只有136个师可以发动进攻，可他的敌人法国、英国、荷兰和比利时四个国家的兵力加起来有156个师。他们的战车也不如敌人，只有2800辆，联军的战车数量在4000辆以上。德军的优势体现在战斗机上。德军战车在装甲和火力上不如敌人，但速度比较快，技术运用得比较好。本来，新装甲理论是英国发展起来的，但英法两国没有好好利用，德国的"闪击英雄"充分利用这个理论，然后加以实践，才获得了巨大胜利。

在德国136个师里面，只有10个是装甲师，可就是把这10个装甲师利用起来，也足够扭转乾坤，其他部队只是配合着装甲部队发起进攻罢了。

谁都没有想到"装甲兵"会取得这么辉煌的战绩，这让人们忘记了它们的规模其实很小。其实这一场战役之所以胜利，最大的原因还有——德军有古德里安和隆美尔这两个才华出众的优秀将领。

德军原本打算以1914年以前的施利芬计划作为参考，利用右翼博克将军率领的B集团军直接进攻比利时平原。可到了1940年初，这个计划不得不改变，因为曼施坦因将军提议用一个更直接有效的方法。全军主力调整方向，从阿登高原开始进攻。这样一来，攻击的重心转移到伦德施泰特将军率领的A集团军上。它有7个装甲师和庞大的步兵师。

克莱斯特将军的装甲兵团负责突破马斯河。这个装甲兵团是李斯特将军的第十二军团的前卫。它一共有2个先锋，比较厉害的一个是古德里安将军（负责的3个装甲师），它在色当周边做决定性的突破。另外一个是赖因哈特将军（负责的2个装甲师），在古德里安右边前进。在更右方，克卢格将军的第四军团从阿登高原北边进攻，用来掩护克莱斯特侧翼，更好地从吉菲特和那慕尔之间成功渡过马斯河。第四军团，也有两个先锋，分别是第五和第七两个装甲师。

其中，第七装甲师师长正是隆美尔。原本，第七装甲师是四个轻装师的其中一个，1939年冬天的时候才改成装甲师。它只有一个战车团，其他的装甲师都有两个战车团。但这个团又有3个营（一般只有2个营），所以战车有218辆，有一半还是捷克制造的。

下面是第七装甲师编制情况。

装甲兵：第二十五战车团（下辖3个营）、第三十七装甲侦察营。

摩托化步兵：第六步兵团、第七步兵团、第七机车营。

工兵：第五十八工兵营。

炮兵：第七十八野炮团（下辖3个营）、第四十二战防炮营。

轻装师之所以会改成装甲师，是因为波兰战役带来的教训。隆美尔本来是一个坚定的步兵主义者，可通过这一场战役，他深刻地理解了战车的巨大威力。他于1940年2月15日在莱茵河上的高德斯堡成为第七装甲师师长。他以前在步兵团的时候就很有名,以步兵当作机动部队去作战,眼下,他觉得这种新兵种有更好的机动能力。

德军开始进攻的第一天,不算十分顺利,比利时军队主要是以防守为主,他们把主要兵力放在平原地区,因为他们的重要城市都在平原。马斯河东岸,还有到处是森林的卢森堡地区,就交给阿登高原部队。

法国军队不像比利时军队,他们的特点主要是进攻。第一和第七两个军团拥有法国大部分机械化师,他们跟英国的远征军一起,向比利时平原前进。另外,法军第九军团作为作战的主要力量,用比较短的时间,跨过比利时边境,然后在马斯河设置防线。5月10日晚,法国骑兵跨过马斯河,向着阿登高原地区进发。后来,他们在那边遇到了速度飞快的德军装甲师。

进攻前,所有人都在积极备战,隆美尔给他的妻子写了一封简短的信。从这封信开始,他就开始记录自己的"二战"经历了。

最亲爱的露:

等待许久,我们要开始进攻了。希望这一次可以凯旋。你过几天可以在报纸上看到这次战役的消息。请你不要担忧,我相信一切都会顺利。

1940年5月9日

之前的几个月,在我这一师负责进攻的几个地区中,敌人都设置了不一样的障碍物。他们把道路和森林里的小路都封死了,还把重要公路也炸毁了。然而,比利时军队设置的障碍物没有任何火力掩护,因此我们的进攻速度很快,只在极个别地方停留的时间比较长。

第一次遇上法国机械化部队,我们一开火,他们就吓跑了。按照以前的作战经验,我发现了一条规律,在两军作战过程中,谁先开火,谁就会取得胜利。至于按兵不动、等待着什么的一方,几乎都被击败了。先头纵队要把他们的机关枪准备好,方便随时射击,只要听到敌人的枪声,就可以立刻开火。就算我们并不清楚敌人在哪儿,也知道,只要这样做,就不会失败。按照我以前的经验,只要遵循这条规律,我方的伤亡一定可以大大减少。要是保持不动、忙着找地形做掩护,不去主动开火,或者一直等着援兵过来,这场仗基本上没多大胜算。

最亲爱的露:

今天忙活了一天,我现在才有时间休息一下,给你写信。行军一切顺利,顺利得让人惊讶。同盟军也没有我们厉害。我每天都要无数次地传达命令和振臂高喊,嗓子都坏掉了。我只睡了3个小时,然后随便吃了点东西,但我的身体还能坚持。你不用挂心,累了,先不写了。

1940年5月11日

5月12日下午,随着法军第一和第四两个骑兵师的撤退,我的前卫部队来到了马斯河。我打算跟在法军身后,然后一鼓作气地跨过马斯河,在西岸占领一个桥头阵地。然而,当前面的战车即将渡河的时候,我发现法军早就把迪南和豪克斯的桥梁炸毁了,因此,我只能用橡皮艇把部队运送过去。虽然这样做,我军伤亡惨重,但我军取得了最后的胜利。

5月13日早上4点,我带着希拉普内上尉往迪南方向开车前进。所有的炮兵都已经进入阵地。马斯河西岸法军炮兵阵地发射的炮弹打到了旁边,几辆被击毁的战车停在河边的街道上。战斗的声音从马斯河河谷传来,十分清晰。一边,步兵团打算用橡皮艇渡河,却因为法军的重炮导致伤亡很大;另一边,在西岸岩石间隐蔽的法军利用轻武器射击,阻碍了我们前进的速度。

我到达现场的时候,发现情况很严峻。我们的橡皮艇被法军击毁了很多,只能暂停渡河。敌人的步兵很会为自己做掩护,我们用望远镜寻找他们的身影也找不到,而他们却一直往我们这边射击。

这时,西岸的格南基村(在豪克斯西面1英里[①]半、迪南的西北面3英里处)

---

① 1英里≈1.609千米。

被第七机车营攻占,但他们还没有完全消灭河岸上的敌人。因此,我命令他们把所有敌人都消灭干净。

我来到这儿的时候,第七步兵团有一个连已成功渡河,到达西岸。许多伤兵被安置在一个已经炸毁的桥头边的房子里,伤口只能简单包扎。这边跟北边的渡河点不同,完全看不到敌人的踪影。看来,只有用炮火把敌人的潜伏地炸掉,不然没办法成功渡河。因此我回到师部,跟海德开普少校商量,做了一些调整以后,我们马上开车从马斯河去到李费村(迪南郊外的一个小村庄),想看看有没有别的方法可以渡河。

我命令几辆Ⅲ型和Ⅳ型战车和一些炮兵来到渡口,我直接指挥他们行动。我们把通信车停在离东岸将近500码[①]的地方,之后,我们从田野走路到马斯河边。来到河边,马斯河谷中的炮火消停了一下,我们就趁着这个空当穿过一些房屋,从右边去真正的渡河点。河对面,我们能看到几个成功渡河的士兵被困在原地,当中有不少伤兵。另外还有很多被击毁的橡皮艇随意丢在河岸边。军官们报告说,没有人敢离开掩护物,因为要是被敌人看到,他们就会被击中。

幸好,我们调来的战车很快赶到,紧接着,两门榴弹炮也来了。它们冲西岸敌人有可能潜伏的地方开火,没多久,对岸的岩石和房子都被击毁了。之后,炮车把炮塔转向左边,每一辆以50码的间隔,一边从马斯河的河谷方向往北边地区缓慢前进,一边细致地观察着对岸的斜坡。

我军有了炮火掩护,渡河又重新开始。橡皮艇在河中来回航行,把西岸的伤兵运回来。

我直接安排第七步兵团第二营开始渡河。我和莫斯特中尉坐在第一艘船上,成功渡过马斯河,见到了早上就成功渡河的那个连。我们在连部的指挥所可以看到恩克弗和李希特的两个连,他们行进的速度也很快。

我准备去恩克弗连。我刚走过去的时候就听到一声警报:"敌人的战车停在我们的战线前!"这个连没有防战车武器,因此我命令所有的轻武器以最快的速度

---

① 1 码 ≈ 0.914 米。

攻击敌人的战车。之后,敌人的战车只能撤退,退到李费村西南面大概1000码的一个洼地里。许多体力跟不上的法国兵从森林里跑了出来,然后放下手上的武器。

  在旁观者看来,隆美尔亲自指挥的这一场战斗,所发挥的作用比他所想的还要大。当他到达现场的时候,由于被法军的火力炮轰过,德军的士气十分低迷,但因为他亲自上阵,使得德军的士气大增。其实隆美尔指挥的这一场战斗,能赢下来是很幸运的。当时负责防御迪南的法军是第十八步兵师,他们走了很久的路才来到这里;第一骑兵师是在阿登高原被德军的战车重挫以后,到现在还没缓过来。据此可以看出,隆美尔这一仗占了点便宜,但不可否认他卓越的领导能力。

  因此,我带着莫斯特到北面第二兵团渡河点。这里的部队已经在用橡皮艇渡河了,一切都很顺利。战防炮营营长米克尔上校跟我说,他把20门战防炮送到西岸的另一边去了。有一连工兵正在弄一个8吨重的浮筏,我让他们停下,改成16吨的。第一个浮筏做好后,我就带着我的通信车冲到了河的对面。敌人又冲我们发起新一轮的炮轰,炮声隆隆。敌人的重炮弹落在渡河点附近。

  当我来到西岸时,我发现形势很不妙。第七机车营营长受了伤,他的副官不幸牺牲了。法军让我们在格南基村的士兵伤亡惨重。法军战车随时会冲到马斯河河谷中。

  我跑到东岸指挥:先让一个战车连渡河,然后让战车团趁着夜色渡河。但要让一辆战车在黑暗中渡过120码宽的河流,非常不容易,因此到了第二天早上,才有15辆战车到达西岸。

  5月14日一早,我们听说俾斯麦上校率领他的团,经过艰难进攻前进到翁艾周边。在那儿,他们被敌军缠住了。没多久,求救的信号来了,说他的团被包围了。我立刻带上部队去救他。

  上午将近9点,第25战车团隆森堡上校指挥30辆已经顺利渡过河的战车,从马斯河河谷一直前进到翁艾东北面500码的一个洼地,也没有遇到敌人。直到这时,我才看到俾斯麦上校发来的电码是错误的，他想说"到达"，结果说成了"包围"，让我们误会了。这个行动对下一阶段的作战有很重要的意义。因此，我派出5辆战车，交给俾斯麦上校指挥——这样做是为了掩护步兵从翁艾西面的隘道攻击。我让隆森堡从森林的两边来到集结区域，我坐在一辆Ⅲ型战车中，默默地跟着他。

隆森堡带着掩护步兵的那5辆战车，先过了一个洼地，然后往左边前进，他的战车在前面100码到150码的地方，还有20辆到30辆战车在后面。这一刻没有听到敌人的声音。当那5辆战车到达翁艾森林南边步兵连的时候，隆森堡上校的战车从森林的边缘改向西南方向前进。我们刚到达森林的西南角，想要走过一个低洼的田地。在那边可以看到那5辆战车从左边攻击。这时，一阵重炮弹和战防炮的炮弹雨从西边袭来。炮弹前后两次击中我们的战车，一次打中炮塔的上半截，还有一次打进了潜望镜。

驾驶兵马上加大油门，冲进最近的丛林。可是，前进了几码以后，战车在森林的西边滑下去，最后倾倒了。敌人很容易看到它。我的右脸被从潜望孔飞进来的碎片弄伤，虽然不严重，可流了很多血。

我想把战车上的炮塔转回来，这样可以用37毫米炮去射击对面的敌人，可战车倾倒得严重，完全转不回来。

法军的炮火持续袭来，我已经不能再用这辆战车了，便与其他人一起跳车。我们沿着洼地一点点地往上爬，炮弹随时落在我们旁边。我看到隆森堡的战车也被打中，起火了，火焰从车后面喷出来。我还以为战车的油箱被击中了，幸运的是，油箱没被击中，隆森堡团长也没受伤，而且产生的烟幕反而方便我们前进。

我马上让战车从森林的东边前进，装甲运兵车却跟不上，只能待在原地。隆森堡的战车在前面指挥，从森林中往前，撞翻了不少大树。刚刚着火引起的烟幕能顺利掩护我们，如果我们的战车一开始就炮轰藏在森林里面的敌人，敌人可能早就逃跑了，那样我们的损失会更少。第二十五战车团在那天日落时分又发起新的攻击，最后成功了，我们把这片区域给攻占了下来。

我笃信：像这样的战斗，作为指挥官，要想掌握变幻莫测的战场情况，就一定要亲自上场，带着通信工具在不同的前线阵地来回奔走，然后对在前线的每个团长下达命令。要是下级用无线电把情况发送给师部，再由师部把命令发出去，时间太长了。师长需要一直使用无线电，跟留在后方的师部随时联系。每天上午和下午，师长都应该跟上司连线报告相关情况。实践证明这样的指挥方法是有效的。

隆美尔率领部队在敌人的防线上拉开了一个口子，这对突破法军防线产生了很大影响。特别是对法军第九军团司令柯拉普将军的心理产生了巨大的影响。

5月13日，德军从三个地方顺利渡过马斯河，隆美尔打头阵，下午赖因哈特将军在蒙泰梅，古德里安在色当过了河。但赖因哈特只有一个很窄小的立足点，他们是到5月15日早上才架好一座桥，让战车通过，但前进的路线容易被法军截断。古德里安的部队则相对比较顺利，可在他的3个师当中，只有1个师弄好了桥头阵地，5月14日早上也只架好了一座桥梁。联军空军不停地朝这个桥梁投掷炮弹，但并没有摧毁它。这一天，德国空军没办法给古德里安任何支援，但他的高射炮兵很厉害，把联军的飞机打下来了150架。古德里安的三个装甲师在14日都过了河。他一边抵挡法军从南边发动的反攻，一边向西边前进，直接到了法军第二和第九两个军团的交界处。在他勇猛而又有智慧的指挥下，法军连连撤退。

那一晚，法军第九军团司令做出了一个错误的决定。当时，古德里安严重威胁他的右翼，隆美尔又成功突破了他的防线。还有一个流言，说几千辆德军战车将冲过防线，因此，第九军团司令马上舍弃马斯河那条线，然后从西边撤兵。

隆美尔这一边，法军本打算撤退到离马斯河大概15英里的菲利普维尔村以东的铁路线。5月15日，在法军还没到达这个地方时，隆美尔的部队就来到了这里。法军阵脚大乱，只好狼狈撤退。那时，法军第十一装甲师和第四北非师赶来，本想朝迪南发起新的进攻，但因为隆美尔部进展迅速，他们只能取消进攻计划。法军第十一装甲师曾经攻击过隆美尔的右翼，可当时他们的汽油突然用完，只有少数战车可以作战。隆美尔的部队势如破竹地前进，导致许多法军战车没办法逃离，被德军缴获。与此同时，北非师在德军战车以及几万难民的冲击下，不战而败。

法军第九军团的右翼之前还有能力阻止赖因哈特的装甲军，但赖因哈特的先头部队躲开第九军团右翼部队，迅速地来到法军身后，跟古德里安的部队一起前后夹击法军第九军团，法军第九军团大败，德军前进速度变得更快。那天傍晚，古德里安率领部队成功到达平原地带。那时，法军战线上的缺口已经有60英里宽。

综上所述，隆美尔在5月15日这场战斗中起了关键作用。

我们打算5月15日直截了当地攻击已经确定的目标。第二十五战车团打头阵，炮兵在其后做掩护。步兵一直跟在战车后面，一部分坐车，一部分走路。这个时候，我们没有支援，两侧友军在非常靠后的位置，因此炮兵需要时刻掩护部队的两翼。第二十五战车团的进攻路线是，先绕过菲利普维尔村（迪南以西大概18英里），从其外围前进，然后对着我们的目标塞尔丰泰讷（在菲利普维尔西面8英里处）进攻。我随着第二十五战车团一起前进，方便直接发出攻击指令，还有指挥炮兵和俯冲轰炸机也一起前进。另外，要把无线电通信的作用发挥到极致，我跟参谋长和炮兵指挥官之前就商量出一条"冲刺线"。每个指挥官要把它在地图上画出来。以后要求炮兵支援时，只要拿无线电发出一个简单的信号，其他人就了解了。炮兵指挥官很赞同我的做法。要是用以前的法子，无线电报还得翻译，时间耗费太长。

9点左右，我遇到一个空军少校，他跟我说，今天可以派出俯冲轰炸机来帮助我。战车已经开始行动了，因此我让他们马上轰炸我们的敌人。

战车团在弗拉维永周边跟敌军匆匆打了一场，然后从森林地带往菲利普维尔村前进。路上可以看到很多法军留下来的大炮和车子。在菲利普维尔村西北大概3英里的地方，有的法军在村子南边小山和森林里守着，我军曾经跟他们交战过。我们一边前进，一边攻打，没多久敌人的炮声就听不见了。我们随时用简单的无线电报把战况报告给师部和炮兵部队，让炮兵紧跟我们的步伐。没花多长时间我们就到达了这一天的目标线。

由于战车部队前进速度太快，为了跟步兵保持紧密联系，我带着战车连从之前的路折返，督促步兵尽快前进。在菲利普维尔以西1000码的一处高地上，我们发现了我军的两辆战车，它们出现了机械故障。战车上的士兵在清点俘虏，一些投降的敌人站在战车旁边。有几百个法国士兵从森林里跑了出来，里面有一些是他们的军官，这些人都把武器放下了。还有一些法军从大路往南边逃跑。我花了一点时间去解决俘虏的问题。有几个军官跟我提出要求，例如准许他们到菲利普维尔村收拾一下东西。我想通过他们让菲利普维尔的守军投降，因此答应了。

我的护卫战车连向讷维尔（菲利普维尔村以南约2英里）前进，他们要把法军的退路给堵住。当我和莫斯特赶到战车连的时候，他们在讷维尔周边跟敌军交战。他们似乎想往西南方向进攻，我不想往南，因此让他们停止战斗，改往东边前进。

5月16日，我接到让我留在师部的命令，原因没告诉我。大概9点半，我才得到自由行动的指令，后来，我按照命令率领部队从锡夫里突破马其诺防线，夜晚到达阿韦讷旁的丘陵地带。

这不是真正的马其诺防线，真正的防线只到隆吉永旁边，再往西就是所谓的"小马其诺防线"，它远远比不上"大马其诺防线"，可德国方面将这两个防线混淆了。

古德里安和赖因哈特两军在过了马斯河不久就分别突破了"小马其诺防线"，然后往西边进攻。

我还是跟昨天一样，坐在团长的战车里，没多久我们就越过了法国、比利时两国国界，战车缓慢地向克来费兹前进。我军的炮弹往敌人阵地发射，可敌人没有回应。我们的战车到达了满是果树和树篱的地方，这些东西让我们前进的速度变慢。隆森堡的战车在最前面。我的副官汉克坐了一辆Ⅳ型战车跟在后面。他必须听我的信号然后发布命令。

我们在100码外看到一个法国的军事要塞，旁边都是法军。看到我们的战车以后，他们做出要投降的样子，我还以为不用战斗了，可这时，我方的一辆战车对着其他方向的敌人发射了炮弹，这些法国守兵立刻躲进碉堡里，向我们射击。短短几分钟，我们死伤了不少人，两辆战车被击毁。

与此同时，第二十五战车团各个分队，分别在克来费兹西边和南边2000码的地方向敌人开火。我命令炮兵射击，并在马其诺防线上放烟幕弹。法军的炮兵后知后觉地向克来费兹和锡夫里开火。没多久，机车兵和第三十七装甲侦察营的工兵排一起来到最前线。

天色已深，在克来费兹和更西边，几个农舍烧了起来。我命令部队继续向阿韦讷前进。

当第三十七侦察营的工兵还在爆破钢铁制造的反坦克拒马（又名"捷克刺猬"，是一种反坦克设施）时，敌人的战防炮和藏在克来费兹西边1000码房屋中的几门野战炮向我们开火。它们不停地攻击我们的战车和步兵，我们的一辆Ⅳ型战车发射了几炮，才将其打败。

夜更深了，我命令带头的战车在前往阿韦讷的路上必须用炮火和机枪开路，这样能防止敌人埋地雷。后面的战车需要做好向两边开火的准备。师部大部分人坐上卡车，跟着战车团继续前进。

这时，战车排成很长的纵队继续前进。第七机车营的士兵在我们战车的两边走路前行。偶尔能听到敌人的机枪声和炮声，却没有一颗子弹打过来。我们的炮兵随时可以射击前方的村子和马路。后来，速度变快了，引擎也很大声。在这种杂音巨大的环境下，完全听不到敌人有没有射击。我们在索勒尔堡西南方大概1英里的地方，开始向北方前进，很快到达一条重要的公路上。公路旁是民居，很多居民都被战车的响声吵醒了。也有很多法军在路边宿营，军用车子停在农场和马路旁边。

这时，我借助灯光看了一下地图，然后用无线电把现在的位置和第二十五战车团的战绩报告给师部——我们顺利突破了马其诺防线！22年前，我们花了4年半的时间，在这个地方跟敌人斗争了很久，最后还是输掉了。今天，我们把世界有名的马其诺防线拿下，还继续深入敌人内部，真是一件美妙的事情啊！

这时，马路右边大概300码的一个小山上闪过一道光。那里肯定藏着大炮，想通过侧翼向第二十五战车团发动进攻。可以肯定，其他地方也有这种隐藏的大炮。我立刻跟旁边的隆森堡说明情况，让他命令所有战车一起突破第二道防线。

战车上的士兵都知道怎么开炮，然后一起开炮了。我们的炮弹几乎都是曳光弹，密集的弹雨向田野两边射过去，没花多长时间我们就通过了这片危险区域，也没有太大的伤亡。敌人被我们打得头晕脑涨。军用车辆、战车、跑车和装着难民的车子堵住了马路，一定要用力才能推开，然后继续前进。到处都是法国兵，他们都倒在地上。因此，我们向阿韦讷前进的速度慢了下来。

我没有让军队停下，而是跟带头的战车营一起冲到阿韦讷西边的高地。我打算在那个地方停下，然后清点俘虏和收缴上来的武器。我们跟后面的战车营和第七机车营都断了联系，对此我没什么可担心的，因为战况混乱，这种事情经常发生。但是，阿韦讷的法军还有一个战车营在我方战车团包围圈之中。第二十五战车团的第二营立刻向敌军发动进攻，可没成功，还被击毁了几辆战车。后来，我们跟第二营重新用无线电联系上。一直到5月17日凌晨4点，阿韦讷的战斗才结束。

天亮了，战斗也结束了。我让师部请示军部，突破了马其诺防线以后，还要不要继续前进。可能是无线电出故障了，一直没得到回复，因此我打算天亮以后继续前进，攻下朗德勒西的桑布尔河渡口。

将近4点，我带着战车团第一营开始向朗德勒西进攻。第七机车营跟上了，其他单位也在我身后。前一晚没有得到补给，因此我们今天要节省弹药。路上还是被战车、大炮、军用车辆和百姓的马车堵住了。我们没有开火。法军看到我们突然出现，都乱得不知所措，他们丢下武器往东边逃跑。我们把敌军的战车都破坏掉，路上很多法军向我们投降了。

我们经过马鲁瓦耶（在阿韦讷西面大概8.5英里处）时，路上都是人。从村落离开，路上仍然很挤，战车只能在田野上行进。后来，我们来到朗德勒西。虽然到处都是车辆和法军，可他们没有任何反抗。我们在桑布尔桥上行进，桥的那头有一个法军营地，当我们的纵队继续前进时，汉克一个人冲进那个营地，让法军将领集中所有士兵从东边离开。

我还以为整个师都在身后，因此马不停蹄地进攻勒卡托。清晨6点15分，我直接挺进到勒卡托东边一个小山上，然后才跟后面的部队联系。

隆美尔在这段时间一共前进了50英里。他连晚上也一直在前进，这是很勇敢的行为。在他之前和之后的指挥官，都觉得让战车在黑夜中前进是不可取的。

在隆美尔的左边，赖因哈特和古德里安的两个装甲军也在前进。同一天清晨，古德里安的左翼师已来到瓦兹河上的利贝蒙，勒卡托南边20英里处。这一场"战车怒潮"让缺口变得更大，战车迅速向西海岸挺进。法军的反应速度太慢：每一次法军统帅部建立好一条新的防线时，德军的战车都将其突破了。

我们在路上给师部发送了很多次无线电，但一直没得到回复。尽管这样，我也不太担心。我又派出一个军官去联系后方。这时，隆森堡带着一些战车营跟敌人作战，很快就打败了对方。等我回到战车营的时候，看到他们正在构筑防御工事，想等哈根上尉机车营的支援。我那时候觉得勒卡托前线不会有麻烦了，也相信其他部队就在附近，因此让隆森堡负责战车营，守护现在的阵地。

眼下，马路两边都是车辆，法军在他们的武器旁边宿营。能看出来他们都很害怕，我们对沿路的法军挥手，让他们跟我们离开。路上没有德国兵。马路两边都是法国兵，可我们没有押送战俘的兵力，不能把他们弄成行军的队形。后来，我让Ⅳ型战车守住马鲁瓦耶东边的小山，然后把从西边来的战俘送到东边。我们继续前进。汉克这时跟我说，他听说下面的村子被敌人再次占领了。我这种轻型装甲车是没办法跟法军的战车和战防炮较量的，因此我又回到Ⅳ型战车的位置，想用无线电跟全师各单位联系上，让他们赶来支援我们。

突然，我军摩托化步兵连从地平线上走来，他们是从马尔拜（在朗德勒西西面5英里）赶过来的，我以为其他部队会跟在这个连身后，因此又往阿韦讷那边开去。

在离马尔拜东边很近的一个地方，有一辆法国车从我的装甲车面前开过去。我们大声呼喊，它才停下。一个法国军官走出来，然后投降了。在这辆车后面，有一支庞大的法军卡车队伍跟着。我让这个车队往阿韦讷方向开。汉克跳上第一辆卡车，我站在十字路口让他们放下武器，跟他们说战斗结束了。汉克马上让这个车队开到一个停车场。这个车队有超过40辆车，大部分敌人都在车上。

16点，师部才来到阿韦讷，所有单位进驻我们已经占领的区域。炮兵团第二营阻止了48辆法军战车在阿韦讷正北边想要反击的企图，战车驾驶员都成了俘虏。

  官方战史记载，5月16日到17日，第七装甲师突破了小马其诺防线，只死了35人，受伤59人。那个地方的俘虏差不多有1万人，再加上100辆战车、30辆装甲车和27门大炮。这些数据可以得出一个结论："隆美尔的指挥技术很高超。"

把全师安置在勒卡托和锡夫里西边以后，我休息了将近一个半小时。过了零点，我们收到新的命令，要在明天（5月18日）继续进攻康布雷。第二天早上7点左右，第二十五战车团副团长来到师部，说敌人有一支很厉害的军队潜伏在潘美伏里森林里，它的位置大概在朗德勒西和勒卡托中间。

8点左右，我让其他战车营开始往朗德勒西和勒卡托方向前进，直到跟团部会合，然后把补给分给他们。第三十七装甲侦察营的其他人也都在后面跟着。我带着莫斯特和汉克追上了战车营。他们正在跟挡住去路的法军（就是停在潘美伏里森林里的法军）激战，我方完全没有办法从两边袭击敌人，而且我们的炮火对配有厚重装甲的法军战车也没有作用。（编者注：当时法军战车的装甲厚度是40—60毫米，德军中型战车的钢板厚度只有37毫米，轻型装甲车更薄。）

我们在旁边看他们交战，发现他们没有必胜的把握，我就让战车营停在潘美伏里森林里，往南边去，从阿尔斯（在朗德勒西西南方4英里）绕道，可在阿尔斯北边地区又碰上了法军。因为一些原因，给战车团提供补给的纵队没有跟上来。我们中午才与隆森堡会合。他说虽然敌人一直在攻击，但还是保住了阵地。

中午时分，法军重炮兵攻击我们，我们不得不从一些阵地撤退。我认为这一场战斗很快会结束，因此让战车团往康布雷进攻。下午3点时，新一轮进攻开始。

  隆美尔以上的记载比较琐碎，也没有太大的意义。概括起来说：又过了一段时间，补给才到来；留在原地的两个战车营开始补给，隆美尔带着一个战车营往康布雷出发。

我让巴里斯加强营快速攻下从康布雷通向东北和北边地区的两条路。战车和高射炮不停地射击康布雷北边。康布雷的敌人在弥漫的尘雾中看不到我们的军队，以为还是一场大规模的战车攻击，因此没有反抗。

法军统帅部一共有53个战车营，德军只有36个，可所有的德军战车营都被编成装甲师（一共10个师），法军有一半的战车营拿来支援步兵。好好的战车营就这样浪费了。

在战斗开始前，法军独有的装甲师，还是所谓的"轻型机械化师"（一个师有200辆战车），是通过骑兵改编而来。法军一共有3个这样的师，都已经进入比利时境内。另外4个所谓的"装甲师"（一个师只有150辆战车），都是在1939年冬天后创建的。

在比利时的3个法军机械师在进攻康布雷北边地区时，都被德方霍普纳将军的装甲军击败了。

英方在法国只有10个战车营，都分配给各个步兵师了。在德军开始进攻的时候，英国的第一装甲师还在国内，没来法国。

第二章　合围

在隆美尔看来，把康布雷攻占下来，给这场闪电一般的突击战画上了圆满的句号。5月16日起，被挡在比利时境内的联军从防线上开始撤退。5月18日，德军装甲部队的右翼部队和法军第一军团后卫部队交火。德军装甲部队太强大，把勒托卡到康布雷的法军都打败了。敌人在德军部队侧翼部署了大量兵力，德军统帅部非常担忧，怕侧翼被攻击。因此，当古德里安和赖因哈特两支军队继续往西边进攻的时候，右翼的霍斯装甲军，包括隆美尔师在内却只能按兵不动，等待后面的步兵来到，以抵抗北边地区侧翼的敌军。

之后两天，隆美尔的记录大概是这样的：成功守住勒卡托和康布雷中间的缺口以后，他着手调整自己的队伍，补充补给，让士兵好好休息。他打算在19日晚继续前进，目标是阿拉斯西南高地。

那天下午，他在师部跟手下商议进攻的问题。这时，军长霍斯将军来到，下令行动暂缓。他说所有人都很疲劳，部队需要休整。隆美尔却反对："部队已经原地不动超过20小时，要是在晚上前进，能减少伤亡。"在隆美尔的坚持下，霍斯最后还是点头了。

20日凌晨1点40分，隆美尔向阿拉斯发动进攻。他仍然坐在战车上，带头前进。早上6点，他们来到包内恩斯（阿拉斯以南约2.5英里）。可摩托化步兵团没有跟上来，隆美尔只好又返回去，督促他们加快速度，没想到法军已经来到他的前面。之后的几个小时，隆美尔都很危险，在等到一个步兵团带着炮来到以后，他才安全了。

5月21日，第七装甲师从阿拉斯的侧翼往西北进攻。隆美尔用炮兵掩护他们，还把装甲侦察营跟战车团合在一起，作为攻击的先锋，步兵团在后面。这样的安排很合理。

下午3点时，我让战车团开始进攻。装甲车辆因为故障或者丢失等原因，数量减少了许多，但它们之前的表现非常棒。当我看到它们作战的样子，就笃定第七装甲师跟之前几天一样会成功。我本来打算带上我的传令官莫斯特中尉、装甲车和通信车等跟着战车进攻敌方，可步兵团一直没跟来，因此又返回去催促第七步兵团赶紧跟上来。在费巧克斯东边约半英里的地方，我们遭到从北边来的敌人的攻击。

这个攻击是联军指挥官突然发动的，就是想突破德军的包围，让比利时境内的联军冲出去。英军第五师和第五十师带着第一战车旅冲到阿拉斯南面，法军也打算用两个机械化师和两个步兵师协助他们。5月20日，古德里安军冲到亚眠，晚上就来到阿布维尔周边，切断了联军所有供给线。

如此严峻的形势下，英军指挥官不再等待法军的协助，立刻发动攻击。可这个时候，英军只有两个战车营（一共74辆战车）和两个步兵营，再加上法军第三轻型机械化师的一部分（大概70辆战车）在右翼协助他们。

敌人的机关枪猛烈扫射，步兵只好隐蔽起来，我与莫斯特从前面跑到炮兵阵地。我认为他们有能力对付敌人的战车。炮手们很冷静地发动攻击，可即便如此，我们的士兵还是陷入了慌乱之中。我们努力让部队恢复正常秩序。之后，我们开车到一个小山上，在一个谷地的森林里，发现了我们的一个轻高射炮连和几门战防炮。在西面大约1200码的地方，敌军的一辆重型战车已经越过阿拉斯和博梅特中间的铁路线，还把我们的一辆Ⅲ型战车摧毁了。在莫斯特的协助下，我让所有能用的火炮，不论是高射炮还是战防炮，都以最快的速度攻击敌人的战车。除了这样，没有别的办法了。炮兵指挥官觉得射程太远，可我们不管。没过多久，我们成功打中了敌人的战车。

然后，我们开始对付从北巴克过来的敌人的战车。在我们的攻击下，一部分战车着了火，还逼得其他战车后退。这个过程里，我们也被敌人打击，可炮兵们的精神没有懈怠，勇猛还击。敌人的攻势减弱了许多，可这时莫斯特却倒在一门20毫米的高射炮旁——他被击中了，受了很重的伤。这个勇敢的军人就这么牺牲了，我太难过了。

这时，提罗-包内恩斯-艾格尼地区也在战斗，敌军很厉害的装甲兵从阿拉斯过来，狠狠攻击第六和第七两个步兵团。我们用最短的时间建立起来的战防炮阵地，面对英方的重型战车毫无招架之力。敌人的战车轻松碾压我们的士兵，导致我们的士兵死伤许多。我们的车辆都起火了，只能往南边撤退。最后，靠着师炮兵和88毫米高射炮连等单位顽强抵抗，才勉强在包内恩斯-艾格尼地区南边把敌人挡住了。

与此同时，隆森堡的第二十五战车团完成了他们的任务。他们在原地等着侦察营和步兵团支援。晚上7点，我命令战车团往东南方进攻，方便从侧面和后方攻击往南进攻的敌军装甲兵。这一场恶战，战车团摧毁了敌军7辆重型战车和6门战防炮，成功突破敌方阵地，但我们伤亡也很大，一共损失了3辆Ⅳ型战车、6辆Ⅲ型战车和一些轻型战车。（编者注：据第七装甲师的战史记录，这一天该师一共89人死亡，受伤116人，173人失踪，是突破法兰西国界时的损失4倍以上。）

这一场恶战让敌人数量庞大的装甲兵陷入混乱之中，他们不得不退回阿拉斯。晚上，战斗结束。

这一场战斗的攻击力度不算很大，但也把德军吓得不轻。

让德军害怕的是英国战车的装甲很厚。英军用的是一种速度很慢但装甲很厚的步兵战车——马蒂尔达型战车，有58辆是小型的第一型（Mk.Ⅰ），上面的武器只有机关枪，另外16辆是比较大的第二型（Mk.Ⅱ），上面的武器只有两磅①的炮。即便是第二型，它的最大时速只有每小时15英里，可它的装甲有75毫米那么厚。普通的德制37毫米战防炮拿它没任何办法，炮弹击中它后会弹飞。

这一场进攻战，英国战车缺少步兵、炮兵和空军的支援，虽然一开始占尽优势，但最后还是惨败了。

虽然德军最后获得了胜利，但对德军心理上的打击还是挺大的。在战后反省1940年战役的时候，伦德施泰特元帅说过："当我们的士兵刚到海峡地带时，5月21日，英军在阿拉斯的南边发动了一场反攻。当时，我们的装甲师——因为步兵师没有跟上——有一段时间被敌人切断了联系，导致我们很恐慌。"克卢格和克莱斯特两个人最害怕。克卢格提议搞清楚状况再从阿拉斯往西边进攻。克莱斯特十分担心，因此在古德里安计划从阿布维尔向北边前进，朝着布洛涅、加来和敦刻尔克进攻时，立刻遭到克莱斯特反对，古德里安的计划被迫停止。

---

① 1磅≈0.45千克。

因此，在5月24日，古德里安和赖因哈特两支军队听从希特勒的命令，在离敦刻尔克只有10英里的地方被迫停了下来，导致英军从敦刻尔克逃走了。这个影响整个"二战"的命令，是希特勒在跟伦德施泰特会谈后做出的。但显然伦德施泰特是被克卢格和克莱斯特两个人影响了判断。5月26日，德军才得到命令可以继续进攻，可英军早就逃跑了。

最亲爱的露：

小憩了几个小时之后，我起来给你写信。我一切都顺利。我这个师取得了巨大的胜利，从迪南到菲利普维尔村然后成功突破了马其诺防线，一个晚上就在法国境内前进了40英里，来到勒卡托，之后是康布雷和阿拉斯。我这个师比其他师速度都快。下一步要打击的对象是包括英、法、比在内的60个敌军师。你不要担心。我认为不到两个星期，法兰西之战就会结束。

1940年5月23日

最亲爱的露：

现在在贝蒂讷，我的身体很健康，每天都很忙，按照我的推算，战争一定可以在两个星期内结束。阳光很好，有点晒。

5月24日

最亲爱的露：

这一两天没有任何战斗，我们好好休息了一下，我部队中的军官有27人牺牲，33人受伤，士兵一共伤亡1500人，也就是说占全体人员的12%。但他们的牺牲是值得的。最不堪的时刻都过去了，之后应该不会再有更大的战斗。我的饮食和睡眠恢复了正常。希拉普内已经回来了，但他的代理人在离我1码远的地方光荣牺牲了。

5月26日

5月22日至23日，隆美尔的部队从阿拉斯的西边继续深入前进，23日，阿拉斯的英军在夜里撤退到拉巴西运河边（该城北边地区约18英里）。这条运河流经拉巴西和贝蒂讷，然后经过敦刻尔克西南方入海。5月24日，希特勒命令所有装甲师停在这一条运河线上。隆美尔用这两天让部队休整了一番。

　　26日，希特勒准许部队继续前进。英军打算从敦刻尔克撤离。之后，隆美尔快速往北边移动，他们的目标是里尔城。他想通过占领里尔城，切断城内和城东联军的联系。

　　在这个过程中，英军的指挥官因为交通线被切断，对当时的局势充满了焦虑的情绪。可在德国人眼中，情况截然不同。隆美尔记录他这段时间的经历时，心情轻松。在他进攻的地区，英军只有一个营。

　　按照5月26日下午师部收到的空中侦察报告，敌人在运河以北方向打算撤退，我马上向军部提出赶在傍晚之前在运河对岸建立一个桥头阵地。

　　整个晚上，我和部队一起待在运河边。第三十七侦察营虽然一直被敌军攻击，但得到了炮兵的协助，他们的装甲巡逻队已经到达运河对岸，可敌人顽强反抗，他们没办法建立桥头阵地。第七步兵团进展顺利，它的两个营有一部分士兵成功渡过了底下都是沉船的运河。我相信这两个营晚上可以在北边建好桥头阵地。

　　5月27日一早，我开车到屈安希渡河点，想看看情况到底怎么样。敌人的狙击手击中了我们很多士兵。工兵营在运河旁的小港口造了几个浮筏，能当桥使用。但他们造的不是16吨型的便桥，而是8吨型的。工兵想用炸药炸出一条路，但沉船太庞大，一时之间工兵也拿它们没办法。

　　第七步兵团第二营有一部分士兵坐橡皮艇渡过河，已经在对面的丛林里扎了营。可这个营没有按照我所想的深入北边地区，也没有把吉芬奇村攻下来，他们更没有把对面几百码以外的敌人消灭，或是把战防炮和其他重武器运送过去。

　　我立刻让最新交给我负责的第635工兵营在屈安希原来被炸掉的桥梁周边再造一座16吨的便桥。

在我的指挥下，几门20毫米的高射炮，加一辆Ⅳ型战车开始逐个消灭对岸的狙击手。我命令部队把在第二营架桥点西边的、距离300到600码之间的房屋都摧毁了，把灌木丛也烧干净了。两天后，人们就了解到我们的作战能力是如何强了。

正当我们消灭对岸敌人、工兵努力架桥的时候，来了一个报告，说有一队敌人战车从拉巴西方向过来，正在攻击第七步兵团东边的桥头阵地，克拉米营被迫退到运河边。敌人的战车，包括几辆重型战车（编者注：隆美尔说的战车，实际上是马蒂尔Mk.Ⅱ型步兵战车，总重不超过26吨。德制的Ⅲ型战车重量是20吨，时速22英里，Ⅳ型中型战车重量22吨，时速20英里。但英国战车装甲很厚，行动很慢，因此让人觉得它是"重"型）。到了北边以后，它们用机关枪和火炮朝着南岸攻击。局势变得严峻起来。

我让工兵们加快速度，早点把浮桥建好，把几门炮和几辆战车送到对岸，可运河底下都是沉船和其他障碍物，浮桥没办法做成一条直线，运送战车就比较困难。当第一辆Ⅳ型战车渡河的时候，浮桥就摇摇晃晃。同时，我让一辆Ⅳ型战车从我们这边，向东边前进50码，隔着河朝着拉巴西过来的敌方战车进行射击。没花多长时间，我们很顺利地阻挡了敌方战车的进攻。

之后，我们努力增强浮桥的载重能力。车辆一辆接一辆地通过，然后继续往北边前进。先通过浮桥的是野战炮、战防炮和20毫米高射炮，之后就是第二十五战车团，中间还有一个高射炮连。中午时，北边地区已经有了各种火炮。差不多这个时间，海德开普用无线电通知我立刻回师部。军部刚下达了命令：第五战车旅旅长是哈第将军，他们这个旅分给我们，加入里尔城一战。回到师部后，哈第将军带着他的团长向我报到。

第五战车旅属于第五装甲师（该师又属于霍斯装甲军）。该旅下辖两团，每团两营。隆美尔这个师只有一个战车团，下辖三个营。在战斗开始以前，这个旅一共有324辆战车，隆美尔全师只有218辆战车。

我带上哈第将军到屈安希桥头看看，我们到的时候，桥梁已经架好了。车辆都在加速过河，但因为两岸都有陡坡，因此速度不是很快。步兵旅已经到了北边，可车辆没跟上。第二十五战车团在吉芬奇旁边，炮兵和轻重高射炮都在北边阵地上。敌人的炮兵仍然在攻击我们的桥头阵地，我们在北边占领的地方还是太小。为此，我让第二十五战车团进攻罗尔吉斯，增加阵地的面积。下午3点左右，第五战车旅开始准备渡河。但因为桥头的坡度很大，进展不是很快。哈第将军提议暂缓进攻，我反对他的建议。我让所有已经渡河的战车准备18点发动新一轮进攻。

第二十五战车团冲到罗尔吉斯旁边，他们在行进时碰上了敌人，经过一番恶战后才顺利通过。战车团坚强地前进着，用火力在敌人的战线上打出一个明显的缺口。随后，整个师，加上第五战车旅，都顺利通过了这个缺口。让我嫉妒的是，第五战车旅有许多新战车，实力比我们师还要强大。

当我们到达弗尔尼斯东边1英里旁边的一个谷仓时，已经是晚上了。我们在去里尔的路上追上了隆森堡的指挥车。在弗尔尼斯（约在里尔西南方10英里）的战斗看来结束了。虽然已是晚上，但我还是让第二十五战车团继续前进，要成功封锁里尔西面出口和到阿尔芒蒂耶尔的公路。这个团要在洛姆（在里尔的西边）构筑一个阵地，然后等待援兵的到来。

隆森堡询问我是否要加入这次进攻。我要是参加的话，想指挥全师就不可能了，因此我只好放弃这次机会。

最亲爱的露：

　　我一切顺利，我们正把在里尔的英法联军团团包围，我主要负责西南那边。我最近洗衣服很勤快，根舍（编者注：隆美尔的勤务兵）把我照料得很好，我还拍了很多照片。

1940年5月27日

隆森堡率领部队趁着夜色继续向北边进攻，击毁了敌军许多车子，火光照亮了他们前行的路线。我马上让第六和第七两个步兵团，好好防守刚拿下来的地盘。第三十七侦察营听从命令进入弗尔尼斯。把命令下达完以后，我就在弗尔尼斯看着他们行动。路上都是石头和深沟，这让我军进入弗尔尼斯的路程变得困难起来。

半夜时，我在弗尔尼斯西面郊区碰到侦察营营长艾德曼少校，然后跟他说，明天的行动时间早，让他做好准备。然后我带着手下在弗尔尼斯西部一个房子里休息了一下。

28日凌晨1点40分，隆森堡发来一份无线电报，说他已经到达了洛姆，这么说，里尔城西边的出口已经堵上了。我让侦察营准备行动，还把战车团的补给纵队移到了弗尔尼斯西北方。所有人都在凌晨3点左右出发。我们在黑夜里前行，路上看到很多敌军的车辆、战车和大炮翻倒在沟道中。快天亮时，我们发现隆森堡的战车不知所踪。我们开始担心，待会儿阳光照在我们身上的时候，敌人很容易击中我们。

就在这时，我们发现隆森堡带着支援和补给赶来，让我们的心情由阴转晴。他把晚上战斗的情况向我汇报了一下。他们在弗尔尼斯—里尔这条路上发动攻击，越过铁路线后，就往北边进攻，然后跟敌人的战车还有一支力量很强的摩托化部队遇上了。后来敌人被他们打败了。战车团马不停蹄地来到洛姆，将里尔西面的出口攻下了。

我重新调整了一下洛姆旁边的部队。之后，在里尔城西面出口发生了一场恶战，困在城里的敌人想利用战车和炮兵从西边冲出重围。

上午7—8点，我发现敌人的力量变得很强大，立刻让重炮兵前来支援。我打算让第六和第七两个步兵团从之前在恩格罗斯和弗尔尼斯南边地区的阵地回来，然后去洛姆南北两边的防线去。

命令一发出，一阵弹雨突然落在战车团指挥所附近。在他们开始攻击的时候，我们就想那可能是我方的炮弹，因此我们立刻发出绿色信号弹，我想通过无线电让他们停下，可火力依然很猛，我们没办法接触到通信车。通信车就停在房子后面。我只好自己向通信车冲去，艾德少校在我前面几码远的地方也向通信车跑去。突然一颗炮弹打到门边，一阵烟雾散开后，艾德少校牺牲了。这颗炮弹还打中了其他几个人，但我很幸运，没有大碍。之后，我才听说是命令传送错误，才会造成这样的局面。这些炮弹都是旁边一个友军师发射过来的。

把里尔城的西面出口封锁住以后，隆美尔把法军第一军团将近一半的士兵困在了里尔城。发现自己没办法突围，被困的法军各师在5月31日被迫投降。

这时，英军大部分士兵以及法国第一和第七两个军团的残余部队都已经退至敦刻尔克。防御战一直在打。5月26日至6月4日，联军把海上33.8万士兵——其中法军12万人——一同撤回英格兰。联军一共被俘几千人，这些人都是法军的后卫部队。在这3个星期的闪击战当中，德军俘获联军100万人以上，而他们才伤亡了6万人。

5月20日，魏刚将军接替甘末林将军担任联军最高统帅。他刚上台就面临严峻的局面。他的手里只有66个师的兵力，而且大部分都不是精兵，要据守的防线却长了许多。英军的12个师都逃回了英国本土，他们的装备丢失殆尽，需要几个月才能重新武装起来。待在法国境内的英军仅仅两个师，还有两个没有操练好的师也准备去法国。

隆美尔加入里尔的包围战以后，休息了几天，然后命令全师往南进攻，准备下面的战斗。

最亲爱的露：

里尔的战斗已经结束了（我们是第一个站在最前线的师），我们在后方休息中。

5月26日，汉克中尉代表元首把骑士级铁十字勋章颁发给我，我还得到了元首的表扬。三个小时以后，我带领的师开始进攻里尔西边，半夜时到达目的地。我睡了一个半小时后又带着生力军和战车团的补给到了最前线。

眼下我们可以休息几天，法国可能会放弃反抗，假若他们还是冥顽不化，我们一定会把他们都打败。我一切顺利。还有，祝你生日快乐。我现在还有许多事情要忙。我们的部队在路上丢掉了许多装备，现在在努力补给。

1940年5月29日

最亲爱的露：

今天准备迎接元首。我们一切顺利。也许，明天会更好。

6月2日

最亲爱的露：

元首的到来让所有人都很振奋，他见到我就说："隆美尔，我们都很关心你在进攻时候的情况。"他一脸高兴，我始终陪着他。在师长这个级别，只有我能得到这个荣誉。

6月3日

最亲爱的露：

我们今天又要出发了。6天的休息时间让我们基本上恢复了体力，装备也都补给完成。军队士气大增。

下一轮的行动不会很难，我希望它早点到来。战争发生得太迅速，我所在的地方几乎没有被战争污染。请把我在报纸上的新闻都剪下来保留。我将来一定要好好看看上面写的内容。

6月4日

第三章　索姆河上的突破

最亲爱的露：

今天要开始第二阶段进攻。一个小时以后，我们要出发渡过索姆河。我们的时间充裕，而且现在看来，一切都很顺利。我希望两个星期内就结束这场战斗。我每天都会收到许多邮件，全世界的人都在祝贺我，可我没来得及打开去看。

1940年6月5日凌晨3点30分

博克集团军沿着索姆河，发起进攻。伦德施泰特的集团军正对着埃纳河，他们在4天以后才加入战斗。博克指挥的装甲军一共有3个（总数是5个）军，其中2个军组成克莱斯特兵团，他们要去进攻亚眠—佩罗讷一带。另外，霍斯装甲军从最右边去到亚眠和阿布维尔中间进攻。其他两个装甲军组成古德里安兵团。古德里安因为战绩优异而被晋升为兵团司令。他们掉头往东进攻，在色当的西南边地区勒泰勒周边前进到了埃纳河一带。

隆美尔经历了两天的战斗以后，进展迅速。6月18日夜里，德军在鲁昂南边地区直接来到塞纳河，跟在撤退的敌人后面成功渡河。克莱斯特兵团负责右翼攻击，可他们前进速度很慢，距离巴黎越近，遭遇敌军的反抗就越厉害。相反，古德里安兵团在6月9日渡过埃纳河以后，进展十分顺利。后来，克莱斯特兵团转到从东边进攻。古德里安兵团从东南方向出发，直接闯入瑞士边境，把法军的右翼切断，让他们不得进入马其诺防线。6月16日晚，法军不得不提出停战。

隆美尔开始进攻的地区是朗格皮里和汉格斯特之间的沼泽地带，那个地方也是"无人地带"，大概1英里宽。有两条铁路桥梁经过那个地方。法军一早把汉格斯特和朗格皮里旁边索姆河上的公路和桥梁都摧毁了，可他们没有炸毁那两条铁路桥梁。他们是想用它们发起反攻，但因为这两条铁路没有被摧毁，因此计划失败了。6月5日，隆美尔在发起进攻以前，利用大炮和机枪的火力实行封锁射击，在5日清晨把这几条铁路都控制住了。

将近清晨4点15分，我带着鲁弗特中尉和通信人员开车去炮兵指挥所，观察十分重要的索姆河渡河的进攻战。从我这边看过去，到处都是我军炮弹轰炸后绽放的光芒，几乎听不见敌人的声音。

之后，我们开车去第六步兵团第二营渡河点，我们得到一个好消息，说清晨5点左右那里的铁路和桥梁已经被我军成功拿下。工兵营在努力修理铁路桥梁，方便师部的车辆快速渡河。我让通信车停在北岸，然后吩咐它的乘员在桥梁修理结束后，要立刻把车开过去。我和鲁弗特中尉一起走路过去。

这时，通信车往最前线开去，可它在上坡的时候遇到了麻烦。我带着鲁弗特中尉和海登莱赫下士走到一片玉米田，却突然看到一个法国兵探出脑袋，很快又缩回去了。后来海登莱赫走过去看，看到是一个法国伤兵。我们在附近又看到许多法国士兵，有的死去了，有的受了伤。

战车团以及高射炮兵各单位都来到了索姆河西南边地区的险坡上。隆森堡上校和他的副官在团部的最前方渡河。在我们停下来说话的时候，法军的机枪朝我们扫射而来，迫使我们要找东西掩护自己。

中午12点后，敌人的重炮开始攻击我军在索姆河上的渡口，在我师部队缓慢往前移动的马路两旁也有很多炮弹落下。索姆河西边的丘陵地带和我军准备进攻的洼地都变成了敌人的目标。我军伤亡不多，可士气被打击了。在索姆河西边的桥头阵地上，陆续进来许多部队，导致那里十分拥挤。

也是中午的时候，海德开普报告说第五装甲师要等到下午4点才能发起攻击，第二轻装师一共只前进了2000码的距离。

第二十五战车团从第六步兵团的空隙中穿过，然后进攻勒凯努瓦。第三十七装甲侦察营跟在战车团后面，保护它两翼的后方。第七步兵团坐在他们的卡车上。发动进攻以后，步兵负责占领阵地，炮兵、战防炮和高射炮等单位要在整个地区做好准备，以此得到最好的炮兵支援，不论敌人从哪里来，都可以击退他们。下午4点，战车进攻，一切顺利。

隆森堡带着战车的主力往前进攻，很快逼近城墙，用强大的火力震慑敌人，让步兵上来把敌人消灭。然后，战车从勒凯努瓦两边经过，前进到它南边地区那个没有任何掩护物的平原上。

我们今天的目标是奥尔努东边地区。我打算晚上7点25分再次出发。战车团再次发动攻击，用强大的火力击垮了莱考特旁边的大量敌人。敌人的一个油库着火了，平原上有许多上了鞍但没人骑的战马四处乱跑。战车、战防炮、野战炮上站满了步兵，他们从马路的东边不停地前进。

这时我得到军部的命令，让我们停止通过蒙特格尼（离索姆河8英里远）的继续进攻。要是继续进攻，可能会被我军的俯冲轰炸机误伤。因此我用无线电叫停各单位，然后命令他们建造防御工程，防止敌人攻击。之后，我们开始跟敌军交战，敌人的战车也赶来了，但没多久就被我们的88毫米高射炮、战防炮和战车给击毁。我们让所有火炮一起开火，让敌人没有反击之力。晚上9点10分，师部发来报告："前方平静，敌人已败。"因此我开车前往司令部。

6月6日一早，我离开师部，汉克跟我一起去和第二十五战车团的团长见面。到9点，我才等来所有营长，然后跟他们商量今天的作战安排。

上午10点，全师开始进攻，用散开的战斗序列，正面超过2000码，纵深12英里。然后，我们冲到山坡上，又冲下谷底，穿过公路和道路，用越野的方式继续前进。

经过一番苦战，赫米莱被第七步兵团拿下。战车团继续往南边地区移动。有几个奇怪的平民还在路上跑着，被我们驱逐。第六步兵团的车队紧跟其后。

6月7日，隆美尔势不可当地前进了30多英里，把防守从亚眠到海岸地区的法国第十军团分成两段。

1944—1945年，盟军装甲部队很少发动类似这样全面的越野行动。

他们要是懂得运用这种作战方式，兴许会顺利很多。

我们利用越野的方式前进，穿过没有道路的田野，穿过丛林、篱笆和玉米田。战车挑选的路线尽量是路面平整，照顾第三十七侦察营和第六步兵团越野性能相对比较差的车子。

我们在路上几乎没有遇到敌人，但路上随处都是军用车辆，看得出来他们在我们来到之前就逃跑了。路上还有很多逃亡的普通百姓，男女老少都趴在车底下吓得瑟瑟发抖。我们大声呼喊，让他们快点回家。

过了巴藏库尔以后，我们在田野上前进，然后再冲上梅勒伐尔的山地。下午5点30分，我们没有与敌人交战就到达了目的地。在山上，一个以前是德国人的战俘带着家人招待我们，还从地窖里拿出苹果酒献给我们。

第二十五战车团暂时占据梅勒伐尔旁边的山地（离索姆河45英里），第三十七侦察营继续往西边和西南边侦察。把这些重要的山地都攻占以后，我又开车去舒尔兹上尉的战车连，它要从沙蒙特西边的森林去重要的交通要道。当我去那里的时候，有40多辆车子被拦截，两边来的车辆压根不清楚这里被我们攻占了。这个战车连很厉害，收缴了许多军火，和敌人大战一场以后，还俘虏了300个法国士兵，以及10辆战车和100辆卡车。

这一天俘虏的法国士兵很多，战利品就更多了，我们的损失非常小。

最亲爱的露：

你的生日是我十分成功的一天，我们的梦想统统都实现了。敌人快要全线崩溃了。我今晚可以睡个好觉。

1940年6月7日

6月8日清晨6点，我到军部与军作战处处长商议，跟他说明现在的形势，并针对进攻鲁昂提出一些提议。我提出第七装甲师理应前进到鲁昂东边4英里的地方，然后用炮火假装攻击，之后本师的主力转移到西南边，用突袭的方式占据埃尔伯夫的塞纳河桥梁，以此切断塞纳河湾。

军作战处处长接受了我的提议。为了让速度继续加快，我直接指挥先头营。10点30分开始进攻。我们成功通过了阿尔古尔南边地区近郊，没看到敌人的踪影，就往西边进攻。到那边时，带头的战车被敌人攻击，我军马上做出了反击。

与此同时，敌人已经把昂代勒河上的桥梁摧毁了。我们离前线很近，能看得清楚。榴弹炮连原来在我们身后，现在都被拉到前面去作战了。我看到在西格南边地区400码的一个地方可以渡河，因此让战车连的一部分从那边渡河，支援在对岸交战的步兵。

这时，我从无线电得到一个消息，说沙凡特中尉的侦察部队成功阻止了敌人想炸掉诺尔曼维里公路和桥梁的计划。听到这个好消息，我立刻叫停在西格的战斗，把所有士兵集中到诺尔曼维里，然后从那边渡过昂代勒河。成功渡河以后，师攻击部队继续往西边进攻。下午2点，我们顺利拿下西格，还俘获了百来个英兵。

晚上8点，战车团中的一个连继续前进，占据了东边5英里的一个十字路口，方便掩护后面的炮兵和高射炮部队。我准备做长射程的攻击，迷惑鲁昂城旁边的敌人——我们的目标是在黑夜里拿下埃尔伯夫的塞纳河桥梁。然而，左边的纵队很晚才跟上来，应该是遇到敌人了，因此我们没办法把重炮和高射炮移动到这个十字路口附近。

  他们被英军的残部攻击了，这些残部打算穿过隆美尔的防线然后往南边撤退。这是隆美尔第一次与英军交战，这一次已经预示了他将来的结果。

天很快黑了，我还在等这个纵队赶上来，但没有任何消息。第七步兵团的一部分士兵先到了。终于，天完全黑透以前，右翼纵队赶到这个十字路口，和左翼纵队会合。15分钟以后，包括第二十五战车团的左翼纵队，往塞纳河边前进。

我们在黑暗中进攻，加上地图是错误的，行进中遇到很多挫折。车声把普通百姓吵醒，他们起来后来到街上欢呼——他们以为我们是英军。凌晨，我们来到索特维里村。我们是第一支来到塞纳河岸的德国部队。

这时，无线电再次失灵，夜晚经常会出现这样的情况，我们没办法联系师部和其他纵队。我们继续前进，经过一个小屋时，有一个女人冲出来问我们是不是英国人。我立刻让战车团停下，把机车营调到最前面，加5辆Ⅲ型战车进行支援，让他们把塞纳河上的两座桥攻占下来。

凌晨1点30分，我们还在等冲锋部队的好消息，他们理应到达了埃尔伯夫大桥。又等了半个多小时，还没得到消息，我决定亲自去看看。还有一个半小时天就要亮了。

到达埃尔伯夫以后，我看到车辆都堵在路上，场面很混乱。下车以后，我才发现冲锋队还没攻击大桥。他们报告说他们来到以后，桥上的军用和民用车不停歇地开进来。另外一个军官说，敌人在桥的另一边开始射击。

然后，我命令该营营长同时突击这两座桥。他们花了一点时间才组建好冲锋队，然而，他们还是到不了那个桥梁——他们才前进100码的时候，法军把桥炸毁了。

我很生气这一次计划没有成功。我还不知道全师主力在什么地方。天亮的时候，我们看到鲁昂旁边的天空中挂着两个观测用的气球。因此我决定马上把军队撤回。

最亲爱的露：

这两天我们都在勇敢地追击，先往南边地区进攻，然后再转到西南方向。昨天我们前进了45英里，十分顺利。

1940年6月9日

最亲爱的露：

不用多久，我们就会到达索姆河和塞纳河中间，然后到达海岸。我每天都坐着车子不停地奔跑，但身体还是健康的。我认为我们十分顺利，敌军早晚会被消灭。

我们没有想过西线战场的战争会这样。好几天没收到你的信件了。

6月10日清晨5点

这时，第五装甲师把鲁昂攻占下来。那天下午，我师打算进攻阿弗尔。我们的目标是用最快速度冲向海岸边，不让两三个师的英法军残部从那个港口逃脱。

6月10日早晨7点30分，我从鲁昂的北边向巴斯坦进攻，路上用无线电发出命令，让全师各部赶来跟我会合。我亲自审问一个阿弗尔的百姓，他说昨天他看到过几个英国兵坐在咖啡店里，没有看到其他部队或者单位。然后，我马上把这个人的供词用无线电传到了后方。9点20分，战车团开始进攻伊沃托。

之后，海德开普少校用无线电向我报告，有一支很强的敌人摩托化纵队，从圣桑斯北边地区的森林中往西边进攻。按照计算的速度,这支队伍就快到达伊沃托了。我亲率重型和轻型各一个高射炮连,用最快速度去伊沃托。上午10点,我来到该镇东边的三岔路口。等两个高射炮兵连来到,他们对着公路方向进行了疯狂的射击。

10点30分,战车团也来到伊沃托。全师以平均25—40英里的速度开往海岸。我命令所有单位保持最高速度前进。路上还没看到敌人。

我们快接近卡尼-费康的重要公路时,侦察营报告说鲁克上尉已看到大路上有敌人的卡车纵队,正准备过去包围。我马上命令刚刚来到的战车先头单位、装甲车和轻型高射炮立刻冲敌人开火。很快,许多英法士兵从公路上跑来投降。我带着我的通信排跑在所有人的前面,一直冲到海边——在费康东边10英里,在沃莱特西边6英里。

看到大海,我们每个人都心情激动。我们只有一个想法,就是我们来到法国的海岸了。隆森堡也随着指挥车来到海边。我们成功完成任务了,敌人到勒阿弗尔和费康的退路都被我们切断了。

没多久,法军的旅长弗尔斯特上校和一个法军炮兵团长以及几个法国军官来到我们面前投降。这个法军上校只佩服我们的前进速度,没有说其他话。

这时,侦察营又来了一个报告,说他们在费康东边的丘陵地上遇到敌军攻击,等我赶去费康时,侦察营已经稳住了局面。沙凡特中尉带着冲锋队拿下一个海岸炮台。我们又开车去看这个炮台,从炮台上往下看,还能看到不少藏起来的敌军。

支援的两个战车连和一个机车营都来了以后,我打算经过费康东郊,然后进攻南边地区的山地,在最短时间里占领这个港口。但路上总是遇到敌人,因此我们有几次被迫更改计划。最后,我们穿过托尔维里,想尽快到达圣莱奥纳尔的公路上。

路上,我们遇到一个百姓,他用手指着北边说英国军队在那里。没多久,带头的战车突然开火,我不清楚原因,也没听到敌人的还击,因此走过去问,他们说是用炮射击一个路障。后来,天黑了,我们没办法前进了,只好让战车用最快的速度开去圣莱奥纳尔。

哈根上尉亲率6辆战车，占领从费康南通过圣莱奥纳尔的两条公路。没有跟敌人交战，他顺利完成了任务。然而，路上很堵。我下令让机车营来到圣莱奥纳尔以后，那两个战车连要在夜间撤回团部。然后我也准备随着战车回去。

晚上11点，我们出发，可路上都被机车营堵住了，只有一个战车连可以跟我们一起离开。这时，有战防炮从前面的村落里攻击我们，我们第一辆战车的履带被打坏了。前面的战车来不及还击，直接开上了公路旁的堤岸。我的车辆所在的地方离敌人的炮位只有150码。敌人的炮弹十分猛烈，让人很不舒服。等了两三分钟，我从车上跳下来，跑到一辆Ⅱ型战车旁，让它马上开火。战车开火以后，敌人不再攻击，我们想把指挥车推上堤岸，可坡度很大，除了战车，指挥车、装甲车这些都上不去。因此，我命令他们开回去。

最亲爱的露：

我们昨天一天前进了60英里以上，然后顺利到达海岸，还拿下两个港口。到了凌晨3点，我才回到师部。今天可以好好休息、洗澡和睡觉了。

1940年6月11日

6月11日中午，本师从沃莱特撤出，与战车团和第六步兵团的一部分沿着海岸线往圣瓦莱里进攻。我带着我的战车团也一起前进。来到沃莱特东边1英里的山地上时，敌人开始用重炮和战防炮攻击我们，我们只能往东南方向前进。后来，敌人还加上海防重炮，我军的行动变得缓慢，只能在他们开火的间隙前进。第二十五战车团却渐渐靠近了敌人。后来，它们开到圣瓦莱里城西北方向的邻近高地，用所有炮火攻击敌人。

战车团的人和我的传令兵都劝敌人投降，他们离我们只有几百码。之后几个小时里，我们在圣瓦莱里的北边地区劝降了一千多人，当中很多人都是军官。大部分是法国人，英国人不多。

傍晚时，我把一些会说德语的战俘带回到圣瓦莱里城，那个地方也都是敌人。我让他们去劝其他人一同投降。然而，他们都没有成功，也许是英国人认为如果熬到晚上，他们就可以上船离开。

晚上9点，他们还是不肯投降，我命令全师集中火力攻击这座城市。没多久，到处都燃烧起来，可英军仍然不肯投降。

我回到司令部以后，立刻和参谋长商量该怎么办。我们相信敌人会在夜里从西边或者西南边突围。海德开普做了许多防御措施，但他还是担心这么做会不会起作用。6月12日清晨6点30分，我赶去敌人有可能突围的地方。我看到各处的部队挖下很深的堑壕，战防炮和高射炮也都各自潜伏好了。

这时，我接到无线电报告，说敌人打算在军舰的掩护下，用一些小船逃到运输船上。

上午10点，战车团又回到前一天的位置。我军用88毫米高射炮跟一艘敌舰作战，有两门高射炮被敌人摧毁。敌人的一艘运输船往海港外开去，我们的高射炮没办法击中它。因此，我下令最近的一门88毫米炮立刻攻击那艘运输船。这时，有一艘英国的辅助巡洋舰停在离海岸1000码的海面上，立刻开火攻击我们的高射炮。我军释放烟幕降低他们的命中率，但还是没办法击毁那艘运输船。10点40分，他们的辅助巡洋舰中了几炮，搁浅在海滩上。

我带着我的指挥车辆穿过圣瓦莱里城西北边地区的森林，开往城边第一栋房子的地方。城中心附近的地方都燃烧着熊熊大火。战车一辆又一辆往南边地区前进，炮口对着东边。我们不停地劝说对面的英国人投降。几分钟以后，他们答应了。最开始是几个人，后来人变得多了。我们的步兵走过去接受那些人的投降。

战车从港口的南边地区开往城中心的广场。越来越多的英法士兵出来投降。我命令他们在广场上排成纵队，然后往西边走去。没多久，一个军士向我报告，说有一个法军高级将军在东边被俘，想与我见面。这个将军是伊纳尔将军，他穿得很普通，我问他是哪个师的师长，他告诉我他是法国第九军的军长。

我要求他的部下马上投降，他同意了我的要求，但他又说，如果他们手上还有多余的弹药，他们会决战到最后。我还答应了他提出的要求，把他的车子和生活用品保留下来。然后，我马上命令炮兵不再攻击城区，调整方向，射击海上的船只。之后的几个小时里，有12个联军的将军投降，其中4人是师长。

让我们惊奇的是，英国军官被俘了但仍然乐观，大声说笑，似乎不觉得难过。也许，让他们最烦恼的是我们的宣传连和其他官兵都对着他们拍照。

晚上8点，我才回到奥贝维里的师部。

这个时候，我没办法估计俘获的人数和收缴的物资有多少。光是我们第七装甲师的车辆已经运送了超过1.2万人。其中8000人是英国人。听说圣瓦莱里的俘虏人数超过4.6万人。

最亲爱的露：

这边的战事已经完成了。今天有一个军长和四个师长亲自向我投降。真是神圣的时刻！

1940年6月12日

最亲爱的露：

在勒阿弗尔这个城市没有发生流血事件。我们今天用长射程重炮把敌人的运输船击垮了。

当12个英法两国的将军，在圣瓦莱里广场向我报到，接受我的命令时，你无法想象我心里有多激动。那个英国将军带着他的整个师部向我投降，让所有人都振奋不已。摄影机把这些过程都拍下来了，到时候新闻一定会播放。

我们接下来有几天的休息时间，我能猜测到法国境内不会再有激烈的争斗。路上有些百姓还给我们送花，他们看到战争结束了，都觉得很开心。

6月14日

最亲爱的露：

今天清晨5点30分，正准备出发的时候，收到你的来信。谢谢你，我最亲爱的。我们今天要从奈何安回到南岸。巴黎和凡尔登成为我们国家的了，马其诺防线也被突破了，后面的战争也只是尽可能用和平的方式攻下法国所有区域而已。我们对百姓十分友好，有的地方的人对我们也很友善。

6月16日

第四章　向瑟堡追击

休息一段时间以后，隆美尔的第七装甲师又回到鲁昂南边的塞纳河上。6月9日，德军跟在法国第十军团后面成功渡过塞纳河。那时，法军已经不成气候，因此德军很顺利就过了这条河。6月16日，隆美尔率领部队往西前进，进攻瑟堡。

16日晚，法国第十军团继续撤退，他们想要坐船回英国。恰巧，他们驻守的地方是隆美尔第二天要进攻的南部地区，因此他们只好逃到了瑟堡。

1940年6月17日，本师继续往塞纳河南边进攻，第一个目的地是莱格勒。我们很快来到诺南-塞公路，之后本师就能得到森格尔旅的支援。最终目标是占据法国海军的重要港口瑟堡。

我们分两个纵队前进。路上没有遇到什么敌人，还消灭了几个敌军的据点，俘获一些俘虏和几辆战车。当听说两路纵队的先头部队已经到达诺南-塞公路以后，我命令沿着这条公路的侧翼，继续前进。路线是：

右纵队，从马罗奎斯，经过埃库谢的南边地区，从大路往布里尤兹进攻，再经过弗莱尔的南边地区，然后到达南地沙克；左纵队，经过梅斯、米黑南、圣布里斯、李米尼尔，去拉沙佩勒。

我带着行动指挥所和左纵队一起出发,到达蒙特梅里之前,一切都很顺利。我在法兰齐维里收到一个报告,说敌人的战车不仅堵住布里的入口,还封锁了道路。我马上下令往北边地区绕道进攻。我们在路上看到几小队法军,很顺利地把他们俘虏了。后来又看到一个徒步的法军纵队。第三十七装甲侦察营营长鲁克上尉和指挥这些法军的上尉进行谈话。法军上尉说,贝当元帅跟德军提出休战的请求,还让法军放下所有武器。我跟那位上尉说,我没听说过这件事,因此要继续进攻,但对所有已经放下武器的法军,我们一定不会开火。离开这个纵队以后,路上仍然有不少法军零散部队。后来,我们一路前进,非常顺利。下午5点30分,我们来到蒙特勒伊附近。

我认为接下来的路段也会顺利,因此决定在傍晚6点40分继续前进。我打算在最后这段路程,让全师组成一个纵队。

傍晚6点40分,第三十七装甲侦察营开始前进。我们用最快的速度奔向弗莱尔。马路两边都是法国士兵,我们一边前进,一边向他们挥舞白手巾。之后几个小时里,我们保持好队形,以每小时30英里的速度,马不停蹄地前进。

在弗莱尔西郊,我们遇到了许多法国人,有军人也有百姓。突然,一个百姓拿出手枪冲到我的车子旁边,想开枪。法国士兵立刻阻止了他。这段小插曲以后,我们继续前进。就这样,我们赶了12小时的路,经过许多法国的村子,没有开一枪。

天黑了以后,突然跑来两个军官,他们是坐汽车赶上来的。一开始我没认出他们,后来才认出他们是元首大本营的柯尔贝克上尉和豪斯堡中尉。豪斯堡报告说他被派到本师,因此我让他作我的副官。柯尔贝克没有被派遣过来,只是想借着这个机会来看一下。

黑夜中,我们继续赶路。接近半夜,侦察营穿过了拉艾-迪皮的中心广场(在莱赛北边地区大概5英里)。很多人穿着工作服站在广场上,后面还有许多卡车。我们看到里面有几个法国军官。这时,我开始思考到达瑟堡之前全师应该怎么安排。突然,纵队前方遇到一个敌人设置的障碍物,敌人立刻开始攻击我们。前面的车辆被击中,有三辆车烧了起来。伊瑟梅耶中尉就坐在第一辆车子里,他的头部被击中,然后倒在烧起来的车子旁边。

看起来，这个阵地有很强的防守能力，我不愿意我的手下在没有战车和炮兵的支援下作战，因此让侦察营撤退。

　　隆美尔这个师从清晨开始，一天时间前进了超过150英里。到下午停止前进，进行燃料补充时算起，也超过了100英里。这个速度打破了历代战争的纪录。

我只好带着随身的通信队回到拉艾-迪皮，我们跟后方的步兵团失联了。回去以后，有一辆车子开过来，上面坐着一个法国海军军官，他说自己负责监督民工修筑工程，目的是不让德军进来。我让他回去跟他的上司说，太迟了。之后，恩格尔上校带着第六步兵团赶上来，我让他们在第二天一早攻击敌人的防御工事。

6月18日天亮时，我带着豪斯堡开车到第六步兵团。夜晚的时候，我命令等天亮了，把几个被俘的法军军官带到那边去，让他们叫守军投降。等我到达那里的时候，恩格尔团长已经在跟敌军谈判了。

与此同时，第六步兵团的士兵站在路边，他们把枪放在地上，我方的人没有任何掩护物，但法军都藏在建好的掩体中。要是突然发动进攻，我方一定吃大亏。我命令我方的人立刻卧倒保护自己。

没多久，恩格尔和那些法国军官一起回来，跟我说敌军并不清楚贝当提出停战的事情，他们也不愿意相信，因此他们没打算让我们顺利通过。我只好再找一个法国军官跟那边的人说，如果他们在早上8点前不把武器放下，我们就要进攻。

这时，海德开普也赶过来，他说昨晚全师前进速度不是很快。有一部分人走错了路。此外，纵队中一部分人，包括师部的人在内，遭到了在玉米地里潜伏的敌人的袭击。还有，我的一个副官鲁弗特中尉差点成为俘虏。

早上8点，我们看到在圣沙维尔旁边的敌人突然都不见了，我们立刻冲过去，看到几个受伤的人和一具尸体。因此我们向敌人的后方开火攻击。与此同时，我们还抓紧时间清除河川的桥梁上以及北边地区深沟里的障碍物。我们的战斗工兵开上推土机把这些东西都清除掉了。

上午9点，配备装甲运兵车的第六步兵团的先头连往瑟堡前进。我和我的通信队也跟着他们一起出发。这时，有人从右边一个小山攻击过来。经过短暂的作战以后，我们继续前进。当我们到达巴讷维尔的谷地时，我们的左边是大海。我们在入口处发现了几个百姓，他们正在清除一些已经完成了一半的道路障碍物。一路上经常看到这样的情形。中午12点15分，我们来到了莱皮约（在瑟堡西南边地区12英里）。路上没有发生战斗。

经过莱皮约之后，一门要塞里的重炮冲我们纵队的后方发起攻击，几分钟以后，前面的部队停了下来。我立刻上去询问原因，看到步兵的装甲车停在一个庞大的防御工程前，在和敌人谈判——看上去敌人想投降。可这时候，一颗75毫米的炮弹打了过来，很快又有第二颗……战斗不得不开始了。

所有人开始找掩护物，第六步兵团的战车被击中，已经烧了起来。我让装甲车的机枪手立刻冲敌人开火。另外，我让距离最近的一个步兵排长带着他的手下进攻阻塞阵地。敌人的炮弹很密集，碎片擦着我们的耳朵飞过。这个时候，海登莱赫军士和我的驾驶军士肯尼格十分英勇且理智。他们鼓励步兵往前进攻，但机枪手却犹豫了很久才开始射击。

我带着豪斯堡中尉和海登莱赫军士一起回到后方。我的通信车的驾驶员和工作人员仍然留在原地。路上，我遇到了凯斯勒尔中校，他是第七十八炮兵团第一营营长。我让他把手下各连的火炮放在公路两侧发射炮弹。之后，我们又以最快的速度冲向后方。没多久，我又遇到37毫米高射炮兵连的连长，于是让他立刻集中火力攻击瑟堡旁边的高地和船坞。

这时，凯斯勒尔的炮兵营开始射击了，敌人急匆匆地降下他们的系留气球，我军开始占上风了。我把指挥所设置在马路旁的一个农舍里，原本可以听到从北边传来的枪声，但现在已经没有声音了。我可以用无线电跟海德开普联系上，看起来一切都很顺利。

然而，下午4点时发生了巨大变化：几分钟的时间里，瑟堡的许多个炮台，包括超级重炮，对着我们已经占领的地方和我们想要进攻的地方开火；英国的军舰也开始攻击我们。

幸运的是，无线电还能用。敌人要塞里的炮密集攻击了将近一个小时。我突然想到，要是敌人从瑟堡那边集中步兵发动进攻的话，我方将会很危险。因此，我要把援军叫过来，特别是第七步兵团和第二十五战车团。

没多久，第七步兵团和第二十五战车团赶来，另外师部所属的全部轻炮兵和高射炮单位也赶来支援。只有重炮兵来不及赶过来，他们的速度跟不上。

我的计划是：第七步兵团有了战车的支援，就可以从汉尼维里去进攻凯尔克维尔。只要凯尔克维尔南边的山地被拿下来，就能用炮火控制瑟堡的市区和港口。

从昨天上午到现在，我一直没有休息。下午5点的时候，我睡了1个小时。后来，第七步兵团和第二十五战车团的团长进来，我跟他们说了一下现在的情况。我让第二十五战车团选一个加强连给第七步兵团，帮助它进攻凯尔克维尔。

两个团长离开以后，又有很多重要的地图送到我手上。我立刻认真研究起来。这些地图中，分量最重的是要塞附近所有轻重炮位的火力射界图。我研究了一下，立刻得出一个结论：我们原本从托尼维里进攻的路线不太正确，敌人只用几个炮台联合起来的火力就能切断我们的道路。这时，有一个好消息传来，巴里斯营占据了第七十九号高地，那个地方刚好是都托特要塞的西边。因此我让步兵团绕道第七十九号高地的西边，向凯尔克维尔进攻。

晚上9点，我的行动指挥部跟上了步兵团。我们每经过一个村子，都看到许多从瑟堡逃跑过来的法国水手和难民。天色已经暗了，我们到达汉尼维里的南边地区，再往北边地区前进，我让指挥车停在几棵大树下，那边能够看到第七步兵团在安排他们的兵力。

这时，侦察兵把周边的情况都了解了一遍，发现有一个地方可以看到整个海军船坞，距离才2000码。在最后的一丝丝光亮里，我们能看到内外防浪堤坝上的防御工程和海军港口，只有几艘小船停在上面。港口的其他地方都空了，看来英国人已经撤退了。当我们看向瑟堡的时候，第七步兵团从我们身后往前移动，经过汉尼维里，然后占领了在凯尔克维尔南边地区和汉尼维里旁边的丘陵地带。敌人的要塞里一片安静。后来，天完全黑了，我们笃定地相信明天可以让所有敌人投降。

凌晨，我才回到师部。晚上，弗乐里赫中校开始安排全师的炮兵兵力，从森格尔旅中又调出一个重炮营,我们在天亮的时候可以集中这些炮兵的火力,然后展开猛烈的进攻。

6月19日早上6点前,我带着希拉普内上尉和豪斯堡中尉去前线。我们把许多法军战俘送进瑟堡城,他们身上带着用法语写的传单,传单要求守军无条件投降。

敌人似乎放弃抵抗了。跟前一天晚上一样,每条路都塞满逃去瑟堡的法国水手和百姓,还有一些人怕遇到战事,选择从田野逃跑。我们不想攻击这座城市,我们的目标是攻击军事目标——周边的要塞和海军船坞。

我赶去第七步兵团设置在汉尼维里的指挥所,却发现团长俾斯麦上校不在。在汉尼维里北边地区边缘,我收到一份报告,说杜尔克中尉刚刚被中央要塞的炮火击中牺牲了,因此我用无线电命令炮兵,集中火力攻击这个要塞。最后,火力的精确度达到四颗炮弹会有三颗命中,因此要塞不再发炮了。

没多久,巴里斯少校向我报告,考普利兹要塞的守军——一共10个军官,150个士兵——投降了。我立刻跑到那个要塞,那里可以视察整个瑟堡的设防情形。要塞在山上,其炮台的视察所没有被毁坏,拥有极好的望远镜,可以看到所有港口和市区。

这时,我又得到一个消息,俾斯麦正在市区和敌人谈判。

谈判在进行,我立刻赶去考普利兹要塞北边半英里的地方。海军船坞还在敌人掌控之下,他们还没打算投降。这时,海岸上所有要塞的炮声都停止了。凯尔克维尔要塞的指挥官仍然不愿意投降,但他跟我们说,只要我们不主动攻击,他们绝对不会还击。但他一定要得到命令才能投降。

12点15分,两辆民用汽车从市区开过来。车上的人是法国国会议员和瑟堡的警察局长。他们不是来投降的,但是他们愿意到海军船坞去找这个地区的最高司令官,说服他投降。我给他们的时限是下午1点15分,他们打算自己赶回来再给我答复。

然而,他们在回去的时候遇到海军船坞的攻击,只能放弃车子徒步而行。可我当时不清楚情况,所以时间一到,他们赶不及回来,俯冲轰炸机便开始轰炸,那个中央要塞很快就要被击中。我们的炮兵也一起开火了。

炮弹密集地落在海军船坞上,到处都是火光。轰击的过程中,步兵把市区攻占下来。当整个海军船坞被浓烟覆盖的时候,我又把火力集中到凯尔克维尔要塞，好让那边的守军早点投降。

有一些法国军官来到考普利兹要塞谈判投降条件，我带着他们去我的观察塔，让他们看看我们炮兵的厉害。其中一个是凯尔克维尔要塞的指挥官，他很惊恐地问："为什么要攻击那个要塞？它已经停火了呀！"我说："但它还没有向我们投降。"

因此投降的谈判很顺利地结束。法军的发言人是一个上尉，他要求我们把条件用书面形式传达。因此我传令下去："我已经认可瑟堡要塞地区有打算投降的事实，命令立刻停止攻击。我要求每个炮台上的守兵都要挂一面白旗，表达投降的意愿，之后所有士兵从瑟堡到莱皮约集合。我要求法军军士负责管理他们的部队。所有军官要集中在海军基地里。他们可以带上勤务兵。所有的武器都要放在要塞里面。"

下午5点，投降仪式在海军司令部举行。法国代表表示接受这些条件，等他们兑现承诺后，我才下令停止攻击。之后，我带上我的手下前往瑟堡。

到达瑟堡，法军要塞司令部的人把投降的条件传达给各单位还需要等一个半小时以上，因此我带着海德开普去视察瑟堡的市区和海港。我们先去看英军的港口和港口火车站，英军已经逃跑了，留下很多崭新的车辆。

回到海军基地司令部，第七装甲师各级指挥官已在广场列队站好；法军瑟堡的所有军官，包括每个要塞的司令，都列队站在另外一边。看到我进来，所有人都肃立致敬。通过翻译官，我告诉法军高级军官："作为瑟堡地区的德军最高指挥官，我已接受各要塞投降的事实，并对这一次百姓没有在这场战争中发生流血事件而感到欣慰。"

法军参谋长代表所有军官向我报告，要是各要塞中还有足够的弹药，他们绝对不会投降。

这时，我看到瑟堡的防卫司令不在，该地区的最高级军官——指挥法国海峡舰队的海军上将——也不在。因此我命令师部联络官普拉顿上尉把这两人请出来。等到他们俩来到，我又让翻译官把刚才的话向他们复述了一遍，阿德莱尔海军上将跟我说，他不同意投降。我说可以把他的话记录下来，作为凭证。至此，瑟堡投降的事情终于结束了。

之后，我和海德开普去视察罗里要塞和凯尔克维尔要塞。罗里要塞在一个山坡上，还有一些守军在那儿，看到我们都向我们敬礼。让我觉得神奇的是，炮兵对凯尔克维尔要塞没有造成太大伤害。司令的住宅虽然在广场中心，但没被破坏。

和法军第十军团一起作战的英军，可以顺利逃跑是很不容易的，比三个星期前的敦刻尔克还要不容易。

布鲁克中将13日才来到瑟堡担任英军总司令，第二天，他明白法军的情况已经不可挽回，因此在得到英国政府的批准后，便着手把所有留在法国的英军撤回来，包括刚调过来的两个师。但和法国第十军团一起作战的部队很难调回来，其中主要部队是第一五七步兵旅和第三装甲兵旅。15日，他们开始向瑟堡撤退。

英军在凌晨撤退，24小时内到达瑟堡，这说明摩托化部队的机动性方便撤退，为了安全起见，他们选择从小路离开。几个小时以后，隆美尔的军队紧跟在他们身后，英军选择从小路离开。

英军原本打算慢一点离开，可法军丧失战斗力，加上德军的前进速度太快，等到最后一艘运兵船离港时，德军距离港口只有3英里了。

这6个星期的战役中，隆美尔的第七装甲师一共牺牲了682人，受伤1646人，失踪296人。战车被毁坏42辆。他们一共俘获了敌人97,648人，收缴227门野战炮、64门战防炮、458辆战车和装甲车、4000多辆卡车、1500多辆马拖车辆。

6月20日，攻占瑟堡以后，隆美尔给他的太太写信。

最亲爱的露：

我不知道时间有没有记错，因为之前几天一直在忙，忙得没有时间概念了。

我的师一鼓作气地前进了220多英里，拿下最重要的要塞地区。有一段时间我们很危险，因为敌人的兵力是我们的20—40倍。他们有20—35个要塞可以作战，还有独立的炮台。但我们仍然完成了元首赋予的使命，用最快的速度拿下了瑟堡城……

1940年6月20日

拿下瑟堡以后，第七装甲师在西线战场上不用再作战了。他们听从命令往南边地区前进。隆美尔在雷恩给他太太写信。

最亲爱的露：

已经安全来到雷恩。战争已经变成在法国境内的轻松旅行。几天内可以结束这一切。这里的百姓都松了一口气。

6月21日

最亲爱的露：

暂时不用打仗了。我们现在离西班牙边境不到200英里，希望可以一路挺进，这样整个大西洋海岸线就都被我们拿下了。这一切真让人觉得神奇。我昨天吃坏了肚子，今天已经没事。住的地方还可以。

6月25日

最亲爱的露：

法国军队和英国舰队的战争还是有一些特殊的。法国军队要是愿意为胜利的一方效力当然是最好的，和谈条件也一定可以得到更多好处。①

7月8日

最亲爱的露：

我昨天收到许多信件，其中包括你在12月21日和23日写的信。邮

---

① 法国于6月22日投降，贝当元帅在法国中部的维希成立傀儡政府。希特勒攻下法国以后想与英国讲和，但丘吉尔拒绝，并表示要为英国奋战到底。7月3日，他命令英国皇家海军向停在奥伦的法舰开火。

政的速度变快了。我们在今天下午看了一场电影，叫《女王心》。我看完后很喜欢。明天应该会有贵宾来到我们的营地视察。我们的生活条件不算很好，住的是原始的石砖建造的房子，很多村子没有自来水，都在用井水。而且每个房子都不抗冻，窗户不能关上，冷风会直接吹进来。但我想情况会改善的……

1941年1月6日

最亲爱的露：

　　昨天的视察一切顺利，我们的部队不论在什么地方都能给人留下好印象。我准备在2月初请假回家。到那时候局势一定比较稳定了。我们的盟友意大利在北非的作战情况不太理想，但我也不觉得奇怪。他们一定认为打仗很简单，因此总想着表演。当年西班牙的内战，他们也是这样，要遭受挫折才会变好……

1月8日

最亲爱的露：

　　这里没特别的事情发生，晚上我会跟手下一起聊天，讨论1940年5月的战役，他们都记得很清楚。

　　英国的地中海舰队遭遇了几次很严重的打击。我们希望这种情况可以多发生一些。

1月17日

隆美尔战时文件

第二部

非洲战争的第一年

第五章　格拉齐亚尼失败的前因后果

1941年2月，意大利元首墨索里尼曾发表过演讲，他说在1936年到1940年，意大利曾派出军官1.4万人、士兵32.7万人到利比亚，为了给这些军队提供补给，花费了许多物资。他演讲时充满自信，但实际上这支军队远远达不到近代战争的标准。这样的兵力大概只能应付一个殖民地性质的战争，也就只能消灭参加叛乱的小股部队。他们的战车和装甲车很轻，引擎的马力也不够好，行动半径很小。炮兵使用的火炮都是第一次世界大战留下来的旧货，射程很短。战防炮和高射炮也不多，就连步枪和机关枪也是旧的。

最糟糕的是，意大利陆军中的很多士兵，都是非摩托化步兵。在北非沙漠地区，要对付一支摩托化军队，非摩托化的军队就太弱了。在机动战争中，哪一支军队在战术上不容易受非摩托化部队的牵制，哪一支就容易获得胜利。

1940年9月，格拉齐亚尼的军队开始执行任务。那时，在埃及的英国人还没有力量抵挡意军去亚历山大港。起点是拜尔迪，意军在塞卢姆穿过埃及边境，沿着海岸的西边进攻西迪拜拉尼。英军知道实力悬殊，于是有技巧地从东边撤退，不愿意跟意军正面交锋。在到西迪拜拉尼以后，格拉齐亚尼不再进攻，而是巩固了自己已经占领的地方，并且沿着海岸建立交通线，之后又集中补充物资，增加兵力，构建水源等。他打算从这个新基地继续往东边进攻。

好几个月过去了，格拉齐亚尼仍然待在原地，不再前进。因此，英军把握好这个时间去完成埃及的防护工作，用来抵抗意军的进攻。他们从大英帝国的许多地方调来士兵，特别是庞大的机械化部队，带着很多战车开到埃及境内。英国的战车比意大利的要强很多。

英军的数量比意军少很多，可他们拥有装备完善、质量很好的近现代化的空军，还有更快更新的战车和长射程炮，最重要的是，他们的攻击纵队已经摩托化了。英国的舰队是西地中海霸王，连意大利的战舰和巡洋舰也不敢发动海上进攻。英国人沿着海岸线的一条铁路直接通到马特鲁港，跟埃及的铁路系统连成一体，方便运送物资到前线——这一点是整个非洲战役中最重要的一点。

12月9日，英国的韦维尔将军突然发动了一场奇袭式的进攻。他命令空军先发动攻击。英军所有的飞机，不论是最旧的还是最新的，一起起飞，往西迪拜拉尼的意军阵地和机场投掷炸弹。英国军舰上的重炮也从海上往西迪拜拉尼和沿着海边的公路开火。

中午时，英军对西迪拜拉尼的意军实行迂回进攻。一番交战以后，在西迪拜拉尼南边15英里的意军阵地已失守。2000多名意军战士成了英国人的俘虏。

12月16日，韦维尔来到利比亚的边境，并在卡普佐打败了格拉齐亚尼的主力。意大利非洲装甲军军长马里提将军也战死了。意军被俘3万人。意大利第十军几乎全军覆灭。

英军取得重大胜利，意军已经士气全无，他们退到拜尔迪和托布鲁克的据点，等着敌人的下一轮进攻。

12月19日，韦维尔的部队突然出现在拜尔迪地区，还对要塞实行围攻。英国的空军也猛烈进攻。之后，约2万意军投降，意军的指挥官逃去了托布鲁克。

1941年1月8日，英军继续往西边进攻，把托布鲁克包围。这是一个很强的据点，一共有2.5万守兵，炮兵部队很强，物资也足够，但英军只花了14天时间就攻下了这个要塞。

之后，英军开始往昔兰尼加境内进攻。昔兰尼加境内的地形非常不好，不利于进攻，然而，英军北边地区的澳军带领的一个纵队前进得很顺利。2月7日，英军拿下班加西。另外，一支强悍的英军装甲纵队顺利经由孟沙斯继续前进。这个纵队在路上遇到撤退的意军，两方交战起来。结果，英军击毁了100多辆意军的车辆，俘获了1万多意军。

2月8日，英军的先头部队拿下艾阿格海拉，格拉齐亚尼的军队几乎全被消灭了，剩下的人都是没有武器的士兵，这些人都往西边逃跑。意军一共12万人被俘，死伤人数还没计算，失去了600辆装甲车辆和所有炮兵、卡车和物资。

隆美尔预估这一次英军俘虏意军的总人数，比其他会战都要精准。英军一共俘获意军超过13万人，缴获大炮1300门、战车400辆（不包括装甲车和机关枪载运车）。

假如韦维尔继续往的黎波里塔尼亚进攻，应该会一路畅通，不会遭遇反抗。然而，英军没有继续前进，他们可能想当然地以为这个地方会自动落入他们手里。当然，韦维尔也需要时间补充物资。正因为这样，轴心国得到了卷土重来的机会。

英国政府要派一支远征军到希腊，他们以为在巴尔干境内可以威胁到德军。早在1月的时候，希腊和意大利已经在打仗了，丘吉尔就给希腊施加压力，让希腊接受英国的支援。但希腊政府领导人梅塔克萨斯将军没有答应，因为他担心会招来德国的不满。

与此同时，托布鲁克被德军攻占了，因此英国政府让韦维尔继续进攻北非，攻下班加西。英军继续前进，把在昔兰尼加的残余意军都消灭掉了。然而，希腊的梅塔克萨斯将军不幸牺牲，因此，丘吉尔再次向希腊政府提出要求，这一次希腊才答应。

英国政府命令韦维尔暂停进攻，留下一点兵力去守住昔兰尼加，其他大部分兵力要派遣到希腊去。

3月7日，英军来到希腊。4月6日，德军进攻希腊，不到一个月，英军就被赶回之前登陆的港口，然后撤退。5月，德军使用空降部队攻下克里特岛，英军遭遇重大损失。

一个指挥官取得一场重要胜利以后，要是把战略目标看轻了，就会导致不好的后果。其实这是一个扩展胜利的最好机会。胜利者应该追在后面，不然到处逃窜的敌人很快又会集中起来，组成军队，再次迎战。

一般会放弃继续追击的原因,是因为补给线太长了,让军需人员承受不住。

每次打完一场决定性的胜仗以后,指挥官要是听从军需人员的要求,主动放弃追击,历史就会告诉我们一个道理:你会因此而错过可以彻底消灭所有敌人的最好时机。

这一次意军惨败,让所有人都士气低迷,还让意军对自己的武器失去信心,让他们产生严重的自卑情绪。之后整个战争时期也是这样。

第六章　第一回合

非洲之行

1940年底,法国的局势突然变得严峻起来,我不得不缩短圣诞假期,赶回我师的驻扎地波尔多。(编者注:当时德军统帅部得到一份报告,说法国还没被占据的地区有可能发生叛乱,因此他们决定,要是发生类似的事件,就攻下法国南部。)最后只是一场虚惊,我们没有实施任何行动。

之后就是几个星期的加强训练。我本来想在2月初请假几天,可军中很快又有了情况。2月6日,布劳希奇元帅给我布置了一个新任务:盟国意大利局势严峻,因此要派出德军的两个师——一个轻装师一个装甲师——去利比亚支援。我被任命为这个德国非洲军军长。

提供援助的首要条件,是意大利政府需要答应守护在苏尔特湾地区的的黎波里塔尼亚防线,可这条防线跟意军现在的计划没办法融合。他们的目的只是守护的黎波里塔尼亚防线。我要负责意军在北非的所有摩托化兵力,但我被格拉齐亚尼牵制住了。

那天下午,我跟元首仔细说了非洲当下的状况,他说其他人都举荐我,认为我可以适应非洲战场上那种变幻莫测的环境。元首又提议我应当把德军的兵力集中在的黎波里周边，这样他们就可以组成一个整体去作战了。

最亲爱的露：

我于12点45分到达斯塔根，跟陆军总司令见了面，他给我布置了新任务。之后我又去拜见了元首。一切发生得太快，我的行李已经被送来这边。我只能拿上一些生活用品出发。我猜你应该了解我的心情，许多事情压过来，我现在很忙乱。

因此"我们的假期"只能缩短了，请你不要担心，我这一次的任务很伟大，也很重要……

1941年2月6日

最亲爱的露：

关于新职务，我思考了一宿，这应该也是治疗我的风湿病的一种办法。我的时间不多，但有很多事情要处理，只能努力完成。（编者注：隆美尔当时患上了风湿病，之前有人让他去埃及休养，因此这么写，他的妻子能猜到他要去非洲完成新任务。）

2月7日

2月11日上午，我到罗马意军最高统帅部的参谋总长古左尼将军那里报到，他们答应把的黎波里塔尼亚的防御计划重点往东移动到苏尔特湾。下午，我飞去西西里岛上的卡塔尼亚。这时，从非洲传来的新消息不是很好。韦维尔攻下了班加西，还在南边地区击败了意军最后一个装甲师，现在打算进攻的黎波里塔尼亚。实际上，意军没有办法再做任何反抗。英军的先头部队可能在几天后就要攻打的黎波里城的外围防线。而德军的第一个师要等到4月中旬才能来到，这个支援会赶不上变化，所以要想办法阻止英军的进攻。

因此，我命令盖斯勒尔将军在那天晚上对班加西港口发动一次空中袭击，还要在第二天上午派出轰炸机攻击在其西南边地区的英军纵队。然而，盖斯勒尔一开始不打算服从，看得出来，意大利人不让他轰炸班加西，那里有他们置办的房产。我十分反感他的态度。后来，希孟德上校把这个事情向元首大本营报告了，我在晚上得到授权，于是让空军开始行动。

2月12日上午10点，我们的前线考察团从卡塔尼亚飞去的黎波里。中午，我们在卡斯特尔贝尼多降落。德国驻罗马武官派驻在意军北非总部的联络官海根芮勒中尉接待了我们，他说格拉齐亚尼元帅被撤掉职务，还说了一下在非洲的意大利军队的组织，也跟我们说了意军士气低迷的情况。许多意大利军官已经收拾好行李，随时准备返回意大利。

下午1点，我向加里波的将军报到，说明自己的任务。我用地图把我的计划说给他听。我的意思是不能撤退，要在强悍的空军支援下，所有人一起守卫苏尔特地区。

然而，加里波的不太同意我的计划，之前的惨败让他失去了进攻的勇气。他让我先实地去考察苏尔特地区的地形，认为我把事情想得过于简单。我却用很重的语气跟他说："我笃信不用很久，我就能搞明白这个地方，今天下午我会坐飞机进行空中考察，晚上会给元首司令部发送我的报告。"

局势很严峻，意军的指挥官却不得力，因此我不打算服从安排，想早点接管前线的指挥权，起码在第一批德军来到以后。

那天下午，我和希孟德上校坐飞机飞到非洲的上空，视察完的黎波里在东边做的野战工事以后，我们飞过另一片沙漠地带。从表面看，它是一道天险，不方便战车通过，因此是一个天然的障碍物。之后，我们又飞过泰尔胡奈和胡姆斯之间的丘陵地带。我们没看到一个地方适合摩托化兵力。然而，在胡姆斯和米苏拉塔之间的平原地带比较适合。我认为这次飞行能让我更坚定我的计划。我决定防守苏尔特以及海岸公路两边的地区，让摩托化兵力作为预备队，用来做机动防御。

晚上，我和加里波的将军见了面，罗塔将军带来了意大利元首的新命令，我的计划很顺利地通过了。

第二天，意军第十军和布里西亚、派维亚两个师前往苏尔特、布拉特地区建起新防线。在它们身后，阿里埃特师听从命令占据了布拉特西边的阵地。这时，这个师只有16辆战车，而且装备都很陈旧。可这是我们这段时间里能集中起来的所有兵力。

因此，我们眼下可以对抗英军的，除了一部分苏尔特地区的意军守兵，就只有德国空军了。因此，我跟德国空军驻非洲的指挥官弗乐里赫将军说明这场战争的情况，然后希望他能承担起这个任务。另外，我要求空军第十军提供补给。他们的付出得到了回报，因为韦维尔将军的部队没有继续进攻。

几天后，我再次飞到苏尔特。守护防线的意军大概只有一团人，要是英军立刻发起进攻，这么一点兵力是无法抵抗的。我们其他部队都还在西边200英里以外。

我不断坚持，使得第一个意大利师在2月14日徒步到达苏尔特支援。同一天，德军的最先头部队——第三侦察营和一个战防炮营也来到的黎波里港。形势严峻，我让他们立刻下船，还要在晚上用灯光作业。这艘6000吨的运兵船不停歇地卸货，打破了以前的纪录。第二天上午11点，所有士兵带着热带装备集中在当地市政府的广场前。他们的到来带来了希望，也让的黎波里压抑的气氛变好了。2月16日，我正式成为前线指挥官。希孟德上校于几天前回了元首大本营。

最亲爱的露：

相信一切都会如我希望的，没多久就可以解决一切麻烦。我很顺利，你不用替我担心。事情很多，但我已经把周边的情况看清楚了。

1941年2月14日

最亲爱的露：

阳光很好，我的心情也很愉快。我和意军指挥官们相处得不错，我们的合作体验很棒。

我的小伙子们也都进入前线了，战线往东边前进了350英里左右。

2月17日

许多德军和意军前往前线，为了吸引英国人的注意力，我让的黎波里南边地区3英里远的工厂造出大量假战车。假战车装在德国制造的汽车的底盘上,能让人信以为真。2月17日,英军开始活跃,我担心他们会发动进攻。到了18日,我们在艾阿格海拉和艾季达比亚看到了许多英军。我打算让第三侦察营在意军桑塔马利亚营和第三十九战防营的支援下向诺夫里亚进攻,要想办法跟英军碰上。

2月24日,英德两军在非洲第一次交战。我们摧毁了敌人两辆侦察车、两辆汽车,俘获了3个英军士兵,其中一人是军官,我方没有任何损失。

3月4日,我们来到马格塔隘道,用地雷把这个地方封锁起来,可没遇到一个敌人。我们因此得到一个重要地区——西部恰的盐水沼泽。车辆无法通过这个地方,我们埋下了大量地雷。要是敌人经过这里并想正面攻击,我们很轻易就能抵挡。要是他们想用迂回的进攻方式,就要在沙地上行军,这也是不可能的事情。我们已经往东前进了500英里。

最亲爱的露:

经过两天的飞行旅程后,才回来,我们往东前进了450英里,一切都很顺利。

现在"速度"是最重要的。这里的天气很不错,我很喜欢,我每天都睡得很多,今天也是6点以后才起来的……

今天播放的电影是《西线战场的胜利》。我在跟客人致辞的时候说希望没多久,大家就可以再次看到"非洲大捷"的电影。

1941年3月5日

我们在马格塔的行动致使英军往东撤退。我们猜测他们的主力是在艾季达比亚周边和从海岸到德尔纳那地方。

然而,隆美尔不知道这时英军的素质已经下降了。2月底,战绩优异的英军第七装甲师撤回到埃及调整,由第二装甲师的一半兵力接替它的位置——该师从英国调来,士兵都没有经验,另外一半兵力被送去了希腊。另外，阿康纳尔也回埃及了，由尼梅将军接替他的位置，他完全不懂沙漠上的机械化战争。

3月2日，韦维尔做出了一个结论："我不认为敌人凭借着这么一点兵力就可以把班加西拿回来。"可他不知道自己会遇上隆美尔。

3月11日，第五战车团在的黎波里集合完毕。这一支兵力带着当时最现代化的装备，使得意大利人信心大增。（编者注：该团一共120辆战车，其中有60辆是Ⅲ型和Ⅳ型的中型战车。另外，意军阿里埃特师也有80辆战车，这是隆美尔当时拥有的所有战车。）

3月13日，我把司令部移去更靠近前线的苏尔特。我当时想带着参谋长坐"基布力"（编者注：一种意大利飞机的名称）飞去苏尔特，可起飞没多久就遇到沙尘暴，驾驶员不听我的话返回原地，让我坐汽车去苏尔特。坐在车上，我才意识到我们先前根本不清楚沙尘暴的威力有多大：一大片红色的飞沙遮住了所有东西，汽车也很难往前移动。我用手巾裹住自己的脸，呼吸开始变得艰难，身上都是臭汗，热得不可思议。同一天，一个德国空军军官在这场沙尘暴中坠机，不幸牺牲。

3月15日，希维林中校派出一支德意两国兵力混合组成的纵队，从苏尔特向迈尔祖格进攻。这一行动是为了获取长途行军的经验，也可以测试我们的装备，是否适用于非洲的环境。

3月19日，我再次飞回元首大本营，做第一次述职报告，然后接受新的命令。元首给我举行授勋典礼，把橡叶加到我的铁十字勋章上，以此奖励我在担任第七装甲师师长期间的贡献。陆军总司令布劳希奇元帅跟我说，最近在非洲没有任何进攻计划，因此不会再派部队支援我。5月底，在第十五装甲师来到以后，我准备对艾季达比亚旁边的敌人发起攻击。班加西也许可以拿下，但我却说不仅拿下班加西，就连整个昔兰尼加也要攻下来。可布劳希奇元帅和哈尔德将军不同意增加兵力，战争是否取胜完全取决于天意，这让我倍感沮丧。

在我离开非洲以前，我曾下令第五轻装师要在3月24日进攻艾阿格海拉，目标是争夺该地的飞机场和小型要塞，然后赶走那边的英国守兵。在我回到非洲以后，3月24日清晨，第三侦察营顺利拿下了这个地区的要塞、水源地和飞机场。英国守军在我们进攻以前就撤退了。

最亲爱的露：

今天是我们在海边的第一天，这是一个很可爱的地方，我住在舒适的沙漠旅行车里，跟住在旅馆里一样舒服。上午我去海边洗了澡，海水很暖和。我的副官艾丁格和根舍住在旁边的帐篷里。上午，我们在自己的小厨房里煮了咖啡。昨天，意大利的贝哥罗将军送了我一块十分漂亮的衣服料子，漆黑的底子上有红色的刺绣，我想象着要是给你做衣服一定很美……

前线暂时没有新消息，部队暂时停了下来。我们的意大利朋友里面，有些人很内疚。

1941年3月26日

昔兰尼加的出击

5月，我们打算对艾季达比亚旁边的敌军发起攻击，第一个目标是拿下梅尔沙隘道。英军占据着这个地方，建造防御工程，还可以使用地雷和铁丝网增加防御力量。我们不能让他们继续。可我现在又有了新难题：要么等其他兵力在5月底到来以后再发起进攻，但英国人在这段时间里就能建好防御工程，届时我们将很难进攻；要么就是趁着现在，用现在的兵力进攻。我最后选择了第二个方案。实际上，我认为我们这支力量比较薄弱的兵力也可以拿下这个隘道。这个隘道的位置跟马格塔一样重要，可以把它当一个集中地，然后发起进攻。还有，我们的水源枯竭了，拿下这个隘道，能让我们得到一个新水源。

3月31日，我军开始进攻梅尔沙英军阵地。我们于傍晚把敌人击退，把这个隘道拿了下来。敌人被打败，我们俘获了他们的50辆布伦载运车和30多辆卡车。4

月1日，我命令部队集中在梅尔沙和马吞果费尔地区。

空军报告说英军打算撤退，虽然我得到的命令是5月底前不能进攻艾季达比亚，但我不想错过这个好机会，因此我让部队立刻进攻。4月2日下午，经过一番交战，我们拿下艾季达比亚，到了傍晚时，我们迅速占据了艾季达比亚附近一些地方，延伸到东边12英里处。意军迅速与我们成功会合。4月3日，我把司令部转到艾季达比亚，在这里方便观察敌军的一举一动。敌人有意全军撤出昔兰尼加。

自从隆美尔拿回艾阿格海拉以后，韦维尔开始担忧了。4月2日，德军占领艾季达比亚以后，韦维尔命令舍弃班加西，所有人往东边撤退。可这样的撤退导致他们溃不成军。

这时，我们已经俘获了800个英军士兵。当天下午，我决定乘胜追击，准备一鼓作气地拿下整个昔兰尼加。我立刻从意军阿里埃特师中抽出一队兵力做前锋部队，让他们进攻本盖尼亚。

意军将领查波尼曾对我说，艾季达比亚到果夫马塔之间的路线存在一个必死的陷阱，因此他让我不要经过这条线路进攻昔兰尼加。但我更坚信自己的观察，因此我带着艾丁格中尉往果夫马塔进攻。

下午4点，我回到司令部，立刻听到第五轻装师的人说需要4天时间补充汽油。我认为这个说法太荒谬了，因此让他们把全部车辆上的物资都拿下来，然后开去阿尔柯戴里尼的师部仓库，限定在24小时以内，把所有物资运送回来，然后开始进攻。

这时，我能肯定敌人把我们想象得过于强大了，因此我们要展开大规模的进攻，才不会被敌人看穿。1天以后，我希望能调用实力强劲的兵力，把它们集中到南翼，然后切断英军的退路，让他们无法作战。

意军总司令加里波的将军对这几天的战绩并不满意，他粗鲁地说这样的作战方向完全违背了罗马的命令，让我立刻停止进攻，没有经过他的批准，不得擅自进攻。我仍然坚定我的立场。我们争吵的时候，突然来了一封德国最高统帅部的电报，说我拥有完全自主权，因此我还能继续进攻。

4月3日晚，第三侦察营来到班加西，当地的百姓都很兴奋，因为英国人放火烧毁了他们的东西。

最亲爱的露：

从3月31日进攻以后，我们一路都很顺利，战绩很优秀，让所有人都感觉到惊讶。我不想错过任何一个机会，因此不愿意听从安排。我知道这一场战役以后那些人会说，他们要是我，也会这么做。我们已经完成了5月底才能达到的第一个目标，英军已经撤退了。我方的伤亡不多，缴获了无数战利品。你一定能感觉出来我有多高兴。

1941年4月3日

4日清晨，布里西亚师一个加强团的兵力进入班加西。第五轻装师的主力打算进攻本盖尼亚，意军阿里埃师特走原定路线，到达坦吉代尔井以后，再往北边攻占默基利。

那天晚上，敌人的计划大概是这样的，一部分人在本盖尼亚的东边，其他英军继续守着孟沙斯。傍晚时，第三侦察营在里吉马跟实力薄弱的敌人交战，打败了他们。

最亲爱的露：

元首发电报祝贺我取得了意想不到的胜利，也给了我一个新的命令，说以后的作战我都可以自由安排。我们攻占了越来越多的地方，一切都十分顺利。

1941年4月4日

第二天凌晨4点，我让军部的警卫连往本盖尼亚前进。空军的报告说英军还是在撤退。到了中午，我让阿尔布里赫上校带着一支实力较强的装甲部队，包括第五战车团和40辆意大利战车通过马格仑和苏卢格，往孟沙斯进攻，打败那边的敌人之后，再进攻默基利。

最亲爱的露：

我们于今早4点出发。希望这一次的大规模进攻可以顺利。我的身体很好，这里的生活很简单，比法国的大鱼大肉更有利于我的健康。不知道你们俩现在怎么样……

1941年4月5日

下午2点，我再次乘坐容克机飞往本盖尼亚。等我到达那边以后，空军报告所有英军已经离开默基利，我便发出命令让先头部队进攻默基利。傍晚时，我飞回来寻找第五轻装师，他们正在往东北方进攻。两个半小时以后，第五轻装师开始进攻默基利。

到了晚上，我开车去第五轻装师，打算亲自指挥作战。将近半夜，我们开着灯前进，我们的车队仿若一条火龙在沙漠中疾驰，这时却遭遇英国飞机的袭击，虽然没有造成伤亡，但只能把灯给关了。凌晨3点，我们追上了第五轻装师的先头部队，找到了该师师长。

我们现在距离默基利只有12英里，因此我让贝伦德中尉带着他的小型战斗组以最快速度前往默基利和德尔纳，然后在中途选择最好的封锁点。

然而，4月6日，我们还是不能按照之前的计划向默基利发动进攻。原因是到了那天傍晚，法布里斯的部队还没到达默基利东边的山地。那天夜晚，我和全军大部分人都无法联系，距离太远导致无线电失去了作用。

阿尔布里赫上校的部队跟留在艾季达比亚的作战处处长报告，因为沙尘暴以及燃料紧缺，他们需要花费很多时间去进攻孟沙斯。到了傍晚，他们才把孟沙斯拿下来，然后继续进攻默基利。4月7日凌晨2点，法布里斯的部队报告燃料已经耗尽，炮兵无法进入阵地。我带着行动指挥所和整个师部的所有储备油料——一共35桶——在凌晨3点赶到他那边。可天太黑了，我们一直找不到他们。天亮以后，我们再次尝试，最后才成功找到他们。

我把燃料给了法布里斯以后，他们终于可以继续前进了。没过多久，我们看到了默基利要塞。敌人的许多车辆停在那儿。最开始，敌人不打算反抗。我让格罗尼中尉拿着白旗，告诉他们最好马上投降。不过，他们没同意。

我们没有看到应该一早就来到这里的阿尔布里赫部队的身影，不得已，我坐上斯托尔赫飞机去找他们，没多久就飞到默基利旁边的山地。在要塞的西边，我看到一支部队，以为是他们。把飞机降下去以后，才看到那是英军，他们立刻用机枪朝我们扫射，幸好飞得速度快，尾翼中了一枪，没有多大损失。

下午，我再次乘坐飞机去寻找阿尔布里赫的队伍，他们一定是迷失了方向，要是他们的队伍迟迟不来，我们就无法跟敌人决战。我们在天黑之前终于找到了他们，我十分生气，痛骂他们为什么要延误。原来他们完全不知道路线。后来，我让他们加速前进。

> 最亲爱的露：
>
> 我不清楚日子是不是正确，我们在这个一望无际的沙漠里前进了几天几夜，因此没有了时间和空间的概念。你应该看过政府的公报了，我们一切顺利。
>
> 今天是一个决定性的日子，我们的主力在都是沙砾的荒原中前进了220英里，终于来到目的地。一场现代化的"坎尼"会战将要开始。
>
> 我很好，不用挂念。
>
> 1941年4月8日

4月8日早上6点，我继续坐飞机飞往默基利东边的前线。3000英尺的高空，方便我们观察战况。有一队敌人的车辆往西边前进，因此我们继续往前飞，想要找到阿尔布里赫的部队，可还是没看到他们。后来，我们决定降落，却撞上一个沙丘，导致飞机不能再飞行了。英军的车队距离我们很近，我们要是再不离开，很有可能会被他们带去加拿大。

回到师部以后，我让海莫尔少校再坐飞机去找阿尔布里赫的部队，希望可以带他们到默基利。我带了几个随行人员前往默基利，路上遇到一场沙尘暴，我们拿着罗盘在飞沙中狂奔，最后跑到默基利机场。我军把这个地方占领了。之后，我们的步兵开始进攻，而这时，阿尔布里赫的部队也赶到了。

中午，希维林的部队向德尔纳进攻，我们跟在后面。路上再次遇到沙尘暴，导致我们在傍晚6点才到达德尔纳。负责封锁巴尔比亚大道的波拉斯中尉报告说，已成功俘获敌人800人，包括所有的英军司令部成员。

昔兰尼加地区已经被我们完全攻占，但我认为还是要乘胜追击，给敌人更大压力，逼迫他们继续撤退。

最亲爱的露：

经过了艰苦的长途沙漠旅行以后，我在傍晚时来到海边。这一场战役结束了。我一切都好。我的旅行车上午来了，我可以在里面休息。

1941年4月10日

第一课

在近代战争中，从没有像对昔兰尼加这样，没有丝毫准备就发动进攻。这需要指挥官极高的随机应变能力，可有时候他们做不到。例如某些指挥官花费太多时间在补充燃料和弹药，或者保养车辆上。指挥官在作战中一定要抓紧时间，在规定的时间里完成任务。在进攻默基利途中，我要求不高。实际上，这些指挥官只要发挥他们的主动精神，都能达到我的要求。

保卢斯将军来到非洲时，说我们这一次的行动违反了计划，跟最高统帅部的方向截然不同，致使英军不得不从希腊撤退。（编者注：当时保卢斯将军是陆军副参谋总长，他的意见不完全正确，英军之所以撤退，是因为德军在南斯拉夫闪击成功，让他们感受到了威胁。）

我告诉他：第一，我压根不知道最高统帅部的计划安排，因为我们进攻的时候，英军在希腊的西南边。第二，我认为我们不用顾忌希腊的立场，应该在北非把兵力集合起来，一起把英国人赶出地中海地区。我们理应占领马耳他岛。拥有一支强大的摩托化兵力，足够让英国人孤立起来，然后希腊、南斯拉夫和克里特岛也会主动投降。可我们的上级一听到要海运补给，就觉得害怕。

这一次在昔兰尼加收获的作战经验，对我以后的作战有很大帮助。英国人一直不清楚我们的真实实力，他们以为我们很强大。之所以成功攻下默基利，完全是奇袭的功劳，敌人没想到我们会经过本盖尼亚，更没想到我们速度飞快。所以，速度是赢得这一场战役的主要因素。

韦维尔想守住托布鲁克，他没想到我们第一次进攻会成功。我也清楚，不论是战略还是战术上，我们都处于劣势。因此我们只有两个选择，第一，撤回到托布鲁克；第二，继续守住塞卢姆前线，但如此一来我们会暴露自己的位置，其他方面也会受到威胁。

下面的记载能说明当时我们的作战形势有多严峻。

向托布鲁克进攻

4月9日，情报说敌人在托布鲁克附近集中了强劲的兵力，港口里有10艘运输船装着物资。我们的空军这两天忙着搬家，只能派出少数飞机去侦察。中午，当布里西亚师师长来到以后，我把计划告诉了他：布里西亚师加上垂托师，从西边进攻托布鲁克，用路上的尘土迷惑敌人。另外，第五轻装师用最快的速度徒步到托布鲁克的南边地区，方便从东南方向进入。

下午4点30分，我来到默基利，却看到第五轻装师停在那里——他们以为有两天时间休息。我立刻让他们在晚上开始进攻，争取第二天一早向托布鲁克进攻。

4月10日清晨，我开车前往托布鲁克，在要塞西边30英里找到了第三侦察营。可他们还没开始发动迂回式的进攻。我下令让普里特维兹将军马上穿过公路往托布鲁克进攻，第三侦察营通过艾克罗马往阿代姆进攻。我让第五轻装师在布里西亚师接防以后，马上往托布鲁克东边的巴尔比亚大道进攻，好包围整个要塞。

战况复杂，我第二天还在前线。指挥官最重要的任务是对自己的战场以及敌人的位置了解得一清二楚，他们对战场一定十分熟悉。因此指挥官必须亲自去观察战场和战况的发展，盲目听从别人的意见对指挥作战不利。

4月11日，第三侦察营攻下阿代姆，成功包围托布鲁克，然后开始第一次攻击。4月12日，我方的兵力增加不少，开始对敌人的据点发起第一次进攻。同一天，第三侦察营拿下拜尔迪。

下午3点30分，第五轻装师发动新的进攻。战车前进的同时，敌人的炮弹也密集而至，可我们的伤亡不多。第五战车团顽强前进，却在最后一道战壕被挡住了。我们不清楚托布鲁克的防线到底怎样，之前建造它们的意大利人也没有给我们提供资料。

第二天，我们再次尝试，不能让敌人有时间去修筑好他们的防御工事。4月13日，我让第五轻装师继续侦察，想方设法进入托布鲁克的防线，然后爆破战防壕。可第一次进攻失败以后，第五轻装师没有了信心，还对我打算14日发起的进攻不抱乐观的态度。我认为，只要把兵力集中在一个地方，强行突破敌人阵地，再用闪电般的速度进入，就能深入敌人后方。只要指挥官和士兵都想着成功，就能成功。

这时，阿里埃特师还不见踪影，我只好去寻找他们。下午6点，第八机枪营在波拉斯中尉的率领下开始进攻。但我们的战车和战防部队的行动速度太慢。英军的炮火很厉害，但我们的损失并不大。傍晚时，我们还没得到确切的报告，不清楚那条战防壕被炸毁了没有。

这时，塞卢姆前线的战况已经稳定了，我军攻下塞卢姆和卡普佐两地，英军备受打击。

最亲爱的露：

今天应该是托布鲁克会战结束的日子。英军很厉害，拥有庞大的炮兵队伍，但我们还是可以打败他们。我们的军队在沙漠中作战了两个星期，他们的精神面貌很好，他们一边跟敌人作战，一边还要应付大自然。我们再次看到海水了。

1941年4月14日凌晨3点

14日凌晨3点，第五轻装师开始进攻。意军格拉提炮兵团和德军第十八高射炮营都会协助第五轻装师。在重炮的支援下，攻击开始。我军很快渗入公路西边的敌人阵地，可是保护侧翼的兵力迟迟不来，我立刻赶去阿里埃特师，让他们马上跟上去。

早上9点，我回到军部，第五轻装师已经来了报告，说他们渗入敌人防线的区域太窄，暂时没有办法进攻。随后，阿尔布里赫报告说，他的战车已经到达了离城南两英里半的地方，但英军发起猛烈进攻，他们只能后撤了。他还说可能有很多步兵牺牲了。我非常生气他擅自撤下战车，把步兵丢在后方。我让他们立刻再次进攻，冲破敌人防线，救下步兵。

到了中午，我再回到第五轻装师，敌人不停地发起猛烈攻击，他们迟迟没有前进。我暂时没有更好的办法，只能先放弃进攻托布鲁克。我第三次去跟阿里埃特师会面，让他们在第五轻装师旁边，负责拉斯艾马道尔南边地区。下午5点，我跟他们一起出发。然而，我们在路上遇到敌人的炮火攻击，全师从南边或者西南边逃跑，直到深夜，才把这个师的兵力重新集中回来。

1942年6月20日，当我的非洲军团终于攻下托布鲁克的时候，我在该城南边3英里外的道路交叉点上看到德军战车的残骸，这些战车应该是1941年4月14日被敌军击毁的。要是第五轻装师知道怎么保护它们的侧翼，炮兵和阿里埃特师能紧接着冲进缺口，那么托布鲁克早在1941年4月14日就被拿下了。

最亲爱的露：

　　托布鲁克的会战已经结束了，敌人坐船离开，我们很快就要进入该要塞。我们这一点兵力取得了很大的成绩，南边战场上的局面因为我们而打开。我们仍然很忙，每天都在前进。

1941年4月16日

我打算用意军加上一些德军,在炮兵的支援下,进攻拉斯艾马道尔山地。

4月16日下午5点,我让阿里埃特师的装甲营(6辆中型战车和12辆轻型战车)进攻第187号高地。意军一鼓作气地冲到最高点,却被英军的炮弹逼退下来。我尝试让他们再冲上高地,可没有任何作用。

这时,贝恩特中尉也在观察意军步兵的进攻,但发现他们突然回头纷纷逃命。我让贝恩特坐上装甲车去看看发生了什么事情。半小时以后,贝恩特回来向我报告,有一个意大利步兵跟他说,敌人的战车来了。当他往东开了几百码以后,看到一辆英军的侦察车押着一连意大利步兵。他马上开枪,想让意大利步兵得到逃跑的机会,但他们却跑到了英军的防线。

我马上带着3门战防炮赶过去,想救回剩下的意大利士兵。在贝恩特的指挥下,战防炮击中了几辆英军的装甲车,可有一个没有武器的意军营被敌人带走了。我的副官希拉普内少校本来跟着第一波的意军进攻,这时也逃回来了。他现在带着残余的意兵进攻艾克罗马附近的高地,我连忙派了两个步兵连去支援他。

4月17日,阿里埃特师负责进攻这个山地。但他们本来还有100多辆战车,现在只剩十几辆,其他车子不是发生故障就是机件出现故障。想到意大利的元首把这样的装备拿给军队去作战,真让人不解。

我们第二次进攻还是没成功。攻击部队的战车完全不听指令,一通乱撞。阿里埃特师的装甲兵本来是听从命令跟在步兵后面,可他们很快就冲到前头,看不见踪影了。我们也没办法联系上他们。

下午1点,有一辆战车在山地高峰的北边地区出现,它的炮口对准了我们。沙尘弥漫中,我们不清楚它身后还有几辆战车。我立刻带着3门战防炮冲上去,能看到后面还有很多战车。后来我们才发现他们是意军!步兵被铁丝网阻挡了前进的方向,因此这一次的进攻又没成功。意大利军队不论是训练还是装备都太差了,因此我暂时停下进攻,等待支援。

4月19日,我开车去拜尔迪,发现我军还没攻下该要塞。公路两旁堆满了意大利制的战车,都是格拉齐亚尼元帅的军队留下来的。我派出一连德军攻占此地。那天晚上,英军派出一队实力很强的部队来到这里,最后56人被俘虏,其中包括一个少校。

回程时，我遇到英国飞机的两次扫射，我的越野车被击中25次，驾驶员艾格尔特中士和康沙克都牺牲了。我继续开着"猛犸"回军部，但天太黑了，我们只能等到天亮才回去。

终于，我等到最高统帅部送来的托布鲁克的防御计划。每一个要塞都有详细的地图，所有工程结构都有说明。这个防线包括两条据点线，它的构造不是普通的混凝土碉堡，而是埋在地下的。外面的防线附近都有战防壕保护，上面盖着薄板和一层泥土，因此很近的距离也看不明白。每一个据点可以容纳30—40人。地下工程之间有交通壕连接，每个角都有机枪、战防炮和迫击炮的炮位。交通壕有8英尺深，上面盖着薄板和一层泥土。每个工程又有铁丝网作保护，只是没有战防壕。

之后的一段时间，我仍然在为进攻托布鲁克安排部署。我们已经清楚了解了第一道防线，攻击的主力应该交给第十五装甲师负责——它的大部分兵力已经来到非洲——再由阿里埃特师作支援。我希望进攻可以在4月底或者5月初展开。

另外，我要严格训练军队——他们在训练上还不如英澳军。

最亲爱的露：

战事慢慢消停了，在三个星期的进攻以后，我开始有时间想事情。前几个星期思维很混乱，我希望不用多久就能结束托布鲁克的攻击战。

我们正躺在一个满是岩石的谷地中——英军的飞机很厉害。弗乐里赫的空军也在敌人头顶上行动。不过我敌两方实力差不多，不清楚英军是不是每天都有援兵。

1941年4月21日

最亲爱的露：

昨天，托布鲁克前线发生了很激烈的战斗，情况一度十分严峻，但我们还是撑过来了。意军太弱了，他们一看到敌人的战车就打算投降。要不是德军撑着，局面就失控了。

我昨天跟加里波的和罗塔两人见面。意大利人给我颁发了"英勇勋章",听说我还能得到他们的"荣誉勋章"。我却认为这是在浪费时间。

你们俩现在怎么样?想来很多信件都没有收到吧?

复活节在不知不觉中就过去了。

1941年4月23日

最亲爱的露:

现在托布鲁克的前线变得很热闹,就算再来更多的部队也很好。防线太长了,可兵力很不足。从军事上看,我不用再像前几天那么烦恼,但过不了多久情况应该会有所不同。

把希腊的事情处理好,我们将来应该可以得到更多支援。保卢斯过几天会来这里。埃及和苏伊士运河的争夺战很快要打起来,我们的敌人一定会拼了命地跟我们决斗。

4月25日

4月30日傍晚6点30分,我们的俯冲轰炸机开始进攻拉斯艾马道尔山地。我们的炮兵往突入点发炮,很容易攻下第一道防线。在拉斯艾马道尔的南北两边,我们跟敌人展开了一场激战。晚上9点,我方弗吉特斯贝格营从后方攻下了最高的山地。

另外,阿里埃特师也在夜间进攻,他们要追上克尔齐汉部队。5月1日早上,我开车去克尔齐汉的指挥所,路上遇到一些意军,他们理应昨天就拿下攻击的地区。我十分生气,派出艾培尔少校负责督促意军前进。他很努力了,但没有任何作用。当英军的炮火打过来时,意军指挥官躲在他们的车底下。

敌人在顽强对战,能在许多地方看到他们战斗的痕迹,但我认为我们还是能拿下托布鲁克。只有一个问题:我们的兵力能否支撑起长时间的进攻。

5月2日,情况变得明显,我知道我们的兵力太弱,没有办法发动大规模进攻,我只能先满足于目前取得的成功——消灭在拉斯艾马道尔山地的敌人,解除对我军补给线的威胁。

之后几天，英军对几个被攻占的地方发起进攻，但都失败了。

最亲爱的露：

　　昨天太忙，没时间写信，连续几天沙尘暴，让我们没办法前进，但现在情况有所改善。

　　保卢斯已经离开了。托布鲁克的缺水情况很严重，英军一天的配量是每人0.5公升。我希望我们的俯冲轰炸机可以让他们减少水的配量。

　　天气越来越热，身体很难受，只有夜晚才好受一些。口渴的感觉更难受。

1941年5月6日

这一场突击战中，我们牺牲、阵亡和失踪的一共有1200多人。这说明一旦机动战变成阵地战以后，损失的人数会大大上升。机动战中，物资最重要，其次才是兵力。但阵地战不一样，它是一种"杀人"的战争，并不是以摧毁"物体"为主要内容。

我的进攻部队之所以损失惨重，还是因为他们训练太少。一个很细微的动作也充满作战技巧，可以减少军队的伤亡。需要小心翼翼的时候反而拼命往前冲，就会造成更多伤亡；而需要大胆前进时却畏缩却步，自然就失去了进攻的最好机会。

我们的防御工程没办法深入，因为土地太硬，部队整天不敢乱动一下，而且面前有无数苍蝇飞舞，威力不亚于天上的飞机。很多士兵患上了痢疾。为了分散敌人的炮火，我们用假战车转移敌人的注意力，但我们的部队却不知道怎么使用，它们应该常常移动，而不是长久地停在原地。这就需要我经常跑到前线去指挥他们应该怎么做。

意大利部队拥有很强的自卑情绪。他们的步兵没有武器，火炮也很落后陈旧，他们训练力度也差很远。还有很多意大利军官原以为战争很好玩，现在才知道不是这么回事，情绪都很低落。

还有一个严重的问题——非洲的德国军官不被非洲军直接指挥，导致战斗机和攻击机基本用在战略性任务上，并不能对地面部队提供实际的技术支援。补给的情况也不乐观，给我们的公路运输增添了不少麻烦。

边界上的战斗

托布鲁克的围城战能否成功，取决于我们的塞卢姆阵地可不可以支撑下去。因此对德意联军的任务要做出明确规划：第一，用一支部队包围托布鲁克，不让敌人有机可乘；第二，用另外一支部队来防守塞卢姆防线，打败敌人在比尔哈基姆、加扎拉、塞卢姆和西迪欧麦尔的迂回行动，防止敌人攻打托布鲁克我军后方。

我们只有做到以下三点，才有可能成功：第一，围攻托布鲁克，第二，守住塞卢姆、西迪欧麦尔之间的静态防线，第三，守住拜尔迪。

我们需要依靠机动部队才能击败英军，可机动部队不能同时肩负两项任务。因此，我们要先使用非摩托化部队守住所有固定的阵线，然后要把强大的摩托化部队集合起来组成预备队，一边打败敌人对托布鲁克防线的进攻，一边击败塞卢姆东边的英国摩托化部队。

5月中旬，我们已经做好了战斗准备，可实际上，各方面的条件差得很远。在这种情况下，英军肯定会立刻对塞卢姆发起进攻。我已经下令在加扎拉建立一条跟托布鲁克类似的防线，可以抵御敌人的进攻。但要把德意两军的非摩托化部队撤到那条防线上，还是存在很大问题。

5月15日清晨，英军开始发动进攻。防守据点的部队以及海尔夫的机动部队都遭受了巨大的损失，因此我军只能往北撤退。

我立刻派出一个战车营去帮助海尔夫。5月15日到16日晚，两支部队成功会合。空中侦察发现英军把兵力集中在西地阿柴兹南边，打算在16日上午消灭我们在海尔夫的兵力，切断我们的塞卢姆—拜尔迪防线。

为此，海尔夫的部队要在夜晚靠近克拉梅尔的部队，不让敌人有机会切断他们，然而他们在黑暗中错过了彼此，第二天一早，敌人突然从南边撤退，不再攻击我们。

这个例子说明双方对行动的看法截然不同。英军第七装甲旅已经来到西地阿柴兹,可突然听说德军又把卡普佐攻下来了,于是立刻撤退。他们以为德军很强大,所以还是等来了援军再进攻。在他们等待援军的时间里,德国第十五装甲师也来了,双方打了个平手,英军并没有胜利。

在这个地方,哈尔法亚和赛卢姆两个隘道是最重要的战略要地。在任何从埃及发动的进攻中,要是占领这些隘道,都能占据优势。要是敌人不好好守着它们,光想着进攻拜尔迪,它们的补给线会被我方威胁。

5月17日以后,英军开始建立哈尔法亚的防御工程,用战车、炮兵和战防炮来防守这些地区。我们自然不能眼睁睁地看着它们占领哈尔法亚隘道,因此我让海尔夫的部队发起进攻。

最亲爱的露:

等到今天下午,从塞卢姆和拜尔迪回来以后,我才有时间给你写信。

昨天清晨5点出发,一半时间在沙漠中度过,一半时间在巴尔比亚大道上度过。我们一共5辆车子在沙漠中过夜,我的副官在我不知道的情况下亲自守夜。他们对我的保护是很好的。

1941年5月23日

5月26日晚,三支攻击部队进入面对哈尔法亚隘道的阵地,打算第二天上午进攻。后来英军被打败,往东边逃跑,留下不少战利品给我们。(编者注:德军再次占领隘道,对英军打算在6月发起的攻势影响颇大。)

之后,我们加强了塞卢姆—哈尔法亚—拜尔迪防线。我们在据点中设置了几个临时工厂,修好了许多大炮,可意大利的统帅部不认可我的做法。加里波的将军说这些东西都是意大利的财产,只有意大利人才可以使用。我没搭理他们。

我们在哈尔法亚和第208号高地上安排了88毫米战防炮,当它们射击时,可以穿透英军的任何装甲。我对它们充满信心。

德国将领不仅擅长用装甲兵力发起进攻，也擅长防御敌人的装甲进攻。隆美尔是第一个在现代化战争中把"剑"和"盾"搭配使用的将军，他用行动证明了"攻守相配"的战法更有利于摩托机械化部队作战。

一个最严峻的问题是怎么保障前线部队的供给。英军把托布鲁克的巴尔比亚大道切断了，在坎布特东边部队的一切补给都要从沙漠中穿过，但沙漠那条路已经严重毁坏。我让意大利人去修这条道路，可没人理会我。

意大利人仍然把我们的物资送到的黎波里，而不是班加西。的黎波里距离前线超过1000英里，这些物资对于我们来说根本没作用。然而我们没有管理他们的权力，因此没办法改变这种状况。

我们的战略形势也是无比严峻。我们一边要保持对托布鲁克的包围，一边还要对付英军从埃及方向来的进攻。我们希望德军把克里特岛占领以后，空军能把英国人对托布鲁克的海上补给线给切断，这样的话敌人就没办法坚守。可那些从希腊和克里特岛撤回的飞机没有被派来北非。

我也主张德国的潜艇和鱼雷艇调到地中海，用来对抗英国的舰队。可意大利海军没能力接受这个任务。他们的潜艇在技术上有许多缺点，因此在地中海战争中无法派上用场。

德国最高统帅部的高斯将军带领许多将领来非洲视察，他想研究可不可以用较多兵力进攻埃及。可跟意大利当局说明情况以后，他觉得意大利人不会让更多德军去北非，怕我们的地位超过意军。

最亲爱的露：

我于昨晚收到布劳希奇的命令，他狠狠批评了我。我的报告是按照实际情况写的，可跟他们所想的完全不同。以后的报告随便写写就好了。昨晚我们喝了四分之三公升的巴伐利亚啤酒，才让我们的心情愉快了一些。

前线暂时风平浪静，但谁也不知道明天会发生什么。

1941年5月26日

最亲爱的露：

我的参谋长波尔尼明天会把这封信带出去，希望能早点送到你手上。OKH（陆军总司令部）把炮火对准我，让我觉得很不公平。但跟1940年的情况一样，我一定会为自己争取，我已经给布劳希奇写了一封信。

现在很平静，而且有变好的趋势。只是天气仍然很热，每天最热的时候只能待在室内。

5月29日

最亲爱的露：

昨天这里的温度高达华氏107度①，战车被太阳炙烤达到160度，滚烫得让人不敢去触碰。

我和OKH的争论仍然在继续，他们可以相信我或者不相信我，要是不相信，他们应该早点决定下来。

6月2日

最亲爱的露：

波尔尼回来了，带来一些好消息。OKH的人很生气我的做法——我把报告也送到了OKW（国防军最高统帅部），还没有得到布劳希奇的回复。

6月11日

---

① 107华氏度＝41.67摄氏度。

第七章 1941年的英军夏季攻势

塞卢姆之战的经过

6月初,许多征兆表明,英军在中旬时会对我们的塞卢姆防线发起一次猛烈进攻。有两个师的英军集合,正对着第十五装甲师。第十五装甲师的主力被调到塞卢姆-拜尔迪-哈尔法亚一线,但步兵旅还守着拉斯艾马道尔战线。第五轻装师主力是预备队,在托布鲁克南边集中。

这时,我们的燃料不足,燃料是行动的决定性因素,战术还是次要的。

6月14日晚上9点,我让塞卢姆前线紧急备战,第五轻装师的几支部队和一些意军开始进入新阵地去支援塞卢姆前线。

第五轻装师的先头部队已经到达坎布特南边。晚上11点,第五轻装师开始进攻塞卢姆。

同时,拥有强大兵力的敌人从西迪欧麦尔和卡普佐之间进攻,他们打算从北边把第十五装甲师消灭掉。我立刻让拜尔迪的守军把这个要塞东西两边的出口都守好,可我们的兵力太少,没办法防住拜尔迪防线。

英军开始从两边向哈尔法亚隘道进攻,想打通这条道路。但他们失败了,没有办法拿下,而且牺牲了不少士兵。

会战第一天,从下午到傍晚,英军把卡普佐包围起来,然后往拜尔迪南边的前线发起进攻。快天黑时,英军开始进攻卡普佐。第十五装甲师第八战车团80辆战车跟300辆英军战车狠狠交战了一番。(隆美尔对英军战车的数量估计不准,他跟英军一样,喜欢高估对手的实力。)

第五轻装师的主力要在16日早上发起进攻,他们要到哈尔法亚隘道,把英军与补给基地之间的交通线切断,迫使他们撤退。天一亮,第十五装甲师就从卡普佐的两侧往南边前进,想要紧咬住英军的主力。

最亲爱的露：

我们昨天一整天都在东边地区战斗。你之后会在国防部公报上看到这个消息。今天（现在是凌晨两点半）应该可以分出胜负。战斗很激烈，我根本没办法休息。我很想念你们母子俩，等这一场会战结束，我会给你写一封长信。

1941年6月16日

16日清晨5点，会战第二天，第十五装甲师向卡普佐发动进攻，没多久就与敌人展开了激烈的战斗。尽管拼尽全力，但该师还是失败了。就连穆萨伊德也成了英军的俘虏。第十五装甲师用来作战的80辆战车只剩下30辆，不是被敌人击毁就是需要修理。

第五轻装师要从西地阿柴兹西边向西地苏来曼进攻，之后在西迪欧麦尔西边6英里的地方跟英军第七装甲旅发生了激烈的战斗。我军占据上风，因此该师通过了西迪欧麦尔的东北地区。我命令第十五装甲师把所有机动兵力撤回，改到取得胜利的第五轻装师的侧翼进攻西地苏来曼，只留下少数兵力守护卡普佐北边阵地。

敌人不愿意放弃主动权，他们把装甲兵力放置在卡普佐的北边，想要在第二天早上对第十五装甲师留在北边的兵力发起进攻，然后突破防线。为了比敌人快，我让第五轻装师和第十五装甲师在第二天凌晨4点30分进攻西地苏来曼。

6月17日凌晨，第五轻装师准时出击，6点就到达了西地苏来曼周边。第十五装甲师跟英军的援军交战了一番。在两个师路过时，他们击毁了许多英军战车。

英军在这一场会战中完全处于下风，据后来英军俘虏的供述，他们知道自己当时的处境很危险，英军第七装甲师师长要求他们的沙漠军总司令到师部挽回局面。这说明英军前线指挥官已经失去了控制局面的能力。为此，我打算进攻哈尔法亚。上午9点，我命令两个师进攻哈尔法亚。

敌人的无线电不停地报告他们缺乏弹药，没多久，他们就放火烧毁了卡普佐的军需品，然后撤退。他们因此而丢掉了许多车辆。

下午4点，第五轻装师和第十五装甲师到达哈尔法亚隧道。他们同时往北边前进,但他们这么做很愚蠢——把敌人挤出包围圈,让他们逃了。敌人迅速从东边逃跑。我对这样的结果很不满意。他们应该来到以后就跟敌人对战。(隆美尔这个判断不正确,英军的进攻主力早已通过哈尔法亚隧道往南逃跑了。)

为期三天的塞卢姆之战结束了。德军是胜利了,但我们做得不够,本可以让敌人伤亡更多。英军损失超过220辆战车,人员伤亡更大。我军只损失了25辆战车。

最亲爱的露:

三天的苦战已经结束了,我从今天起巡视每个部队,分别致谢并发出新的命令。我早上6点就要出发,匆忙之中给你写了这封信。

1941年6月18日

最亲爱的露:

这三天我都在巡视,我军很高兴这一次取得了胜利。英国人以为他们拥有400辆战车就能打败我们。我们的装甲兵力也许比不上他们,可德意两国的守军意志坚强,英勇应战,他们还是被我们打败了。要是敌人再次卷土重来,也会被我们打败。

6月23日

塞卢姆之战的评述

实际上,韦维尔发起的这一次进攻很出色,他和其他英国将领不一样的地方,是他拥有敢于取舍的决心和出色的战略思想,他会把所有兵力集中到一个点,不受敌人的干扰。可他最大的弱点,是他的重型步兵战车速度太慢,面对我们快速的战车,他没办法迅速回击。

隆美尔大力赞扬韦维尔具有深远的意义。这一次会战以后,丘吉尔对韦维尔很不满意，打算把奥钦烈克将军派去非洲接替他。隆美尔的事后分析跟韦维尔要做的报告内容几乎一致，他一早就提醒过英国政府，让他们在跟德军和隆美尔作战时不要太自信。

敌人的计划很简单，可简单的计划要比复杂的计划更有威胁性。他们一边要牵制在塞卢姆-哈尔法亚地区的德意守军，一边又要从大斜坡绕道然后向北边进攻。他们打算同时从哈尔法亚隘道的两边发起进攻。要是隘道被打通，英军将集中所有兵力向北边地区进攻，那我们的塞卢姆—哈尔法亚防线就会被摧毁。然后他们就会顺利拿下托布鲁克。

这一场战役中，英军使用了许多马蒂尔达Mk.Ⅱ战车，它们的装甲太厚，我们的很多战防炮都打不穿它。可这种战车火炮口径太小，射程也短。另外，它们的速度很低，实际上，它唯一的作用就是碰上坚硬的物体，然后对准它打一个窟窿。

英国的Mk.Ⅱ战车，也叫"十字军"型（Crusader）。英国人不看好它，但隆美尔觉得它还是有优点的。实际上，它在1000码的距离内可以射穿44毫米的钢甲，比德国Ⅲ型和Ⅳ型战车的火炮都厉害。但它们最开始上战场的时候总发生故障，虽有好的炮火性能，但战绩却很糟糕。

这一场战役中，最重要的是哈尔法亚隘道，巴尔地少校的炮兵营非常出色。这证明意大利的部队要是拥有好的军官，作战能力也会不错。当德军从西迪欧麦尔北边发起进攻时，韦维尔因为英军的战车速度太慢，没办法让主力去回击德军，除了快速撤退，他没有更好的办法。

我们的最高统帅部对这一场战役的印象很深刻，之后罗塔将军来到非洲，跟我说意大利统帅部认为需要加强北非的轴心国军队。他们提议德军增加到四个机械化师，意军增加一个装甲师，再加两三个摩托化师。可后来这件事不了了之。

要是1941年的秋季能得到这么多支援，补给也充足的话，我们一定很轻易就能打败英军。

最亲爱的露：

你不用担心我的身体，最近的一切都很顺利。我们的住宿环境也不错，海拔高度超过了600英尺。另外，四面有墙壁也很好。艾丁格病了几天，现在已康复。我们还有很多工作要处理。

1941年6月28日

最亲爱的露：

这里非常炎热，就连深夜也是。躺在床上，翻个身也酷热难耐。德军进攻苏联也取得了很好的战绩。我们暂时很平静，但仍然在戒备。我们的敌人早晚会再次发动进攻。我们收到祝贺我晋升二级上将的第一个贺电。

7月3日

最亲爱的露：

我需要花费很多时间去视察，昨天又花了8个小时。我打算在两星期内飞回大本营述职。但要等苏联的局面平稳以后再去，不然他们没心情听我的话。

我很开心曼弗雷德的数学成绩进步了，一定与教导方法有关系。我也很欣慰他的其他成绩也不错。

我们这里蚊子太多，因此需要跟它们"作战"，在我写东西的时候还要常常停下来打它们几掌。

7月5日

最亲爱的露：

一切暂时都很平静。昨天意军总司令又来找我谈话，我对他们最近的抉择都不太满意，因此他这次是要跟我道歉的。今天还会有许多访客，我们杀鸡欢迎他们。我最近在节食，但还是会好好吃这一顿饭。我很高兴自己晋升了（非洲装甲兵团司令），其他兵团司令都是一级上将，要是一切按照我所想的发展,我相信等这一仗打完,我还可以再升一级。

8月21日

最亲爱的露:

昨天一天在公路上,所以没办法动笔写信。傍晚才回到我的新司令部。今天一早在帐子外面抓到两只大臭虫,苍蝇非常多,我的捕蝇器发挥了很大的作用。

8月26日

最亲爱的露:

暂时还是平静的,天气太热,我又处理了四只臭虫。我把四个罐子装满水放在床脚下,让臭虫爬不上来。之后应该可以睡得安稳一些。还有士兵被虱子弄得很烦躁,所幸我没有被虱子骚扰过。

8月27日

最亲爱的露:

我的身体还是棒棒的,工作又有了新的进展。我和我的新任参谋长高斯相处得不错,这对我的工作很有帮助。但臭虫还是有很多,昨天一天又被我发现了四只。我希望我在灭虫的战役中也能取得胜利。

8月28日

最亲爱的露:

天气太热,我们要花很多时间去洗澡。传闻说英军又要发起进攻,但可能只是传说而已。他们正调兵力去伊朗。因为日本人不准许,所以他们没办法从西伯利亚和苏联联络的交通线出发——他们只剩下波斯湾的路线,可也不稳妥。他们要是现在才要求支援也太晚了。

8月29日

最亲爱的露：

　　我们已经习惯了这个地方，自从我把汽油倒在铁床上，再用火烧了一下之后，臭虫已经没有了。昨天我们简单洗了一下澡，可海水的温度还是很高，丝毫不觉得凉快。

　　听说给我一辆新的旅行车，可它已经沉到地中海去了。太遗憾了。

8月30日

最亲爱的露：

　　天气还是很热，最近唯一的事情是意军统帅部不管我们这边的事，让我觉得烦躁不安。他们要管的都是一些不相干的小事情。他们可能想要我们整个德军从非洲离开。要是可以换一个战场，也是一个不错的选择。

8月31日

最亲爱的露：

　　昨天傍晚，我跟几个军官去打猎，非常有趣。最后，我在车里开枪打中了一只羚羊，它变成我们的晚餐，味道很可口。

　　今天有一个贵客来访——米尔恰里少校，他是意大利元首的心腹。我希望他这次来可以处理许多问题，特别是他们对我们的态度不太友好。现在局势跟从前不一样了，但我们还是要维护自己的权益，不能只是说一些虚假的体面话。我现在等着他过来。

9月10日

最亲爱的露：

　　之前几天的局势很让人高兴，有很多物资被送到班加西，大概要花50个小时才能卸载完。一切都很顺利。你可以想象我有多兴奋。现在要经过地中海输送物资是很艰难的。我们在当下什么都得依靠自己。但我知道我们的好日子会到的。

外面在狂风呼啸，但没有沙尘暴。根舍在下午的时候炸了马铃薯，我已经几天没认真吃东西了。

9月29日

最亲爱的露：

昨天胃病发作，所以没有写信。前天晚上我们吃了一只鸡。花了六个小时煮的鸡还是很硬，所以我的胃才会疼的。

10月6日

最亲爱的露：

我的胃病已经痊愈，现在又很精神了。11月初我要去罗马一个星期，有很多事要处理。同时也要去作战。我希望补给问题可以处理好。等所有事情处理完毕，我争取11月底请假回家。我知道这个时候请假不好，可要立刻去一个寒冷的地方也很困难。就目前来说，11月底请假最合适。

10月7日

最亲爱的露：

我昨天收到弗根莱特尔的信，他说我的《步兵攻击》一版卖出5万册，版税超过2.5万马克。

这个地方有很多工作需要完成，意大利的军长冈巴拉今天会到，但并不一定会带来什么好消息。

10月9日

最亲爱的露：

昨天开会争论很激烈，今天还要再开。我会坚持自己的立场。

10月10日

最亲爱的露：

苏联那边传来让人无比吃惊的消息。在大会战（基辅会战）结束以后，我们往东边前进的速度会加快，让敌人不再有机会反抗。英国的工人似乎想起义了……

英国人很想反攻，可他们没有兵力也没有装备，根本不可能发起大规模的登陆战。要是我们把托布鲁克攻下来，他们就更没有机会了。

10月12日

最亲爱的露：

我想在11月1日跟你见面，你去打听好火车的时间，让我知道你什么时候来罗马，然后我可以安排好所有的事情去接你。我打算留到15号就离开，记得帮我带一套衣服过去（褐色的就好了）。

10月13日

亲爱的曼弗雷德：

你自己一个人在家，我打算多给你写一写信。我在这里都按计划行事。我每天都在阅兵，他们基本都住在海边。我们偶尔也洗海水澡。水的温度很高，白天很热，但夜晚不会太热，我需要盖两条毯子才能睡觉。我的新住处布置得很好，墙上有各种地图，特别是苏联的，我们会把每一次的进攻路线都在地图上标出来。

10月24日

亲爱的曼弗雷德：

昨天又有风暴，有时风沙大得只能看到两三码远的东西，今天还能看得更远一些。

过几天我要飞到海的那边。我很高兴可以和你妈妈在罗马碰面，我最遗憾的是你们不在我的身边，可也不能改变。我打算冬天的时候请假回家，那样我们就可以去打猎了。我在这里不能经常打猎，有些军官会经常去，他们能打到非洲特有的动物。昨天夜晚，英国军舰对我们发起攻击，我们的俯冲轰炸机和鱼雷机炸毁了他们的一两艘巡洋舰以后，他们就停下来了。今天也很平静。

10月28日

1941年到1942年上半年，除了之前的两个师，没有其他德军来到非洲。但隆美尔把那里的几支独立部队编成了一个师。这个师的名号叫第九十轻装师，它没有战车，只有四个步兵营，可它的火力很猛，一共三个野战炮兵营、一个战防炮营和一个高射战防两用88毫米炮营。

隆美尔在8月晋升为装甲兵团司令以后，非洲军军长由克鲁威尔中将担任。非洲军只有两个装甲师，第九十轻装师不在其中。除了非洲军和第九十轻装师以外，隆美尔还指挥意军六个师——阿里埃特和特里埃斯特两个师，合成第二十摩托化军；派维亚、博洛尼亚和布里西里三个师，合成第二十一步兵军。这些部队负责围攻托布鲁克。另外一个萨沃纳师负责防守拜尔迪。

第八章　1941年的冬季战役[①]

很不巧，隆美尔没有记录1941年到1942年的冬季战役，但要了解非洲的战略和战术问题，这一部分的故事不能缺少，因此我挖掘了许多有用的文件，然后把它们整理成一章。我很了解这一战役，因为我亲身参与了。当时，我从苏联来到

[①] 本章由拜尔莱因将军执笔。

非洲沙漠，刚好赶在英国人开始发动秋季进攻以前，我就把机动战的理论完全应用在欧洲战场上。我是战车权威古德里安将军的作战处处长，我从他身上学了不少东西。以下部分是我个人在利比亚战役中的体会，还有一部分是根据文件整理的。

1941年春季德意联军在非洲取得的成就，以及拿下昔兰尼加，震惊了全世界。可我们还是没能拿下托布鲁克，没办法得到这个离前线最近的港口。英国人清楚托布鲁克有多重要，因此始终坚守。

隆美尔觉得英国人会在年底发起进攻，因此他要先发制人，先把托布鲁克拿下来。他需要调动所有机动部队的主力。他推测英国人会等到中东地区不再受到德军从高加索进攻的威胁以后才会进攻，只有这样，他们才能调出主力部队进入埃及，完成进攻。我们猜测，英国人会在11月发起进攻。

到了9月底，德军需要的兵力和物资迟迟没有达到可以作战的水平，兵力只到了三分之一，物资只到了七分之一。11月初，隆美尔对最高统帅部报告，就算需要的补给没办法到达，他也要带着自己所掌握的部队发起进攻。他认为再拖延下去只会对敌人有利。最后，最高统帅部硬着头皮答应了他的作战计划。

这一场攻击，主力由第九轻装师、第十五装甲师和两个意军步兵师共同作战。隆美尔把意军冈巴拉摩托化军和德军第二十一装甲师调到托布鲁克东南和南边，让他们形成一条机动防线，防止敌人发动攻击。11月16日，调动完成。

隆美尔的战车一共有260辆、意大利战车154辆。在德国战车中，有15辆Ⅰ型，40辆Ⅱ型，150辆Ⅲ型（但其中一半还装着37毫米炮），55辆Ⅳ型。

11月17日到18日晚上，英军突击队发动突袭，企图把德军兵团司令部一举歼灭。在他们突袭的时候，这个房子里住的都是德军的军需人员，牺牲了两个军官和两个士兵。隆美尔以前确实曾把这个房子当作司令部。显然，英国的情报已经过时。

英军的进攻

10月,我们的情报部门发来消息,不停地有敌军部队和作战物资进入埃及境内。然而,我们的侦察部队完全找不到敌人的行踪,而且他们停止了无线电通信,让我们没办法窃听到更多内容。就连空中侦察也因为飞机太少,没办法发现他们。

从截到的敌人文件中,我们知道了英国第八军团的作战计划。它打算摧毁德意联军,拿下托布鲁克,然后扩张到的黎波里塔尼亚。

11月18日,这一场进攻开始,英军主力迂回地经过塞卢姆旁边德意两军的阵地。英军兵力约有7个师,包括托布鲁克的守军,对手的兵力只有德军3个师和意军7个师。从战车上看,英军有724辆,还有200辆做预备车(每天可装配成40辆)。隆美尔的战车开始是414辆(其中154辆是意大利货),还有50辆在修理,没有新的预备车。至于空军方面,也是英军占优势——大概1000架飞机,德军只有120架,加上意大利的200架飞机。

11月上旬,隆美尔去罗马是要向上级争取提前进攻托布鲁克,然后和他的妻子一起过他50岁的生日,然后他在英军攻击之前赶回了非洲。

11月18日下午,战争已经打响,隆美尔的兵团司令部才知道敌人在进攻。我们的前哨兵已经被敌人逼得退回到盖比井-西迪欧麦尔一线。敌人太强,隆美尔决定更改作战方案:他先不进攻托布鲁克,而是让非洲军进攻从格布尔沙里往北前进的英军。

11月20日,非洲军继续在敌人的右翼顽强进攻,摧毁了敌人无数战车。我们三个师中的两个师都获得了胜利,进入格布尔沙里-西迪欧麦尔地区。这个地方可以攻击敌人的后方。隆美尔打算把所有机动兵力集合到一起,用逐个击破的方法消灭敌人。

英军把他们的装甲旅分散成独立单位进入战场,这样一来,我们每一次作战都可以取得局部优势。这也能看出隆美尔在战术上确实比别人厉害。

最亲爱的露：

当我回来以后，敌人已经在进攻了。这次会战已经进行到了最关键的时候。我希望可以顺利渡过这次难关。当你收到这封信的时候，希望这边已经取得了所有的胜利。当然，没那么容易。

我很好，不用挂心。

1941年11月20日

11月21日上午，非洲军开始进攻英军装甲纵队的后方，在傍晚时到达卡普佐小径南边地区比尔雪夫旁边的大斜坡。

11月22日，隆美尔命令在卡普佐小径南边地区施行"机动的作战"计划。那天，托布鲁克的英军没有发起攻势。在更东边，敌人在塞卢姆防线的后方发起进攻，我们守住了据点，可卡普佐城却被新西兰军[①]占领了。

"死亡星期天"的战车会战

11月23日，隆美尔第一次不能口头发布命令，因此他只好给非洲军发了一个很长的无线电报，让他们集中所有机动兵力去消灭敌人的进攻主力。克鲁威尔将军早就清楚隆美尔的计划，因此他决定发起进攻。他在清晨5点30分带着部队去参加这个决定性的会战。可半小时以后，非洲军被新西兰部队奇袭，所有人被敌人俘虏，而我和克鲁威尔将军侥幸逃脱了。

23日上午，德意联军的作战计划如下：在比尔雪夫旁边取得胜利以后，第十五装甲师重新调整完毕。第二十一装甲师在西迪里齐地区负责防守。意军阿里埃特和特里埃斯特两个师在盖比井附近集中。

克鲁威尔将军打算从后方进攻，可他打算先和阿里埃特师会合——它正从盖

---

① "二战"时，新西兰名义上接受英国女王的领导，所以新西兰派兵参加了"二战"。

比井出发——然后可以把所有装甲兵力集合成一个单位。下午，经过一系列激烈的战斗，他来到哈格费德艾海德的东南边，准备进攻敌人的后方。

一开始进攻还算顺利，可没多久敌人就用野战炮和战防炮组成一道巨大的屏障，以非常快的速度在比尔艾海德和西地穆弗塔之间设置好了防线，我们觉得硬攻一定会失败。到了傍晚，我们竟然在敌军的防线上打出几个口子，战车得以用最快的速度前进，敌人无奈只能后退。

西迪里齐南边的宽广平原上，到处都是烟尘和灰土，许多英军战车逃到了东边和南边，因为能见度很低，我们没能抓获他们。不过，这一战还是很有意义的。最大的意义在于解除了敌人对托布鲁克包围防线的直接威胁，摧毁了敌人大部分装甲部队，让他们士气低迷。

之后，英军第三十军军长罗里将军打算让残余部队往南撤退到格布尔沙里地区。他的战车损失了三分之二，其他150辆战车也都出现了各种问题。

最亲爱的露：

这一场会战的关键部分已经结束了。我一切都好，仍然充满幽默和自信。敌人的战车被摧毁了200辆。我们守住了自己的防线。

1941年11月23日

向埃及进攻

11月24日上午，克鲁威尔将军把这一场会战的情况向隆美尔做了汇报。隆美尔本来不太了解托布鲁克南边地区的作战情况，现在大部分的敌军在西迪里齐被消灭，只有少数人逃跑了，这让隆美尔更笃定，他有足够的资本向西南方向进攻。他这样解释他的安排："既然在托布鲁克的英军大部分兵力被消灭，我们应该往东边进攻，消灭掉新西兰和印度部队，然后进攻托布鲁克。另外，我们还要拿下哈把塔和马达里拉，切断他们的补给线。我们还要继续前进，进攻西迪欧麦尔。"

隆美尔把其他零散的部队编成一支队伍，让炮兵指挥官波特赫尔担任指挥员，参与防守，防止敌人突围。意军的步兵留在盖比井，原来的部队还是负责托布鲁克的防守。这是隆美尔一生中做过的最冒险的抉择，也被许多德国官方人士反对——但他们不了解非洲战场，可敌人很尊敬隆美尔。

想要把托布鲁克南边的英军残余都消灭，需要很长时间，因此他打算在塞卢姆发起奇袭，切断英军的补给线。11月24日中午，德军非洲军和意军阿里埃特师在沙漠迅速推进，下午就前进到西迪欧麦尔。第十五装甲师进攻西迪欧麦尔。另外德军组成了两个混合战斗群，一个攻击敌军在马德里拉的补给中心，另一个击毁敌人在哈巴塔周边的营帐。

傍晚前，隆美尔下达了进攻的命令，然后开车赶往第二十一装甲师。回程时，他们的车子坏掉了，幸亏遇到坐着"猛犸"车的克鲁威尔。然而，他们在沙漠中迷路了。这个地方是敌人掌控的区域，他们在沙漠中度过了一个危险的夜晚。

之后几天，隆美尔都开着车赶去不同单位，亲自出手解决各种难题。与此同时，第二十一装甲师不听隆美尔的命令，误听军部后方参谋人员一个错误的命令，直接去卡普佐跟新西兰部队苦战了很久。非洲军向西迪欧麦尔的进攻也没成功。敌人的战斗力还是很强。我们之后才明白，奥钦烈克将军让这一场战争局势发生了逆转。他在最后关头从开罗赶到前线，拒绝了孔令汉将军撤出迈尔迈里卡、退回埃及的决定。

隆美尔的果断出击让一些指挥官很受影响。23日惨败以后，孔令汉想放弃这次进攻，退回到埃及边境，在隆美尔看不见的地方重新部署兵力。但奥钦烈克将军阻止了他这样做。

第二天，隆美尔又发动了一次突袭，他们深入敌人后方，让英军手足无措。要是隆美尔拥有决定进退的权力，他们已经取得胜利了。11月26日，奥钦烈克回到开罗，命令撤掉孔令汉，让他的副参谋长李特奇将军接替他的位置。

也是因为奥钦烈克将军，让英军反败为胜。但他这样做比隆美尔的做法更冒险。

隆美尔发动的突袭刚开始的时候占据优势，可到了最后局势却发生了转化，当他从东南边向埃及边境推进的时候，他打算切断英军的补给——两个巨大的仓库。这个地方只有第二十二近卫旅负责防守。德军距离它们很近，却一直没找到这两个巨大的仓库。

要是隆美尔赢得了这一场，他们往南边清理英军第三十军的残余，就一定会找到这两个仓库，然后取得胜利。可他没找到这个目标。

回到托布鲁克

11月24日清晨，隆美尔通知他的作战处处长魏斯特伐中校进攻西迪欧麦尔。魏斯特伐并不赞成隆美尔的做法，可隆美尔没有让他开口，然后拉着参谋长高斯将军坐上车子前往西迪欧麦尔。

路上，他的无线电通信车发生了故障，隆美尔直接丢下它继续前进。因此当英军向西迪里齐地区进攻时，魏斯特伐没办法联系隆美尔。最后魏斯特伐擅作主张，命令第二十一师去援助西迪里齐。

隆美尔最初听到这个命令时，以为是敌人的计谋，后来才知道是真的。隆美尔的副官弗斯中尉形容他当时的表现是："隆美尔对魏斯特伐的擅作主张非常愤怒，回到司令部后也不说话，走进指挥车看地图。后来他走出指挥车说要休息。第二天上午，将军也没提过这件事，他还是跟往常一样认真工作。"

英军第七装甲师和南非部队都伤亡惨重，可新西兰部队、印度部队、近卫旅和托布鲁克的防守部队却没有受到一点损失。隆美尔取消进攻马达里哈和哈把塔补给中心的计划，然后集中所有机动兵力去打击新西兰部队。11月25日，托布鲁克那边又发生战斗，我们的守军遭受敌军猛烈攻击。迫不得已，隆美尔停止塞卢姆前线的所有作战，把兵力都调了回来，然后投入到托布鲁克的战斗中。

最亲爱的露：

18日以后，在托布鲁克附近和塞卢姆前线，到处都是战斗。你应该从公报上得知这边的消息了。我笃定我们度过了最危险的时段，这次会战会对整场非洲战争产生很大的影响。

　　我一切顺利，这四天都在沙漠中反攻，没办法洗脸。

　　今天是我们结婚25周年纪念日，我们一直都那么幸福，不用多说。时间过去很快，感谢你这些年来为家庭付出的一切。特别是你是母亲，却担负起父亲的职责，我们的孩子也会为我们骄傲。他长大以后一定是个人才。

1941年11月27日

11月28日，第二十一装甲师从海岸公路两边往坎布特前进，拿下了查弗兰南部；第十五装甲师从卡普佐小径前进，一路战斗，到傍晚又回到西迪里齐的旧战场。

　　隆美尔对第二天的作战做出了安排，他打算包围新西兰师——它正准备跟托布鲁克守军联手再次包围托布鲁克。这一次，他集中所有能上场的兵力，然后把攻击的主力侧重西翼那边，防止新西兰人撤退到托布鲁克。

最亲爱的露：

　　战况还不错，也许今天能够决定胜负。我这一次充满信心。

1941年11月29日

最亲爱的露：

　　战斗仍然没有结束，要想取得胜利，就要想尽办法，但我们赢的机会还是很大。一共12天苦战，所有人都很劳累。我的身体和精神还不错。英军把拉芬斯坦抓去了，这是今天最大的事情。

11月30日

英军再次被困在托布鲁克境内，从窃听他们的无线电中得知，他们遭受了重大损失，想要退出战斗。

　　隆美尔知道部队很疲劳，但他没有办法停下来。他又派出两个混合战斗群，分别从卡普佐小径和海岸公路去打开我们的交通线。德意两军主力都在托布鲁克东南地区。他们很快要被调到塞卢姆防线上，或者调到南边地区对付英军主力。

补给方面敌人远比我们占优势，因此我猜测他们不用很久又要发起进攻。但会战暂时告一段落。兵团部向最高统帅部报告："从11月18日到12月1日，双方激战无数，共摧毁敌军装甲车辆814辆，击落飞机127架。缴获战利品无数。俘获人数超过9000人，其中有3个将官。"

最亲爱的露：

昨天我们又灭掉了托布鲁克前线英军残余的一两个师，局势开始变得稳定起来。但我知道英军还会卷土再来。我相信我们后面的情况会更好，也会取得最终的胜利。

1941年12月2日

12月4日，我们基本清楚了敌人的策略。敌人在盖比井附近组织了一支新的部队，想通过我方的侧翼向我们发起进攻。隆美尔立刻下令进攻这支敌军。

12月4日到12月5日晚上，非洲军进入阿代姆地区。非洲军本来打算和意军摩托化军（从东北边进攻）一起行动，可意军没有集中兵力，非洲军只能自己前进。12月5日中午，非洲军进攻最近上战场的英军近卫旅，然后又进攻了第七装甲师。到傍晚，英军从托布鲁克反攻出来，占据了艾都达-贝尔哈美德一线山地，我们不得不放弃托布鲁克东边的防线。

意大利元首派来的参谋人员说，1月初以前都不会有新的援兵。我们听到这个消息都很绝望。

奥钦烈克打算再派两个步兵旅和两个战车团。另外，英军第一装甲师也从英国调来非洲，在靠近埃及边界的地区进行严格的沙漠训练。

12月6日，非洲军发起进攻。这次也是单独行动，因为意军说他们太累了，没办法继续战斗。敌人从盖比井方向撤退，可德军还是没办法打败他们。12月7日，我们继续进攻，但仍然没成功，还造成了重大伤亡。

克鲁威尔清楚，要打败英军，就要跟意军一起合作。他一直都在问冈巴拉在哪里，谁知道他压根没上场。

敌人人数很多，加上我军屡屡不能获胜，隆美尔打算放弃整个托布鲁克，撤到加扎拉阵地。之前德军一直都是胜利的，因此这个决定做起来很艰难。但要是继续待在托布鲁克，很可能利比亚也会丢失。

最亲爱的露：

我们的这次行动，你应该在公报上看到了。意军太没用了，德军也太疲累，导致我只能停下对托布鲁克的围攻。我希望脱离敌人的包围，然后保住昔兰尼加。我的身体很好。我们今年应该不能一起过圣诞节了，距离那天只有14天了。

1941年12月9日

从昔兰尼加退却

12月7、8日两天晚上，我军都在驻守托布鲁克西边防线，非洲军和意大利摩托化军却开始打击迎面而来的敌人。我们还派出一支实力很强的兵力去保护最危险也是最重要的艾季达比亚隘道——防止敌军从这里切断我们的生命线。

我们一点点地撤退，在12月12日把所有兵力都撤到了加扎拉防线上。

隆美尔的意大利上司并不赞成隆美尔的计划，隆美尔在日记中写道：

12月12日，我们在安艾加扎拉湾东南边一个峡谷里建立司令部以后，巴斯蒂科总督来访。他对我的作战方式很不放心，想调一个意大利师到艾季达比亚地区防守。我直接跟他说,我不准我所带领的意军再交给他去调度。如果硬要这样,我就单独带着德军退出昔兰尼加。要是意军没有我们的协助,就会全军覆灭。后来,巴斯蒂科不再跟我争论了。

最亲爱的露:

不要担心我的状况,一切问题都会得到解决。我们还处于危险中。也许还要持续一两个星期,但我相信我可以守住这里。

祝你和曼弗雷德圣诞快乐。我希望不久能回到你们身边。

1941年12月12日

12月13日,敌人步兵队突破意军第二十摩托化军的防线,敌人的侦察兵前往比尔吞拉德。

最亲爱的露:

意军的失利让整个队伍都陷入危险中。我还是希望可以守下去。另外,我一切都好,住在很固定的屋子里。

1941年12月13日

另外,敌人的第四装甲旅从沙漠的侧翼对非洲军进行迂回进攻,我军发起逆袭,暂时抵挡住了敌军。还有一个很危险的地方,是敌人的装甲部队可能会前进到默基利沙漠中的十字路口,切断我们的补给,以及去往昔兰尼加的退路。隆美尔决定要撤退了,他担心整个军队会被敌军迂回消灭。

意大利最高统帅部对他的安排感到不安。16日,意大利卡瓦莱罗将军到司令部与隆美尔开会,隆美尔的日记记录如下:

下午3点15分,我与卡瓦莱将军开会,跟他说出要停止在加扎拉湾南边和泰米米旁边的作战,让部队在晚上撤退到默基利和泰米米。当时他没有反对。

可晚上11点,他又带了两个将军来到司令部,很粗鲁地提出要我撤回撤退的命令。我没有同意，更何况命令已经发出去了。我也知道，放弃昔兰尼加会引发政治动荡，但要是现在不撤退，我们军团会被敌人消灭掉。后来，我问巴斯蒂科：要是你，你会怎么应对现在的状况？他回答不出来，最后这个代表团离开了司令部。

16日晚，非洲军和意大利摩托化军在克鲁威尔将军的指挥下从昔兰尼加山地的南边地区角落往艾阿拜尔撤退。

最亲爱的露：

我们在撤退了，希望可以退回我们选定的防线。圣诞节恐怕也要在兵荒马乱中度过。

我很好，已经洗了一个澡，换了一身衣服。之前几个星期，我都是和衣而卧。部分补给已经来到——是10月以来的第一次。我的指挥官们除了死伤的，其他人都生病了。

1941年12月20日

最亲爱的露：

你一定想象不到我们在向A（编者注：艾季达比亚——信中不得透露军事情报）撤退。我尽可能把全部兵力撤退。军火和燃料都不够，也没有空军支援。敌军反而准备充足，真烦躁……

12月22日

最亲爱的露：

今天的作战还顺利，我们把主力都撤出来了，也逃出了敌人的包围。要是圣诞节可以完成这次的任务，那就好了。意大利最高统帅的态度还是很差劲。

12月23日

最亲爱的露：

我昨晚在旅行车上打开你送我的圣诞节礼物，你和曼弗雷德的信和礼物都让我觉得幸福。圣诞节过得很平静，可意大利部队让我们感到很麻烦。他们濒临解体，因此很需要德军去支援。英军已经去了班加西，可他们一定很失望——他们没有切断我们的部队，也没有得到粮食和燃料。克鲁威尔已经晋升为二级上将。我每天都在前线上，重新整理我的部队。我希望可以稳定下来。

还有，不记得有没有跟你说过，希拉普内不幸去世了。

12月25日

12月25日，向艾季达比亚的撤退竟然成功了。敌军占据很大优势，可始终没能切断我军的退路。隆美尔始终担忧英国人会比我们先到艾季达比亚。

在艾季达比亚作战有个不好的地方，敌军可以从沙漠向我们的侧翼发动攻击，加上我们已经很劳累，意军状况也很糟糕，而且补给困难，因此不能一直待在艾季达比亚。

这种情况下，非洲军就成了艾季达比亚的防御主力。12月27日，英军第二十二装甲旅已经恢复了战斗力（其实只有130辆战车，在后来的战斗中又被毁掉了65辆），从艾哈赛特出发，其他部队直接进攻。苦战了三天，敌人被非洲军迂回打败，然后从东北边撤退。艾季达比亚的危机算是暂时告一段落。1月2日，意大利步兵先撤退，最后是机动部队。1月12日，所有兵力来到梅尔沙隘道防线。

与此同时，哈尔法亚-拜尔迪防线要被敌人突破了。12月30日，敌人在强大的炮兵和海空军支援下进攻拜尔迪。我方最后的粮食和弹药仓库都被敌人抢去。守军指挥官也向敌人投降。1月2日，我军交出拜尔迪要塞。

隆美尔的部队本来跟英军损失相近，都是1.8万人。可守军投降以后，隆美尔这边的损失大得多。在拜尔迪、塞卢姆和哈尔法亚地区，一共4000名德军和10，000意军被俘。

英军损失战车278辆，隆美尔损失了300辆，包括意大利战车。

最亲爱的露：

　　昨天一天激战，我们还是占优势的。他们想包围我们，然后逼我们退到海边的计划没有得逞。

　　我又回到了兵团司令部，高斯要飞去罗马。那边的人都不清楚非洲战场的艰辛，仍然开心玩乐。

　　下雨了，狂风呼啸，夜里很冷。我一逮到机会就睡觉。你了解我现在不能请假离开。

1941年12月30日

最亲爱的露：

　　今天是一年的最后一天，我比平时更想念你们俩。你们是世界上最让我开心的人。

　　我手下勇猛的部队，之后还会有更艰难的任务等着他们去挑战。之前3天苦战，我们摧毁了敌人111辆战车和23辆装甲车。可遇到的困难也很多。但这算是1941年最好的句点，也是1942年的一个好开端。

　　我一切都好，一只小公鸡和一只母鸡都适应了这里的生活，喜欢在卡车附近乱跑。

　　祝你们俩在1942年称心如意。

1941年12月31日

最亲爱的露：

　　一切都很顺利，也许过不久会好转起来。高斯昨天见过元首，我希望他可以和他的妻子在罗马多待两个星期，他已经很累了。我们的作战处处长魏斯特伐很羡慕他。凯塞林昨天来过这里，我们把更多的物资运到海这边了。马耳他的工作（指封锁计划）做得很好。

1942年1月5日

第二部　非洲战争的第一年

最亲爱的露：

一切很顺利，我们的地雷和空军让敌人没那么容易进攻。我们退到300英里的一条防线上，没有多大损失，大部分部队还是非摩托化的，我们很艰难。许多"失业"的将军恶意批评我，我都不在乎！

非洲军今天退到第二线，是11月18日以来的第一次。克鲁威尔得了严重的黄疸，希望他可以痊愈。夜晚很冷很潮。我的胃口还好，根舍把我照顾得不错。为了了解部队各方面的情况，我从白天到晚上都在不停奔跑。问候你和孩子。

1月10日

最亲爱的露：

没多久会有一场大战。我笃定这一次可以取得胜利。凯塞林今天过来了，我9点30分以后才去的前线。日本人只花几个星期就把英国人赶出了东亚。他们要是想在北非打赢一场，恐怕是不可能的。我们的部队已经恢复了战斗力。

1月14日

最亲爱的露：

情况开始好转，我安排了各种计划。但我不能在这里多说。他们会觉得我疯掉了，我只是目光放远一些而已。你知道去年在法国的时候，我的这些计划统统实现了。我想之后也是这样。

1月17日

最亲爱的露：

中午的太阳很暖和，像是故乡的春天。士兵们都喜欢晒日光浴。这几天很安静。高斯从罗马寄信过来。元首批准了我的所有行动，而且称赞我的表现。补给也变正常了。你过几天看公报会了解得更多。我很高兴一切都在变好，但还有很多事情要讨论和处理。

1月19日

最亲爱的露：

早上6点30分，跟往常一样给你写信，我希望你也跟我一样精神饱满。敌人有可能今天进攻，但我做好了充足准备。部队也都精神饱满。

你在收到这封信的时候，应该从公报上了解了这场战斗的情况。克鲁威尔还没痊愈，我的身体很好。

1月20日

最亲爱的露：

还有两小时就要反攻了。把所有得失都计算过以后，我打算冒险。但我笃定上帝会让我们取得胜利。

1月21日

反攻

1月20日，隆美尔开始反攻。非洲军在前线有111辆战车，后方还有28辆，意大利摩托化军只有89辆。他打算由非洲军负责迂回进攻，从防线南边沿着法里格干河床前进，意军和德军的一部分负责从正面攻击。但非洲军出现了失误，让敌人逃出去了。隆美尔在1月21日的日记记录如下：

意大利人的保密工作做得很糟糕，所有发去罗马的无线电，没用多久就被英国人得知。我事先没跟巴斯蒂科阁下报告我在的黎波里塔尼亚的补给安排，让他十分生气，然后向罗马打了报告。几天后，卡瓦莱罗将军来司令部找我。

1月22日，我军攻下艾季达比亚，敌人逃跑了。非洲军来到安特拉特-萨温努一线，包围了英军第一装甲师的部分。可还是有很多敌人逃跑了。

1月23日，卡瓦莱罗将军到达军团司令部（"装甲兵团"1月22日升为"装甲军团"），跟隆美尔争论这次独立行动的事情。隆美尔的日记记录如下：

卡瓦莱罗将军带来意大利元首对未来作战的命令，令我明白了罗马方面对这一次反攻战很生气，他们希望我们接到命令以后停止所有行动。我没答应，说只要在部队和补给限度内，就要继续追击。我说除了德国元首，没有人可以阻止我的决定。最后，卡瓦莱罗将军无比生气地走了。

为了报复我的顶撞，卡瓦莱罗将军把一部分意军扣在梅尔沙隘道和艾季达比亚地区，他们不听从我的命令。但德军还是把昔兰尼加拿了下来。

最亲爱的露：

过去的4天我们赢得很漂亮，我们直接击中敌人的要害。我还想再追击。外国报纸对我的评论又发生变化。卡瓦莱罗亲口说意大利元首让我退回原地，可意大利元首给我的书面命令又完全不一样。命令还是让我自由做主。

1942年1月25日

最亲爱的露：

这里一切顺利，我们在整理战场，搜集大炮、装甲车、战车、粮食和弹药，用来做补给。这需要很长时间去整理。天开始冷了，经常下雨。下雨可以让敌军的飞机无法起飞。

高斯会在2月1日回来，我们和意大利人还在争论。他们很生气不能与我们一起行动，但这都是他们造成的。

1月27日

班加西地区的英军对德军的后方交通线有很大威胁，因此隆美尔不敢贸然进攻默基利。可1月28日，隆美尔再次对班加西发动了一场奇袭。我们赢得了胜利，还收获了很多战利品。

这一次以后，隆美尔打算再往东边发动一场长距离的突击。

2月2日，两个混合战斗群从正面进攻昔兰尼加，然后成功拿回这块土地。这次非洲军和意大利摩托化军没有参与作战。

眼下，冬季战役算是结束了，双方都开始准备下一次的夏季战役。

最亲爱的露：

  这两天部队都在行动，我们用闪电速度拿回了昔兰尼加。我打算10天内回家一趟，然后好好休息一下。但还有很多事要处理。

2月4日

最亲爱的露：

  前线重新变得平静，现在从左翼到右翼延伸到了300英里以上。能拿回昔兰尼加真令我高兴。我希望到下个星期一切都稳定了，然后就去请假。

2月7日

最亲爱的露：

  罗马那边仍然不赞成我的做法，继续跟我争论。我看要我们退出昔兰尼加，他们才满意！

2月10日

最亲爱的露：

  意大利人不让我指挥一个军，他们不想看到我这么成功，他们未来一定会后悔。

2月23日

第二部 非洲战争的第一年

冬季战役总评

英军的秋天攻势是要摧毁迈尔迈里卡的德意联军，拿下利比亚，然后和自由法国军队占据北非海岸。可他们的目标设置得太大了。

他们在攻击兵力集中的时候做得不错，他们的奇袭很成功。

不过，在整个战役中，英军指挥官从不把兵力集中到决定点上，这个错误让他们没办法取得真正的胜利。他们的指挥不仅刻板，而且命令规定得太细致，导致低级军官没有任何指挥权。

在欧洲战场上，缺少机动性和过分刻板都是致命的，更何况是在沙漠中作战。沙漠里的一切都是流动的，没有障碍物，没有防线，更没有可以掩护的水道和森林。因此，指挥官需要很强的随机应变能力。

在沙漠中，英国士兵只比德军稍微逊色一点，隆美尔对英军的评价很高。

这次冬季战役，战车是唯一决定胜利的条件。沙漠上没有任何障碍物，所以对战车的使用没多大限制。

要是双方在领导力、训练、补给条件和空军实力方面都不分伯仲，那么战车的数量、机动性和战车炮的射程就是关键。英军的25磅炮曾经让我们头疼，但我们的88毫米两用炮（高射、战防两用）拥有很强的机动性，威力无双，也让英国人惧怕。

最亲爱的露：

　　昨天我去了克鲁威尔的生日会，一切都很顺利。他过几天就要休假了，可能还要去治疗。我希望他可以回来。现在昔兰尼加到处一片绿色，沙漠上也仿佛铺了一层绿毯。现在天气很暖和，但我们的驻地海拔2500英尺，因此风很大，很冷。

1942年3月21日

最亲爱的露：

　　补给还是很困难，特别是陆上运送物资最难。昨天，新上任的陆军参谋总长蔡茨勒将军来看我们。冈巴拉被调回意大利。新的人选还不错。

3月26日

最亲爱的露：

今天是星期天吧，我从国内飞回非洲都10天了。我现在很忙。昨天被太阳晒伤了，但不要紧，我们有很好的油膏。

3月29日

最亲爱的露：

昨天不能给你写信，因为我们在行动。我喜欢这个新住址，它离前线很近，也能让我省很多时间。这里的风景很美，野花到处绽放。我拍了一张彩色照片，过不久会寄回家中。

英国人离开这个"新住处"的时候，在门上写着："请保持干净，我们很快回来！"我们倒是要看他们能不能回来。

3月31日

最亲爱的露：

凯塞林昨天来了。他带来的关于同盟国的消息让人觉得不舒服。他们十足的官僚主义作风，上层的人压根不懂作战，所有补给也跟不上。

除了意大利部队有些问题，我们一切顺利。之后3个星期还会很忙。

4月9日

最亲爱的露：

星期天，一个OKW的海军将军要来访。要是这样的大人物经常来看我们就好了。许多复活节的礼物也送到了这里。很多妇女也寄来热情的信件。之前一个炮弹破片从窗口飞了进来，穿过我的大衣和夹克，打在我的肚子上。但我的裤子帮我挡住了。我肚子上的皮肤有一个盘子大小的大块伤痕，但我还算幸运。

4月10日

最亲爱的露：

我急着写完这封信，就要往南边地区前进了。路上的风景像月球表面。在这个平坦的山地上能看到日出是一种特别的美景。现在气温是零度，过不久又会暖和起来。

昨天有两场有趣的会面，一次跟魏希赫德，另一次跟沙巴尔斯提将军——他接替冈巴拉的位置。他说冈巴拉之所以被调走，是因为他在一些军官面前说自己最大的愿望是率领一支意军跟德军作战。他太笨了。

4月25日

最亲爱的露：

凯塞林下午要过来。我想听到他带来的消息。明天，巴斯蒂科会把另一种意大利勋章颁发给我。我很烦恼，最好多派些部队，这样才比较好。

4月27日

最亲爱的露：

一切很平静。很热，到处是尘沙。重要公路上的交通都很糟糕。

前线开始变得紧张起来。英国人以为我们要进攻，我们也以为他们会反攻。总有一天，双方又要打起来。你之后会在报纸上看到。我们都希望年底前能结束这一切。

5月12日

隆美尔战时文件

第三部
非洲战争的第二年

第九章　加扎拉和托布鲁克——作战的准备

1942年年初，我们重新占领昔兰尼加，可之后的补给变得很难。

主要原因是：第一，德国最高统帅部并不清楚非洲战场有多重要，因此没有多加重视；第二，意大利人的海上军事力量让人很失望。1942年初的英国海军很勇猛，英国空军也让我们头疼。

我们一直在请求支援，可德国最高统帅部认为东线战场交通工具的需求量太大，德国的生产力远远达不到，没办法给非洲战场派出更多摩托化部队。

显然，德国最高统帅部跟1941年的想法是一样的，他们觉得非洲不值得投入，真的是目光短浅！我们的政府太纵容意大利政府，导致德意联军损失惨重。

我们只有3个师，但还是让英军在非洲打了18个月。后来我们兵力全尽，才被困在阿拉曼。自从非洲失守，德国人需要投入更多兵力跟英美军战斗。要是1942年夏天给我6个德国机械化师，一定能让英军全军覆没。

1942年3月后，多亏凯塞林的努力，他的空军在地中海上空占据了优势，局势开始变好。但英军第八军团增援很及时。而且，英国有一些有远见的重要人士，他们大力支持在北非的英军。

为什么英军会这么重视北非？可能有以下几点原因。第一，对英国来说，北非是主战场。第二，英国政府觉得利比亚的战斗起着决定作用。第三，英国人在地中海有自己的海军和空军，我们只有没有作为的意大利海军。第四，英国的第八军团最基层的单位都是摩托化的。

实力的平衡

会战开始时,德意联合装甲军团一共有2个德国装甲师和1个意大利装甲师,还有1个德国摩托化师和1个意大利摩托化师。另外有4个非摩托化的意大利步兵师和1个德国步兵旅。会战中,意大利最高统帅部又派来1个装甲师——利托里奥师。因此我们一共有3个德国师、1个德国旅和7个意大利师,但意军只有3个师是摩托化的,可以用在机动战争上。多数德国部队和所有意大利部队的兵力都不足额。

英军一共4个摩托化步兵师、2个装甲师和4个独立机械化旅。7月中旬,他们又多了4个师的生力军和一些独立的装甲单位。所有兵力都是摩托化的,而且足额。

会战时,我们有900辆德国战车、240辆意大利战车。英军的战车开始是900辆。后来在作战中不停增加,远远超过我们。

我们的主要装甲兵器是Ⅲ型战车,它的火炮口径是50毫米,大部分是短炮管,也不是英军的对手。英国战车的火炮口径只有40毫米,比不过Ⅲ型战车,但我们的240辆意大利战车又比不过英军战车。

炮兵方面我们也比不上英军。

空军方面,一开始实力不相伯仲,但后面就比英军差了。

整体来说,非洲装甲军团跟英军相比,实力悬殊。事实上,我们能用的兵力只有3个师的德军和3个师的意军,其他兵力因为缺乏机动性只能留守后方。

沙漠战争守则

在第二次世界大战所有战场上,应该只有北非战场可以采用最先进的作战方式。双方都使用摩托化部队,在没有障碍物的沙漠上进行战斗。只有在这种战场上,摩托化和战车战争的原理才能被充分使用。

在这样纯粹摩托化的战争中,可以总结出跟其他战场不一样的原理。在一个平坦而且可以驾驶的沙漠地带，想消灭敌人的摩托化部队，是很难做到的。因为完全摩托化的部队机动性很强，他们很容易突破出去。

因此，要想把被包围的敌人消灭，可能条件如下：第一，缺乏燃料，他们的摩托化部队失去机动性；第二，指挥官指挥不当；第三，战斗力已经很低。

在战术上，要进行消耗战的话，就需要在机动性上做文章：第一，要在空间和时间上让自己的兵力集中，还要找到敌人的"空隙"，分散敌人的兵力，然后分别消灭；第二，补给线很重要；因为燃料和弹药以及战斗需要的用品都要经过这里送到战场，因此，既要保护好补给线，也要防止被敌人切断；第三，装甲（战车）部队是摩托化军团的重心，其他部队是辅助的，因此消耗战要用战防单位去应付，装甲兵力留到最后；第四，侦察报告要在最短时间里送到指挥官手里；第五，我方的所有作战部署一定要保密；第六，一旦打败敌人，就应该乘胜追击，彻底摧毁敌人。

关于技术和组织方面，沙漠战争要注意以下三点：第一，战车上，最基本要求是它的运动性能、速度和长射程火炮——火炮的射程越长，我们的手臂就越长，越容易打倒敌人；第二，火炮射程越长，就越要求炮兵掌握火炮方面的技能；第三，步兵只能用来占领和据守阵地，如此才能发挥步兵的作用。

把迈尔迈里地区的英军全部消灭以后，我们要以最快的速度攻下托布鲁克。我的行动必须听从意大利元首的安排，因此最远只能到埃及边境。

英军兵力一直在增加，我们打算1942年5月26日开始进攻。

争取主动

1942年5月26日—6月15日，我军在西部沙漠开始了一系列激烈的消耗战。我们开始不占任何优势，后来渐渐扭转局势，就算英军作战很厉害，还是被我们打败了。我们的胜利让全世界震惊，我们的对手李特奇中将被所有人批评。但他们的失败真的只是因为他们的指挥官犯了错误吗？

李德·哈特曾经公开说过，非洲战役中英军之所以失败，是因为英军将领坚持步兵战争。我也觉得是这样。英军指挥官没有从1941年到1942年的失败中吸取教训。

在德国也和在英国相同，很多军人的思维已经固定了，不能适应新的环境。他们可以制定一整套完整的军事计划，认为这就是军事的最高权威。

可在军事指挥方面，当下的指挥官需要随时学习新的战术，还要针对当时的现实状况，调整自己的作战思路。

我认为对手李特奇将军和其他老派将军一样，没有全面了解摩托化战争还有沙漠的特殊环境。就算他们准备得很充分，可最后还是输了。

最亲爱的露：

  当你收到这封信的时候，应该从报纸上了解到情况了。我们今天要进行一次重要的进攻。任务很艰巨，可我相信我们的军队能赢。他们每个人都清楚这次会战的重要性，我对自己还有士兵的要求都很严格。我的心在你身边，特别是在这个重要时刻。

1942年5月26日

5月26日下午2点，炮兵做好射击准备以后，在克鲁威尔将军指挥下，意大利步兵开始进攻加扎拉的英军防线。英军在加扎拉防线的前哨阵地没做什么反抗，很快撤回主阵地去了。

我们打击军团（非洲军、第九十轻装师、意大利第二十军）已经到达指定地区。晚上8点30分，我发布命令后，1万辆车辆开始进攻。我也带着伙伴加入了非洲军行列。

天亮后一两个小时，装甲军团中的各部队说他们已经到达目标地。将近中午，英军才反应过来。这时，战斗开始了。

然而，我们的装甲部队在没有炮兵火力支援之下就仓促应战了，我提醒过他们很多遍，要在炮兵开火以后才去应战。这时，英军第一次用上了新型的格兰特战车，这让我们损失惨重，但我们尽了最大努力，还是把英军驱逐到艾阿布德小径上。不过，后来英军又反攻了。

战斗持续到夜晚，最后非洲军的主力已经冲到艾克罗马南边地区和西南边地区约8英里的地方。然而，许多卡车纵队都跟战车单位分开了，一部分步兵没跟上去。我与伙伴也联系不上。天黑的时候，我们在路上碰到一个英军炮兵连，然后成功把他们包围住。

第一天的战斗，我们试图把加扎拉防线的所有英军消灭掉，可都失败了。那天晚上我面对着一个非常棘手的问题，战车损失太多——超过了总数的三分之一。克勒曼将军指挥下的第九十轻装师和非洲军战力受损严重，他们之间存在一个缺口。英军的摩托化部队就从这个缺口突围成功。

第二天的作战计划是往北边进攻。5月28日清晨，英军的战车往我们的指挥所开炮，我们的车辆侥幸躲过。我赶往意军第二十摩托化军，让他们跟着非洲军往北边进攻。

第九十轻装师不停被英军攻击，没办法完成任务。非洲军也一样，敌人集中了所有可以调动的战车不停地攻击他们。我十分着急，很想联系上那两支部队。这时，又传来不好的消息，第十五装甲师有一部分兵力因为缺乏弹药而无法继续作战。黄昏时，我们带着几辆车和战防炮来到比尔艾哈马特北边10英里的一个小山上。我打算明天上午通过这条线路把补给纵队送去非洲前线。

5月29日天亮时，我们到了非洲军阵地。整个军团的秩序都恢复正常了。我们在艾阿布德小径的两边集中兵力，建立了一条稳固的防线。但我军还是损失严重，克鲁威尔被英国人俘获，第十五装甲师师长范尔斯特将军也身受重伤，不能再指挥作战。

这时，我们要是继续向北进攻就太危险了，因此我让第九十轻装师和一部分非洲军从东边进攻雷区。

5月29日傍晚，作战命令被下达到各个部队。

5月30日天亮，各师开始往指定地点前进，完成防御任务。意军第十军穿过英军雷区，在它的东边建了一个桥头阵地。到了中午，意军第十军和打击兵力联系上了，这样一来，补给路线就形成了。那天，在乌里布的英军被包围了。

在我们行动的时候，敌人一直犹豫，没有马上进行应对。上午，英军在我方正面的东北两边集中了大量兵力，东边有280辆战车，北边有150辆战车，因此，我们觉得英军随时会攻击，可他们并没有。

5月31日上午，我军开始进攻。英军喜欢战斗到最后一刻。他们这次用了一种新型的57毫米战防炮。战斗到傍晚，我军还是顽强地深入了到英军阵地。

最亲爱的露：

    我一切顺利，这次会战的难关已经过去了，我们做得不错。可之后几天还是会很艰难。克鲁威尔被英国人掳走了，我会尽快设法救他。

1942年5月31日

第二天，我军开始进攻。在斯图卡俯冲轰炸机的猛烈进攻下，我们的步兵一批又一批地扑到英军的野战工事上。到了下午，整个阵地都是属于我们的了。我们一共俘获了3000名英军，摧毁或者缴获了101辆战车和装甲车，以及1224门各型火炮。

我的参谋长高斯将军受了伤。我打算让非洲军的参谋长拜尔莱因上校担任参谋长职务。

最亲爱的露：

    会战的局势变得对我们有利了，我们大概摧毁了敌人400辆战车，而我方损失不算严重。

    拿下乌里布以后，就要进攻比尔哈基姆。我们打算明天开始围攻它。英法两军的突击队经常从这儿攻击我们的交通线。

1942年6月1日

沙漠中的胜利

6月1—2日之间的夜里，第九十轻装师和意军阿里埃特师开始往比尔哈基前进。他们很顺利通过了雷区，然后封锁了这个要塞东边的出路。

敌人并不打算投降，因此我们中午开始进攻。意军和德军分别从东北边和东南边同时往要塞进攻。战斗很惨烈，连续打了十天十夜。在非洲战役中，像这样的艰苦战斗并不多见。法国守军的防御工事布置得很精妙，到处都是小型防御工程——堑壕、碉堡、机关枪掩体和战防炮阵地等。因此当敌人据守这样的阵地时，一定会浪费很多弹药。

让我们诧异的是，英军主力一直没有出击，只在6月2日对阿里埃特师发起过一次攻击。意军第二十一装甲师发动攻击以后，他们又安静了下来。

最亲爱的露：

　　战斗还在继续，但形势对我们是有利的，不用很烦恼了。我笃定我们能够完成任务。

1942年6月3日

我们感觉到有什么事情正在酝酿当中。显然，英军不久又会发起一次进攻，对付的目标要么是我们装甲兵力在北边据守的防线，要么是我们在南边围攻比尔哈基姆的部队。（当时英军将领奥钦烈克担忧隆美尔会趁着这个时间恢复精力，因此打算用装甲兵力对德军的补给线发动反攻。可李特奇却犹豫不决。他想要保留充足的装甲兵力保护后方。实际上，英军当时还有400辆战车，德军只有130辆，加上意军没什么作为的100辆战车。李斯特活活葬送了自己的优势，导致失败。）6月4—5日夜里，第十五装甲师前进到比尔艾哈马特南边地区，我们可以在那里对英军进行反击。

6月5日清晨6点前，经过一个小时的不断炮击，英军第二和第二十二两个装甲旅，连同印军第十旅和第二〇一近卫旅的兵力向意军阿里埃特师发起进攻。

在英军的兵力超过我们几倍的情况下，阿里埃特师从军团炮兵线撤退，然后集中炮火进行阻击，英军的进攻终于消停了。之后我们战车上的火炮从三个方向攻击敌人，到傍晚时，有50辆英军战车被摧毁了。

第二天上午6点，原本被英军牵制的第二十一装甲师从东边进攻。英军终于抵挡不住了。这一次，轴心国部队表现得很出色，英军在三方压力下损失惨重。6月5—6日，英军4000多名士兵被俘，大部分是第二〇一近卫旅和印军第十旅的部队。

英军被打败后，我们估计他们不会再对比尔哈基姆进行围攻，因此安心拿下了这个据点。

6月6日上午11点，第九十轻装师再次对凯尼格将军的部队发起进攻。英军第七摩托化旅想来解围，曾对第九十轻装师发起温和的进攻，但被打败了。

6月7日上午，在炮兵和空军的不断射击下，步兵直接冲向法军阵地。他们很勇猛，可还是被敌人的火力逼退了。

最亲爱的露：

　　过去两天战斗很精彩，也很顺利。你在国防部公报上可以看到发生了什么。这次战争应该还要持续两个星期，我多希望已经结束了。

　　6月6日（编者注：隆美尔夫人生日）的战车会战中，我一直在思念你，还希望我可以从非洲发出贺电，在当天准时送达到你手上。

1942年6月8日

6月9日，我又从非洲军调出一支战斗部队，加大对比尔哈基姆的进攻。从早上开始，我们的步兵一波又一波地冲向敌人防线。中午时，第九十轻装师也加入了战斗。法军很勇猛，我军损失惨重。晚上8点，我军攻到离里多塔220码的地方。

6月10日，非洲军的一支战斗部队，在巴德上校的指挥下，终于在比尔哈基姆北边突破敌军的防线。

然而法国人不愿意投降，他们还是在黑夜中往西边成功突围，和英军第七摩托化旅会合。后来我才知道我军没有彻底执行合围的命令，才让他们逃脱了。

6月11日清晨，第九十轻装师开始进攻比尔哈基姆。将近500名法军被俘。那天早上，我去视察这个要塞，心中无比感慨，这是我在非洲沙漠中的第一场苦战。

下午，我命令部队从比尔哈基姆往北边进攻。晚上，第十五装甲师和第九十轻装师，连同第三和第三十三侦察营，都听从我的命令，到达阿代姆南边和西南边6~10英里的地方。我军与英军装甲兵力在此进行了一场恶战。之后，阿代姆被第九十轻装师占领。英国人损失了许多战车，400人被俘。

12日上午，第二十一装甲师的一支部队往东边进攻，英军的装甲兵力被夹在两个德国装甲师之间，彻底不能动弹。主动权在我们手上，英军将领李特奇此时从加扎拉防线把第三十二战车旅调来支援。

下午，我到达第十五装甲师师部，并跟他们一起往西边进攻。傍晚时，我们遭到我方俯冲轰炸机轰炸，原来它们被英军轰炸机追得慌不择路，想着丢下炸弹后加速逃跑，不想炸了自己人。

6月13日，我与非洲军在一起。非洲军第十五装甲师往西边进军去消灭大斜坡地带的敌人。意军的阿里埃特师和特里埃特师也把敌人逼至卡普佐小径北边。傍晚，第二十一轻装师也开始往东边进攻。

此后的一两天，我打算率领全部摩托化兵力一鼓作气直驱海边。从加扎拉防线撤退的英军正从海边的公路进攻东边。我们要从西边堵住他们，然后打败他们。

英军打定主意要坚守艾克罗马，给从加扎拉防线上撤退的英军一条通路。李特奇把最后一辆战车都用上了。

13日晚，非洲军的两个师都到达了比尔哈基姆小径的西边，准备向北边进攻。

14日上午，德军的装甲师以最快速度向北前进。而英军的车辆也在向东撤退。我和战车一起狂奔，不停地催促各级指挥官加快速度。我又让我们的170毫米大炮对巴尔比亚大道进行攻击。

下午5点，英军的火力渐渐弱了，投降的人开始多了。到了晚上，德军的装甲师攻下艾克罗马还有西边部分地方。

英军第一装甲师已经不成气候了，那天晚上他们就从战场上撤离了。（剩下的战车交给第七装甲师的第四装甲旅，只有60辆左右的战车。）

当晚，英军第五十师各单位竟然突破了意军第十军的防线，从南边逃跑。我们即便摧毁了他们400辆战车，也俘虏了几百人，但还有一个旅的英军逃掉了。英军的装甲兵力被毁掉以后，李特奇没有再赢的机会了。

乌里布和比尔哈基姆两地分别失守以后，英军指挥官明白再死守加扎拉防线已经毫无意义。但英军指挥官没有好好利用这个时间，把加扎拉防线上的两个师调去艾克罗马和加扎拉之间，这很让人惊讶。

6月15日清晨，第十五装甲师开始从巴尔比亚大道往海岸前进。可他们不听我的命令，只留了7辆战车封锁巴尔比亚大道。所以英军很容易就摧毁了这几辆战车，冲过封锁线。但没多久，这个缺口又被从加扎拉防线赶来的意军和德军给堵住了。

最亲爱的露：

我们这一战已经胜利了。敌军被打败了。我们在清剿他们的残部。你可以想到我有多高兴。虽然这一次大获全胜，但损失也很重。高斯和魏斯特伐都受了伤。高斯在一个月之内可以回来，魏斯特伐则需要一两个月。我的身体很好。也许7月的时候我们能见到面。

1942年6月15日

上午，我把在艾克罗马地区的第二十一装甲师调出，让它和第九十轻装师还有侦察部队一起，从东边向阿代姆进攻——主要据点是巴特鲁拉和艾哈坦。那天黄昏，我们拿下巴特鲁拉，俘获了800名敌人，收获了许多战利品。

这时，英军第八军团的残余势力集中到埃及边境，看来托布鲁克和艾哈坦被攻下不是问题。

第二次托布鲁克之战

托布鲁克是非洲北边非常坚固的要塞。1941年，敌军的防守很顽强，我们无数次进攻，最后都失败了。

这次我们还是用老的作战策略：先在西南边假装要进攻，拖住守兵，然后担任主攻的部队进行奇袭——他们从托布鲁克东边前进，让敌人相信我们和1941年一样准备围攻要塞。之后，主攻部队突然回头，集中到要塞的东南方向。第二天天亮，炮兵和轰炸机开始进攻，之后担任主攻的部队用奇袭的方式打败了守军。

眼下最重要的是对托布鲁克的作战要做好准备。在我看来，一个指挥官不仅仅要做到"指挥若定"，还需要到前线视察，因为：第一，正确执行指挥官的作战计划，是最重要的一件事，不要以为所有人都会尽责，对于不尽责的下属一定要惩处，以儆效尤；第二，指挥官必须不停努力，让自己的部队懂得运用最新技术；第三，指挥官一定要了解前线的相关情况，另外要完全清楚部下面对的各种问题；第四，指挥官和他的士兵需要常常接触，要了解他们的心情，全军士兵也要对他有百分百的信心。

6月16日，第九十轻装师用尽所有办法，还是没办法突破敌人的防线。这个据点布置得很严密，很难攻打进去。6月17日傍晚，艾哈坦的印军残余向我军投降了，我们一共俘获了500多个士兵，得到了不少物资。

前一天，艾都达和贝尔哈美德等要塞都被非洲军拿下，我又让第九十轻装师继续清理这个地区的其他英军据点。非洲军的所有兵力和阿里埃特师开始往坎布特和南边进攻。这次行动是针对英国空军，他们的基地很靠近战场，非常不利于我们作战。

6月17日晚7点30分，我让第二十一装甲师向北边前进，而我带着警卫营在该师前边2英里的地方不停奔跑。晚上10点，我们和先头部队一起来到坎布特，但其他人都留在雷区外。

6月18日傍晚，英国飞机又在第二十一装甲师的头上出现了——该师正向北边前进。到了夜晚，飞机场上的英军才肯撤退，我们一共俘获了15架还能作战的飞机，以及许多燃油。

这一天，我们顺利打败了托布鲁克和坎布特的敌人，然后准备围攻托布鲁克。

6月19日下午，非洲军继续前进，第九十轻装师突袭东边，要把英军之前占领的拜尔迪和托布鲁克之间的补给仓库拿下。

攻克托布鲁克

托布鲁克的守军实力跟1941年差不多,包括以下部队:第一,南非第二步兵师,实力有所增强;第二,印度第十一旅;第三,英军近卫旅第二营;第四,第三十二战车旅,下辖几个步兵战车团;第五,好几个团的炮兵。

关于托布鲁克的防御状况,简单说一下:

托布鲁克的东西两边是连车辙都没有的沙碛地貌,只有南部地区延伸成一个平坦的沙质平原。意大利人曾经在巴尔波的指挥下修筑了最坚固的要塞,足以对付所有现代化的攻城武器。要塞附近有很多连成一片的据点,底下还有很多机关枪掩体和战防炮阵地,它们都在最危险的时候才会掀开伪装,然后用最疯狂的方式扫射攻击部队。我们的炮兵没办法直接摧毁它们。每个据点外面又环绕着一道开放壕和纵深的铁丝网。另外这个地区,只要是战车可以经过的地方,都设有高深的战防壕。

意军第二十一军负责假装攻击西南防线,有几辆战车支援。非洲军和意军第二十军担任攻击主力。开始进攻以前,德意两国在非洲的所有空军会先轰炸要塞。

最亲爱的露:

   昨天晚上只睡了两小时,这是一个很重要的日子。希望我的运气仍然很好。我很累,但身体还不错。

1942年6月20日

6月19日晚,我们的攻击兵力一起进入集中区。6月20日凌晨5点20分,几百架战机开始往要塞地区的东南边的突破点不停投掷炸弹。之后,非洲军第十五步兵旅和意军第二十军的步兵开始发动进攻。两个小时后,德军的冲锋队突破了英军防线。接着，几乎所有参战部队都开始进攻了，敌人的一个又一个据点被攻下。

中午时，德军来到西地马穆德十字路口，这是进入托布鲁克的钥匙，我们已经拿到了。这时我看到几艘英国船在启动，看来打算撤退，我立刻让炮兵去攻击它们，一共击沉了6艘船。

傍晚时，皮拉斯垂罗炮台投降了，我们本来要用俯冲轰炸机进攻，但被通知停止。到了晚上，这个要塞有三分之二被我们攻下。非洲军于下午就攻占了城镇和港口。

6月21日早上5点，我开车进入托布鲁克市区。市内到处一片狼藉，基本都是1941年我们围攻的战果。之后，英军第三十二战车旅旅部向我们投降，还送来30辆英军战车。

晚上9点40分，我在巴尔比亚大道上遇到南非第二步兵师师长克勒珀将军，他正式宣布整个托布鲁克地区投降。我让他随我们一起回去。路上都是战俘，一共1万人左右。

最亲爱的露：

　　托布鲁克已经被拿下了！真是一场精彩的战斗。我还有很多事情要处理，但想先休息几个小时。我实在很想念你！

1942年6月21日

这一次，我们很顺利地攻下托布鲁克，这说明迈尔迈里卡的战事都已经结束了。6月21日，是非洲战场最荣耀的一刻。我对非洲军团下达了命令：

非洲军团的各位将士：

　　你们在这么短的时间内攻下托布鲁克，让迈尔迈里卡的大会战划上了一个完美的句号。我们一共俘获超过4.5万名士兵，销毁和得到超过1000辆装甲战车和400门火炮。在这一个月的艰苦作战中，是因为你们勇敢拼搏，才不断击倒敌人。你们的进攻精神战胜了他们的强劲攻势。我应该向我们的所有士兵，送上最诚挚的谢意。

在还没有把英国第八军团的最后残余消灭以前，我们还不能休息。在未来的日子里，我希望大家能尽最大的努力，完成胜利的目标。

隆美尔

第二天，隆美尔得到报告，希特勒因为他这一次的出色表现，授予他元帅之衔。他当时只有49岁。[①]但他那时候很忙，过了几天都没换掉制服上的肩章——两根交叉着的权杖。等他到达阿拉曼以后，凯塞林元帅才提醒他，还给他送了一副自己的肩章。

9月，隆美尔去拜见希特勒时，才真正得到他的元帅勋章。他那时给他的妻子写信："我宁愿他再给我一个师的兵力，也不要这个勋章。"

第十章　向埃及境内追击

为了攻下托布鲁克，我们把一切力量都消耗完了。但现在又有了许多战利品——弹药、燃料、食物以及其他军用物资，不然也没办法继续下一轮进攻。

罗马那边曾经跟我保证：在我们攻下托布鲁克和马特鲁港以后，他们会给我们提供充足的物资。他的保证让我充满信心，打算攻下托布鲁克以后，继续进攻埃及，狠狠打击英国军队。

现在，英军第八军团的实力已经很弱，它的主要兵力只有两个刚来的新步兵师，它的装甲部队刚刚从埃及内地得到补充，力量也不会很强。我们打算以最快

---

① 隆美尔当年实际上是50岁。

的速度堵住英军第八军团，让他们跟我们对战。我们的胜算很大，在当时来看，足够控制之后的局势。

值得一提的是，隆美尔对别人批评他太轻敌等话很反感，也不承认他的冒险是一种赌博。按照他的记录，他都是先考虑清楚了再出击，他的每一次行动都是经过缜密思考的。

很多人说我这次进攻埃及的行为像赌博。我知道当我们进入埃及境内，补给纵队会面临重重困难，但既然前线的官兵都可以顽强作战，在罗马的后勤人员也应该用尽全力。我相信我进攻埃及的时候，意大利最高统帅部也会振作起来。

因此，攻下托布鲁克以后，我就不管不顾地跟意大利元首提要求，要他批准装甲军团可以自由作战，让我们进攻埃及。后来他批准了。

当时，德军统帅部打算再派两个装甲师到非洲，可这两个师之后被送往苏联了。

最亲爱的露：
部队已经在行动了，没多久又要发起一场大规模的进攻。这几个星期发生的一切像在做梦。高斯已经归队，但他看起来还是很疲劳，可他不愿意再休息了。我一切顺利，睡眠也很充足。

1942年6月23日

6月24日，我陪着第九十轻装师一起行动，每隔一小时都要提醒他们提高速度。第二天，我们已经来到马特鲁港西边30英里的地方。

我们的部队遇到英军轰炸机的不断攻击，而我们的空军没办法派出战斗机。非洲军只有50辆战车，但却是英国空军锁定的目标。我们的警卫营从外表看很像英军，因此诱惑了许多英军散兵过来，这让我们得以有机会攻击他们。

6月25日，阿里埃特和特里埃斯特两个师只有14辆战车、30门大炮和2000多名步兵。利托里奥师也缺乏燃料，导致几小时不能前进。意军也是困难重重。这时，英国空军一直在袭击我们，李特奇在埃及西边还有200多架引擎飞机和360架单引擎飞机，正在一批批地出动。

6月26日上午，英国空军继续攻击，消灭了我军的一个补给纵队。我们在无比艰难的情况下来到马特鲁港西南边10英里的地方。我们认为英军不会在这里反攻，我们要跟这里的英军对战，然后击溃他们的步兵主力。我们打算对马特鲁港进行包围，先把他们的守军围住，然后攻城。

最亲爱的露：

之前几天我们一切顺利，希望今天可以消灭敌人残余。我这几天都与高斯一起在车外面住帐篷，吃得不错，就是洗澡很麻烦。之前一天，我把司令部设置在海边，昨天和今天都去海里洗澡了，但海水很热。卡瓦莱罗和林提仑今天都会来这边，他们想控制我的行动。这些人跟以前一样。

1942年6月26日

6月26日，我感觉李特奇是打算坚守马特鲁港—比尔卡尔，打到最后一刻。（编者注：隆美尔的猜测是正确的，李特奇是这么打算的。但25日晚，奥钦烈克亲自指挥作战，让英军第八军团没有被隆美尔消灭掉。）

马特鲁港快要被拿下了，这个要塞的防御兵力跟托布鲁克很像，但它的防御工事远远没有托布鲁克的精妙。外围埋下了大概20万颗地雷，大部分英军步兵被困在这里。（编者注：这个判断是错误的，当时英军兵力部署分散。）

英军用上了刚刚从埃及运过来的美制中型战车，这种战车威力比较大。战斗异常艰苦，持续到深夜。这时，敌人的18辆美制战车已经罢工了，但我军由于缺乏燃料和弹药，没有办法取得更大胜利。

最亲爱的露：

　　我们还在行动，在没有获得最后的胜利之前是不会罢休的。虽然有点冒险，但人生鲜少这样的机会。敌人用空军进行反攻。

　　还有，我7月可能回意大利，你早点领回护照。

1942年6月27日

6月27日，我们的包围圈还没完全建好，因此英军可以通过一望无垠的沙漠往东边撤退。我让意军布里西亚和派维亚两个师用最快的速度赶到马特鲁港的南边，但他们的速度太慢了。

新西兰师由弗利堡将军指挥，他是我的老对手，曾在夜晚集中兵力进攻南部地区。我们之间爆发了异常激烈的战斗。基尔上尉的警卫营和利托里奥师的一些单位也加入了战斗。那天的战况真的很混乱，英国空军的炸弹炸到了自己人头上。

半夜以后，几百辆新西兰车从我方东南边的大缺口逃跑了。6月28日早上5点，我赶到那个缺口，发现卡车上都是新西兰士兵的尸体——他们是被英军轰炸机炸死的。英军的其他部队都散开了，组织也很糟糕，而且还想继续突围。

　　马特鲁港的守军大部分在隔天晚上逃跑了，但所有的弹药和装备都没拿走。还有一部分人没办法逃走，像隆美尔说的：因为没有摩托化运输工具。

下午5点，第九十轻装师、第五八〇侦察团、基尔警卫营还有已经到达的意军第二十军和第二十一军的一部分兵力都开始进攻。虽然英军顽强抵抗，但仍然不是我们的对手。

最亲爱的露：

　　马特鲁港的战斗已经完全胜利了，我们的先头部队离亚历山大港只有125英里。在我们到达那儿之前，还会有一场艰难的战斗。但最难的时候已经过去了。我一切顺利。

英国人的铁路和公路系统真的很棒。

1942年6月29日

6月29日早上，第九十轻装师从东边，基尔警卫营和第五〇八侦察团从南边，分别往要塞地区进攻。我们一共摧毁了40辆战车，俘获了6000名英国官兵。遗憾的是弗利堡带着新西兰师逃走了。他们是英国陆军中最好的部队，要是能俘虏他们，那就更好了。

埃及西边沙漠的最后一个港口要塞也被我们拿下了。英军损失十分惨重。但他们的大部分兵力还是撤回到了阿拉曼防线。我让部队继续前进，打算在英军的防御系统还没做好，第八军团的残余还没回到防线时，一口气拿下阿拉曼防线。

晚上，我们来到艾打巴西边6英里处。英国人炸毁了他们的仓库，不让我们拿走他们的东西。

最亲爱的露：

昨天，我们攻下马特鲁港，我军继续进攻一直到深夜。我们往东边前进了60英里，离亚历山大不超过100英里了！

1942年6月30日

6月30日上午，第十五装甲师的先头部队越过艾打巴，非洲军得到的战利品很多，还包括一个英国炮兵连的105毫米炮。它们立刻被用来对付英军。可意军到半夜才到达阿拉曼西边。

那天下午，我和我手下的将领们以及参谋长商讨怎么继续进攻阿拉曼防线。后来，我往东边前进，与拜尔莱因将军会面。傍晚时，我们才得知预定的进攻时间没办法执行，因为很多部队没有来得及集合。

第十一章 主动权的丧失

在阿拉曼受阻

我的装甲军团已经和强劲的英军兵力作战了5个星期。其中4个星期，我们都是在托布鲁克附近进行战斗。我军已经劳累不堪，而且物资也快消耗完了。是士兵们的意志力让他们坚持了下来。

罗马方面没有一个人愿意承担补给失败的责任。要是所有人都齐心协力，想办法解决问题，补给根本不是问题。

我们补给失败的原因如下：第一，有关当局不够尽责。第二，意大利海军负责保护海上运输船只。其中大部分人和许多意大利人一样不支持墨索里尼，因此他们做事很不认真。第三，意大利法西斯党的许多高级人员都很腐败，他们不看重非洲，更不在意非洲战役。第四，少数人愿意帮助我们，但在这样的大环境下也是爱莫能助。

众所周知，在近代战争中，补给及时能带来战争的胜利，所以我们的处境变得很困难。

同时，英军在努力提高军队质量。他们用最快的速度调来生力军，进入阿拉曼防线。他们的领导也清楚非洲战役将对战争走向产生重大影响。虽然之前失败了，但激发了英国人的斗志，让他们想尽办法要取得胜利。

我和伙伴们暂时只能利用我们从敌人那里缴获的物资，我们的运输车将近85%都是英国货。以前德国的武器比英国的更厉害，但现在英国的战车和战防炮比我们的厉害了。

我们必须赶在英美两国新的物资送来以前，把位于东边的英军给消灭掉。7月，我们在阿拉曼防线上拿下几个据点，于是决定再往东进攻。然而，我们的实力变弱了，实力较强的英军装甲兵力开始对我们进行反攻。

7月1日凌晨2点30分，我赶到前线去视察作战情况。英军炮兵猛烈进行炮击。

一小时以前，我就命令空军加入战斗。早上9点，第二十一装甲师进攻德尔艾夏，守军是从伊拉克派来的印度第八师。（编者注：是第十八旅，不是整个师。）

中午，我们在视察第二十一装甲师，英军炮兵的炮弹打在我的指挥车附近。警卫营也遭到炮击，几辆车都着火了。

第九十轻装师报告，他们下午3点20分开始进攻，一开始很顺利，可到晚上7点30分的时候，就被敌人拦在阿拉曼防线前方。

该师从中午开始前进，到下午4点时，想要包围阿拉曼，然后击毁守军或者逼退他们。可英军把所有炮兵集中起来然后攻击他们，我军的速度减慢，被英军的炮火攻击得狼狈不堪。

下午4点，内林将军向我报告，非洲军拿下了德尔艾夏印军的大部分据点。傍晚时，这个地方的战斗结束了，我们俘获2000名印军，摧毁30门大炮。

傍晚，我打算集中所有兵力去支援第九十轻装师，然后突破阿拉曼防线。我带着警卫营和指挥部的人一起进攻。英军的炮兵还在反攻，他们火力很猛，我们只能停下。我和拜尔莱因寻找隐蔽的地方，藏了两个小时都不敢动。后来，英军的火力减弱，我们才得以离开。

晚上9点30分，第九十轻装师在夜色中进攻海岸公路。我想早点打通到亚历山大港的路。晚上，空军报告，英国舰队已经离开亚历山大港。英国人打算撤退了。我认为如果能从正面突破的话，英军一定会惨败。

7月2日，非洲军继续往东北边前进。他们要突破英军的防线前往阿拉曼东边8英里的海岸，然后把整个要塞拿下。开始，英军往南边撤退，但没多久又开始反攻。第十五装甲师迎战英军。因为地势原因，第二十一装甲师只能防守。

奥钦烈克将军亲自上场指挥阿拉曼战役，他调兵遣将的能力比李斯特厉害太多。他始终冷静观察，不论我们怎么设计陷阱，他都不上当。

连续3天进攻阿拉曼防线，都没有什么成效，明天进攻要是再失败的话，就先停止进攻。敌人的兵力不断增加，我军各师的战斗力越来越弱。

最亲爱的露:

我们已经分不清时间了,为了亚历山大港前的最后一条防线,我们连续作战了几天。我一直在最前线上,不是住在车里就是住洞穴。敌人的空军严重威胁我们的安全,我希望可以打败它。你的来信让我很感激。

1942年7月3日

7月3日中午,我让非洲军最后一次进攻英军防线。开始还算顺利,但后来敌人的防御火力把我们拦在了原地。同一天,意军快要溃不成军了。意军阿里埃特师本来被派去保护装甲军团的南翼,可被新西兰部队攻击,伤亡惨重。30门大炮损失了28门,被俘400人,其他人都逃跑了。

在过去几周,阿里埃特师曾经狠狠打击过英军,可战争到今天,他们似乎已经承受不住了。

非洲军只剩下一个第二十一装甲师可以进攻。后来,虽然第九十轻装师赶来支援,可没有多大作用。进攻计划被迫中止。

我们的军队必须休整几天以恢复体力,再继续战斗下去会变得更糟糕。

最亲爱的露:

很遗憾,这次战斗已经出乎我的预料。英军反攻太强,而我们的战斗力已经不行了。但我仍然想反败为胜。我很累,快要撑不住了。

1942年7月4日

最亲爱的露:

未来几天同样紧张,希望一切顺利。高斯又受伤了,只能让拜尔莱因暂代他几天。我们的支援还没来到。离亚历山大港只有60英里。这场战斗已经持续了很多天了,但最后总会有个胜负。

7月5日

我们本来打算把前线的摩托化和装甲部队一个个调回来，用意大利的步兵师去替代，可这些步兵师还在后方。7月4日，第二十一装甲师从前线撤退。英军立刻追击，在我军防线上冲破一个约4000码的缺口，英军有40辆战车从北往西进攻。

实际上，这40辆战车很大一部分是装甲汽车。奥钦烈克把三个装甲汽车团交给第二装甲旅指挥，改名叫"轻型装甲旅"。这一部分的兵力很快打到艾打巴周边。

这段时间里，英军只是发起小规模的局部进攻，然后被我军打败。慢慢地，意大利的步兵来到前线，接替了摩托化部队。让我们惊讶的是，英军消耗的弹药量十分巨大。晚上，英军炮兵来到第十五装甲师3英里宽的防区，一共发射了1万颗炮弹。我方一部分防线被英军突破，可他们再次发起进攻时，预备队发起反攻赶走了他们。

7月8日，我们视察了整个军团，了解了整个军团的实力：

第一，非洲军，包括第十五和第二十一两个装甲师，一共还有50辆战车，每个师有一个步兵团（约300人加10门战防炮）和一个炮兵团，下辖7个连。

第二，第九十轻装师，包括4个步兵团，所有兵力只有1500人加30门战防炮和两个炮兵连。

第三，三个侦察营，一共15辆轮式装甲车、20辆装甲运兵车和3个俘获来的炮兵连。

第四，军团炮兵有11个重炮兵连和4个轻炮兵连，还有军团高射炮兵，包括26门88毫米炮和25门20毫米炮。

意大利部队：

第一，第二十摩托化军，包括2个装甲师和1个摩托化师，54辆战车，8个摩托化营，一共1600人。还有40门战防炮和6个轻炮兵营。

第二，第十和第二十一两军有11个步兵营，每营约200人。还有30个轻炮兵连和11个重炮兵连。意军军团还有4个重炮兵连。

我非常了解英军在阿拉曼前线的兵力,也清楚他们的缺点。我会在7月9日对新西兰部队发起凶猛的进攻。

7月8日晚,第二十一装甲师的一个战斗侦察部队进入新西兰部队防守的夸里特艾阿布德。9日上午,我们集中第二十一装甲师、利托里奥装甲师和第九十轻装师攻向英军防线的南部地区。新西兰部队撤退了,第二十一装甲师占据了整个夸里特艾阿布德。

7月10日早上5点,我们被北边传来的重炮声吵醒。很快,报告来了,说敌人从阿拉曼防线集中而来,打败了意军沙布拉沙师——它原来负责防守海岸公路两边的防线。敌人在意军身后不停追击。我马上带着警卫营和第十五装甲师的一个战斗团往北进攻。

这时,海岸那边的战斗也很激烈。沙布拉沙师已经溃不成军了。意军迅速逃到沙漠地带。这次依靠米仓新中校带兵才把英军抵挡住。

7月11日,英军继续攻击海岸公路南边,在炮兵和空军强力支援下,好几支意军——这次是特里埃斯特师——被打败,许多人被俘。我们之后从南边地区调来许多兵力加入海岸的战斗。军团炮兵也加入作战,英军的进攻才弱了下来。

英军这一次进攻摧毁了沙布拉沙师的主力和特里埃斯特师的大部分兵力,意军快撑不住了,我们暂时也不可能再发起进攻,我只好让所有德军离开他们的休息营地赶去前线。

静态的前线

英军第八军团每天都能得到支援,我们只能放弃所有进攻计划。前线已经像英军指挥官所希望的那样,变得安静了。阿拉曼防线由松沙构成,摩托化车辆压根不能行走。在静态战争中,哪一方发射的炮弹多,哪一方就能获胜。

在阿拉曼,我始终不想看到静态战争,可英国人很喜欢。我们想尽办法进入亚历山大港前的沙漠地带，但失败了。

我打算在7月13日让第二十一装甲师对阿拉曼要塞发起进攻，把所有大炮和飞机全用上。

最亲爱的露：

> 过去几天的严峻状况已经解除了，但战火还在继续，我希望明天我们可以再前进。

1942年7月12日

最亲爱的露：

> 今天也是一个关键日子。在沙漠里作战，一切都是未知。长话短说，向你和曼弗雷德问好。

7月13日

这一次的进攻还是没成功，而且没有到达澳军第九师战线。之所以失败，是因为除去敌人的炮火特别猛烈，防御工事很坚固外，也有可能是第二十一装甲师的步兵没有在意军防线集中力量进攻，而是集中在防线后方两三千码的地方。

傍晚时，我命令停止进攻。今天一天都在刮沙尘暴，能见度大大减弱，我们本有机会的，可都错过了！

> 隆美尔这个解释并不是事实，其实当时的情况已经对隆美尔很不利了，因此失败是必然的。

最亲爱的露：

> 昨天的进攻还是失败了，让我觉得毫无成就感。但我们还是要振作起来，迎接下一轮的挑战。我的身体很好。今天第一次穿短裤——天气太热了。东线战场的战事很顺利，所以我们更应该振作起来。（6月底

德军在东线战场上发起了进攻,想要攻下斯大林格勒和高加索油田。)

1942年7月14日

7月14日,我让第二十一装甲师继续进攻,想要拿回沙布拉沙师在阿拉曼西边放弃的阵地——它现在被澳大利亚部队守卫。可步兵的行动很慢,加上英国空军不停攻击我们的部队,导致我们的部队没办法前进。

那天晚上,英军——主要是第一装甲师进攻鲁维沙特山脊,很快就突破了意军布里西亚师防区,直接攻向德军的战车和炮兵阵地。第二天一早,他们继续进攻,把鲁维沙特山脊拿下,到达意军布里西亚和派维亚两师后方。那两个师的大部分士兵都被英军所俘。

太遗憾了,我们在德尔艾夏东南的防线也失手了。英军攻进德尔艾夏要塞,幸好非洲军的一个战斗群和侦察营顽强抵抗,才守住这个据点。

我马上把第二十一装甲师调回,让他们开赴德尔艾夏西南地区。下午发动进攻,傍晚时终于把敌人击退,俘虏了1200名英军。

17日上午6点,无线电报报告澳大利亚部队再次从阿拉曼进攻西南方向。他们很快穿过意军垂托和特里埃斯特两个师的防区,俘获了许多意军官兵,打算往南边进攻我们。

最亲爱的露:

现在看来,我们的处境很危险。敌人利用他们的优势,把意军部队一一打败。德军的兵力也不强,没办法挽救这个局面。情况让人很崩溃。

1942年7月17日

这一天,德军最后的预备队也都派上了战场,可英军的兵力还在增加,我们的兵力已经不行了,侥幸守住了现有的阵地。下午1点时,凯塞林元帅和卡瓦莱罗伯爵来到司令部,可他们对我们的态度仍然恶劣。卡瓦莱罗保证会通过驳船把补给送到,可按照以前的惯例,他的承诺都没有兑现过。

最亲爱的露：

　　昨天是最艰难和最危急的一天，虽然我们暂时撑过去了，但这样下去整个前线还是会崩溃。在军事上，这是我以前从没遇到过的最困难时期。虽然援兵会来，但我们能不能挺过这一关很难说。你知道我是一个非常乐观的人，可这一次让我觉得绝望。不论怎么说，一切都会过去的。

1942年7月18日

之后4天，前线一片安静，英军没有发动大规模的进攻。在7月19、20日，我们看到英军集中在防线的中部，奥钦烈克把战车和炮兵的主力都放在这里了。

7月21日晚，英军步兵以排山倒海之势攻打第十五装甲师的防区，顺利突破他们的防线。但这个缺口被我们堵住了，并俘获了500个英军。因为兵力不够，我们必须缩短防线，而且我们已经没有预备队了。

7月22日上午8点，英军在中央地区发起进攻。在德意两军步兵都被消灭以后，他们从要塞南边攻打我军防区，9点时已经来到我们的后方。他们的战车"石质小径"被我军挡住，许多英国战车被击毁，因此第二十一装甲师战车成功反击。

我们整整作战了一天，英军的进攻士气才被削弱下去。晚上，我们的防守算是成功了，一共俘获英军1400人，还摧毁了战车140辆。但我们的伤亡也很大，本来就不多的兵力又损失了3个营以上。幸好敌人没有继续进攻。

7月22日作战结束后，我用无线电表扬了所有人："我对全军将士7月22日的顽强防守致以慰勉，我相信之后敌人的所有进攻也会被击退。"

这时，大本营派来的步兵终于到达了前线。不过，他们不是所有人都适合热带作战。

最亲爱的露：

　　昨天非常安静。我去盖塔拉大洼地视察，发现它的高度在海平面以下。我们的兵力得到了补充，最艰难的时期好像过去了。

1942年7月27日

7月26日晚，澳军对阿拉曼到阿布地维斯西边的德军防线发起突袭，尽管德意两军的炮兵开始反击，可澳军还是深入我军防线，把前面的一个营德军消灭大半。好在布里尔战斗群的第三侦察营和基尔警卫营发起反攻，把他们逼退回他们的防线上。

这一次进攻是英军第五十师所属的第六十九步兵旅执行，后面是第一装甲师。可指挥官认为南非工兵在雷区中所打开的缺口太小，不宜大规模进攻，耽误了不少时间，因此让这次进攻失去了成功的机会。

这一次英军被俘1000人，战车被毁32辆。他们的指挥官对进攻一定很失望。这几次战斗表明他们现在没办法突破我军防线。奥钦烈克付出的惨重代价都是值得的，他原本就是要阻止我军前进，而且他的计划也成功了。

对奥钦烈克在这几个星期所取得的成绩，隆美尔的最后一句话算是一个判定。但"他们的指挥官对进攻一定很失望"的论断是错误的。奥钦烈克并没有很失望，他只是承认：在没有得到新的预备队和充足的训练以前，第八军团已经不能再发起有效的进攻。在阿拉曼7月苦战中，第八军团一共损失1.3万人，但也俘获了7000名德意士兵，其中1000名德军。其实两方的损失差别不是很大，可隆美尔没办法接受。从他的记录看，他在7月差点被打败了，而且对他而言，这次失败让后面的局面无法收拾。

回顾

艰苦卓绝的夏季战役结束了。一开始很顺利，但托布鲁克失陷后，英军潜藏的实力被激发出来。在我们疲惫地防守时，英军把他们那些被打败的部队撤出前线，然后把装备完好和战斗力充足的生力军派上战场。

把托布鲁克攻下和打败英军第八军团以后，我们应该可以直接进入亚历山大港，而且也没敌人防守，可这时我们的补给出现了问题。

意大利人之所以会失败，主要是因为他们的军事和国家制度。他们的装备很差，大部分军政领导都不喜欢打仗。意军的失败总是影响我的计划。

意军的缺点大概有以下方面：很多意军指挥官没有指挥沙漠作战经验；意大利步兵的训练达不到现代战争的标准。他们的装备太差。意大利的战车也是缺点多多：火炮射程短，引擎的马力不好，炮兵没有机动性。另外，他们的粮食供应严重不足，因此总是向德军要吃的东西。还有更严重的一点，军官和士兵的伙食太差，这让他们怎么能安心作战。

阿拉曼战役中，最不想看到的事情是战争在阿拉曼一线停下来，然后变成一个固定防线的"机械化静态战争"。英军最大的优点是可以坚持忍耐，他们最大的弱点是缺乏机动性，但在这个地方他们最大的优点最终还是发挥出来了。

我们最后失败了。

不过，我们也让英军遭受了很大的损失。从5月26日到7月20日，一共6万英军（包括英国人、南非人、印度人、新西兰人、法国人和澳大利亚人）成为我们的俘虏。我们击毁英军战车和装甲汽车超过2000辆。但我军的损失也不小，德军牺牲的官兵一共2300人，受伤的有7500人，被俘的有2700人。意军牺牲的官兵一共1000人，受伤1万人，被俘的超过5000人。物资的损失更严重。

最亲爱的露：

  敌人的空军始终对我们的补给线不停地进攻，除此以外没别的状况。每一天能够得到休息，对此我很感激。生病的人有很多，遗憾的是很多资历很老的军官都要撑不住了，我自己也觉得很累。

  为了守住阿拉曼，我们一直在顽强防守。这是非洲战场上从没发生过的。天气太热，我们很多人都得了痢疾，但还是可以坚持住。一年前我得过黄疸，比这个严重多了。

1942年8月2日

最亲爱的露：

　　补给又出问题了，罗马的林提仑什么事情都不管，总吹嘘意大利的补给工作做得非常好。

8月5日

最亲爱的露：

　　凯塞林昨天来到这里，我们对当下的局势意见一致。现在要好好利用这几个星期去准备。情况每天都会改变，好像对我们又有利了。

8月10日

1942年8月底，按照正常编制，德军兵力如下：

非洲军：人数25,000人

　　　　战车371辆

　　　　战防炮246门

　　　　火炮72门

　　　　其他车辆5600辆（包括600辆履带车辆）

第九十轻装师：人数12,500人

　　　　战防炮220门

　　　　火炮24门

　　　　车辆2400辆（包括250辆履带车辆）

军团炮兵：人数3300人

　　　　火炮56门

　　　　车辆1000辆（包括100辆履带车辆）

第一六四步兵师：人数11,500人

　　　　战防炮45门

　　　　火炮36门

（编者注：本来准备改编成一个轻装师，但要支援的战防炮和汽车始终没来，它实际拥有的车辆只有320辆左右，包括缴获的英军车辆。）

第十二章　与时间赛跑

双方整顿的对比

我们在阿拉曼防线暂停进攻，之后敌人反攻失败，因此全线恢复了平静。我们双方在重新整顿中也要进行比赛。

我们在夏季战役的胜利，让英美两国当局感受到了威胁，他们一定会竭尽所能阻挠我军进攻亚历山大港。但英美两国的军队到达北非要两三个月时间，因此，在他们的支援部队到达非洲以前，我们还有几个星期的时间。我决定主动出击。

我估计到8月20日，英军的增援都到了以后，他们大概一共有70个营，900辆战车和装甲车，500门轻重各型火炮，还有850门战防炮。

隆美尔的评估是正确的。英国内阁决定让亚历山大将军替代奥钦烈克成为中东军总司令。蒙哥马利将军继续担任第八军团司令。

隆美尔的兵力是4个德国师和8个意大利师——其中2个是装甲师。隆美尔的兵力补给比英国要差，意大利部队的装备很弱，士气也十分低迷。

7月底8月初，英军第五十师和南非第一师已经重返前线。之后，印度第十师也休整完毕。

要想和英军实力相当，我们的补给必须更好才行。可到了这个时候，我们的补给还是没能赶上来。

7月底以来，英国空军不停地攻击我军从港口到前线之间的交通线，他们攻击我们的运输纵队，还炸毁我们的驳船和沿海船只。加上意大利海军没有护航驱逐舰，我们的许多补给船只能以班加西或托布鲁克为终点，给我方的公路运输造成了很重的负担。8月8日，托布鲁克又被英军不停轰击，主要的码头都被炸毁了。

在意大利，有2000辆卡车和100门各种型号的火炮等着送来非洲。有的物资已经等了一年。在德国，还有1000辆卡车和120辆战车也是给我们的，但距离太远，送不过来。

自从战争开始，德国有1.7万士兵没有回过家，加上非洲气候不好，他们每个人都生病了。他们理应离开非洲回欧洲，不然健康问题会更严重。我知道他们要是回去了，我们会更艰难，但我还是跟上级申请让他们回家。另外因为伤亡、疾病等原因，很多单位都不足额，4个德国师一共缺了1.7万人。

不过，最大的问题还是补给。补给的组织有着严重的缺点：地中海的船只调配权掌握在意大利统帅部手中，对补给问题唯一有点话语权的德国将领就是林提伦将军，凯塞林元帅和魏希赫德上将都没有什么话语权。德意两军的物资调配一般是按照1∶1的比例调配，可因为德国没有话语权，所以德军处于极其不利的地位。举个例子，意大利皮斯托尼亚师原本9月中旬到达非洲，本来想把这支部队放在利比亚，而不是最前线。可在8月初，他们有三分之二的兵力还有三四百辆车被送去最前线。而德军第一六四步兵师的车辆只来了60辆，该师就已经开始作战了。

卡瓦莱罗①经常来到前线，而且保证会解决军队的各种问题，结果一次都没做到。

而船只到非洲卸货也是一件愚蠢的事情。托布鲁克港的卸货量一天最多只有600吨，导致很多船一字排开停在那里，然后成为英国空军的最好猎物。

还有从托布鲁克到艾打巴的军用铁路线，因为意大利补给部门的腐败，导致这条铁路不能使用。不然，我们在运送物资上会十分方便。

凯塞林元帅本人很支持我们拿下阿拉曼，他有很强的意志力，不论外交还是组织能力都很强。可我的提议实行时已经太晚了，实行的方式也不是我想要的。

---

① 意大利元帅，"二战"时期意大利军队总参谋长。

这个时候，德军的所有兵力加起来不到1.6万，战车只有210辆，各型装甲车175辆，其他车辆只有1500辆。我们经常不能向敌人射击，因为要省下弹药。但英国人获得了很好的补充，他们的炮兵一天不停地冲我们开火。

英军那边，我们估算9月初会有一个总吨位超过10万吨的大型护航舰队到达苏伊士运河，给英军第八军团带来许多最新的武器和作战物资，因此装甲军团要在这个时间之前发起进攻。因为缺乏物资，我们只能在阿拉曼防线攻击第八军团，然后攻下亚历山大港和开罗附近地区。然而，进攻时间一再延迟，作战需要的燃料和弹药迟迟不来，进攻无法进行。

最亲爱的露：

我昨天没办法给你写信，现在我空闲下来了，也起床一会儿了。但我还是要回德国疗养6个星期，不然血压不会恢复正常。元首的一个私人医生在来非洲的路上。我打算把事情都处理完再离开，不然不放心。我不知道谁能代替我。今天还要继续做检查，真希望没有什么大碍。现在看来，我们几乎把非洲的将领都用完了。18个月里，平均每个师换了5个师长，我也是时候被换掉了。

1942年8月24日

拜尔莱因将军附注：最近隆美尔总是发生晕厥，他明显还在硬撑。一次检查以后，高斯将军和贺斯特教授联合发了一封电报给三军统帅部，说隆美尔最近身体欠佳，不适合上场指挥作战。隆美尔认为除了古德里安将军，谁也不能代替他，因此他要求三军统帅部把古德里安派来当军团司令。但三军统帅部拒绝了。隆美尔只能让贺斯特教授又发了另外的电报给三军统帅部：元帅的身体在康复，他仍然可以上场指挥作战。但他还是需要休息。

最亲爱的露：

凯塞林今天过来，他也对罗马当局的表现很为难。他本来是一个很乐观的人，现在只剩下失望。

前线仍然风平浪静。英军的炮兵偶尔会开火攻击，一打就是几千炮弹，但我们的兵力早就分散开了，不会有太大的损失。

1942年8月27日

最亲爱的露：

局势开始紧张了。昨天跟各级将领开了会。范尔斯特将军回来，继续负责他自己的那个师。他在5月会战中受了伤，现在恢复了。我的健康也恢复了，一定可以跨过这道坎。高斯这次留在后方，魏斯特伐会陪我一起上前线。高斯的身体很糟糕，经常头疼，我希望他回欧洲休养。

8月29日

新的突破计划

8月底，英军在阿拉曼防线的部署如下：

1.印军第五十师、英军第五十师和澳军第九十师负责防守北部地区，南非第一师在后方海岸。这些部队听第三十军指挥。

2.第十三军负责南部地区。第七装甲师和他们的侦察单位负责前线，新西兰第二师负责防守它的北面。英军第一装甲师在防线的中心和南部的后方。之后我们又看到了第十装甲师。

隆美尔在对敌情的认知方面出现了几个错误：

1.英军第五十师不在前线，而是作战后第三天，9月2日才有一个旅调到前线。

2.南非第一师的位置在第三十军的中心位置——从海岸直达鲁维沙特山脊。

3.英军第一装甲师没有上场。

4.第十三军所属的第十装甲师下辖两个旅,第七装甲师只有一个轻装甲旅。

5.还有一个第二十三独立装甲旅,可同时支援两个军。

6.第十三军还有一个第四十四师,在阿兰哈法山脊上。

7.在南面第七装甲师的后方,没有什么兵力,第十装甲师和第四十四师都在新西兰第二师的后方。

装甲军团的部署如下:

装甲军团的摩托化部分,包括非洲军、意军第二十摩托化军和第九十轻装师,全部进入前线南端的集结地区,还要尽量不被敌人的空军发现。

敌人在防线的南端兵力不多,那里只有很脆弱的地雷防线,应该不难通过。我们打算让德意两国的步兵在晚上发起突袭,拿下这个地方,然后装甲部队从后面冲上去赶走敌人。

第十军负责防守我们防线的南端。第九十轻装师和意军第二十军的一部分掩护我军侧翼,一直到英军在阿拉曼的防线和东边地区。他们要反攻英军。

天亮时,我军的摩托化部分(主要是非洲军)要往北冲去,到达海岸,然后往东进攻英军的补给地区,跟他们进行战斗。我们的进攻要非常快,不能让敌人做出反应。把他们的补给来源都切断后,英军就只有两个下场,一是原地死拼然后被消灭,二是突围到西边逃跑。

可到了8月底,意大利最高统帅部答应给我们的弹药和燃料都没有到。我们要是不在最后一天进攻,最后的机会也就没有了,因此我命令在8月30—31日开始发动进攻。

最亲爱的露：

　　天亮了，我花了很多时间来准备这场战斗，但到了今天，还是很多问题没被处理，物资还没到。可我还是要进攻了，不然又要等很久。这一战十分重要，要是我们进攻顺利，它就会扭转整个局面。要是失败了，我也希望能狠狠打击敌人。

　　我一切都好。

1942年8月30日

第十三章　成败关头——阿兰哈法

阿兰哈法之战

8月30—31日晚，装甲军团的摩托化部队和步兵开始向英军阿拉曼防线南端的要塞发动进攻。

非洲军的第一次战斗报告大约在早上8点送来。非洲军因为敌人的地雷阵而无法到达规定的地方。英军一直顽强守着据点，因此我们的进展受阻。几分钟后又有坏消息来了：第二十一装甲师师长俾斯麦被地雷炸死，非洲军军长内林将军也在空袭中受了重伤。

我的进攻计划失败了。这个时候，我们到底是进还是退？最后我要看非洲军现在的位置来决定。

之后，我听说非洲军在他们的参谋长拜尔莱因将军的英明指挥下顺利通过英军的雷区往东边进攻。我决定继续进攻。（编者注：拜尔莱因暂时代替内林将军军长一职。）

现在，非洲军的目标是第132号高地，意军第二十军的目标是阿兰包特—阿兰哈法一线。我军的空中侦察说这个山脊上已有英军在守护，后来才知道是最近从英国本土开来的英军第四十四步兵师在防守。

下午1点，我们继续出击。这次出击遇到了大沙暴，一开始很顺利，但后来意军阿里埃特和特里埃斯特两个师被英军的地雷阵拖住了脚步，导致意军第二十摩托化军在下午3点前都不能前进。

因为大沙暴的关系，非洲军和其他车辆都前进艰难。唯一的好处是英国空军没办法攻击我们。但不久非洲军的燃料就用完了，只能不再进攻第132号高地。

晚上，我们的部队不停地被英国空军攻击，侦察部队受伤最严重。这时，意大利当局许诺的燃料还没送来，我们的补给车进入敌人雷区时被英军第七装甲师攻击。因此9月1日上午，我只好放弃所有大规模的进攻，只让第十五装甲师前进。击毁了一些英国战车以后，这个师的主力竟然到达了第132号高地正南方向，但他们的燃料也用完了，进攻只能停下。

非洲军被英国轰炸机轰炸了一天，非洲军军部牺牲了7名军官。而意大利当局答应的燃料始终没来。那天傍晚，我们的军团存油只能再配发一次，而且也用不了很长时间。

一次"配发量"的油料只能让一个单位前进100公里的距离——而且地势要比较平坦。

9月2日，原本3日会到的5000吨燃料，有2600吨已沉入海里，还有1500吨在意大利没有运送。

那天晚上，我决定停止进攻，撤回据守艾塔奎—巴布艾盖塔拉一线。因为：1.抵挡不了空袭。2.补给太难。

这时，英军在阿兰哈法和巴布艾盖塔拉中集中了强大的装甲兵力，他们还在观望。

蒙哥马利打算做一次凶猛的反攻，而且组成了一支追击兵力。但最后他认为恢复之前的防线足够了，这样就不用消耗太多兵力，所以他没有不遗余力地切断隆美尔的退路。

傍晚时，我与凯塞林开会，他答应会想办法支援我们。可9月2—3日晚，非洲军、意军装甲师的一部分和第九十轻装师再次遭到英国轰炸机不停轰炸。我军损失惨重。

第二天，我军按原计划撤退，英军只进行局部进攻。另外，他们用空军和炮兵给我们送行。那天晚上，英国空军只有小规模的攻击，我方空军对印军第十师的攻击让他们开始疏散。英军其他单位也对我军进行进攻，但都被我们打败了。

英军曾在晚上偷袭意军第十军，却让自己的军队伤亡惨重。我们抓获了200个俘虏，其中一个是新西兰第六旅旅长克利夫顿准将。后来，OKW命令把他交给意大利人。结果在移交前，他要求上厕所，在中途逃跑了。再后来，几个参谋人员在沙漠中打猎时发现了他，又把他带了回来。最后，我听说他从意大利的战俘营逃跑到瑞士去了。

最亲爱的露：

之后几天会无比艰难，补给上的困难和敌人空军的强大，导致我们只能放弃进攻，不然我们会获胜的。这也是无奈之举。今天是我第一次回到司令部，我好好洗了一下脚。我还是希望局势会逆转。我很想你和曼弗雷德。

还有，俾斯麦牺牲了，内林也受伤了。

1942年9月4日

据一些被俘的英兵透露，英军司令部从一个意大利高级军官手上得到我们进攻计划的安排。

9月6日上午，我们撤退完毕，然后改为防守。我们没办法攻下苏伊士运河，看来，我们最后也会失败。

三度空间

这次进攻失败，原因如下：

1.英军在南边地区的防守阵地十分牢固，与侦查报告所述不符。

2.英国空军有制空权，他们不停进攻，让我们的部队动弹不得，阻挠了我们的进攻。

3.燃料始终没有运送过来。

这次英国空军的轰击和低飞攻击让我们伤亡惨重。德意两军一共牺牲570人，受伤1800人，被俘570人——将近3000人。物资方面，损失了50辆战车、15门野炮、35门战防炮和400辆卡车。

我们在这一场战役中俘虏敌人350名，击毁和收缴150辆战车和装甲车，还摧毁了10门野战炮和20门战防炮。

从亚历山大将军的报告看，英军死伤164人，损失战车68辆、战防炮18门，没有野战炮。

英国人估计敌人的损失大概是4500人，要比隆美尔记录的数字多了一倍，但俘虏只有300人。他们收缴了51辆战车（42辆是德军的）、30门野战炮和40门战防炮。

我们通过这一场战争得到一个教训，要是对方拥有强大的空军，可以掌握制空权，那么不管哪一方使用大编队的轰炸机时，对方地面上的行动都会受到严重影响。

我们部队把这次会战叫"自行车六日赛"（这是德国的一项著名自行车比赛，骑自行车连续跑6天）。实际上，从我们进攻到撤退，一共6天，天上从没停止过轰炸。

这一次进攻，英国的地面部队很少出现，他们依靠的就是强大的炮兵和空军。按照推算，这6天里，英军有将近1300吨的炸弹投掷在我军阵地。

原定9月到达苏伊士的10万吨大护航舰队也来到了。英军的实力大大增强，空军也一样。我们之后要面临的可能是如下状况：

1.他们拥有一切制空权，因此能得到完整和不间断的空中侦查报告。

2.他们作战更自由，也更勇敢。

3.我方行动缓慢，敌人的速度相对会增加。

另外，他们拥有制空权，也就是说我们的补给纵队会被严重威胁。综上所述，我们真正需要的是空中实力。

我们只能承认，敌人使用他们的空军可以妨碍和拖延我们的作战计划。他们一整天都可以对我们进行攻击。我们的阵地必须有强大的防守才能抵挡他们一段时间。

英国人在空中的优势彻底打击了我们之前屡战屡胜的战术。除非我们也有一支强大的空军，不然我们没有别的后路可选。

> 拜尔莱因附注：能看出来英国空军对隆美尔的战术产生了很大的影响。他之后的许多决定都是通过这次经验而来。

第十四章　无希望的会战——阿拉曼

对英军阿拉曼防线进攻失败以后，战争来到一个新阶段，最后导致我们在北非全线惨败。

当我们在8月底或9月初发动进攻时，卡瓦莱罗答应我们补给的船能如期到达，可最后在9月8日才来到。在1942年前8个月，我们只收到了12万吨左右的物资，约等于我们需要的40%的量。

英国的战略空军和海军一直在攻击我们的港口，而跑非洲航线的意大利船只一天比一天少。目前的情况已经坏到就算想做最大努力的改善，补给问题仍然很严峻。

18个月以前，德国参谋本部的高级人员说过，要维持非洲战场完全是不现实的事情。因为意大利和非洲负责补给的人没有尽最大努力去办妥这件事。在我看来，这仿佛是真正作战的军人和纸上谈兵专家的差别。执行能力是军事行动中最重要的因素。一个只会理论的军官不适合上战场打仗，所有高明的理论都需要指挥官的执行能力才能实现。补给问题也是一个道理。

我们列举的事实，都能证明补给人员是如何不作为的。

第一，意大利海军从来没有使用主力舰来做护航或者紧急的运输工作——并不是因为燃料缺乏，罗马街头的出租车没有缺过燃料。

第二，一直没有成功拿下马耳他岛。我能执行这个任务，我相信要是海空两方面能支援，一定可以拿下。要是马耳他岛被拿下，英国就不能再阻挠我方在中部地区的海上航运。

第三，我们一直没有从意大利方得到充足的船只。

第四，在沿海地区，一直没有找到新的卸货场地。

在阿拉曼会战结束以后，再想维持非洲战场变得无比艰难，但那一年的春天和夏天却有能力保持海运通畅，只是元首大本营的领导压根不在乎这种事情。

会战结束以后，我马上向元首大本营和意大利最高统帅部报告："所有关乎生死存亡的物资一定要保持通畅运送，所有能调用的船只和运输机也应该用在这上面。要是这一点无法维持，就要失去非洲战场了，我们也有全军覆灭的危险。"

9月11日，英军在前线已经有5个步兵师和一个装甲师。在前线的后方，还有2个装甲师和2个步兵师作为军团总预备队。在尼罗河三角洲，还有另外2个步兵师。

我们不仅兵力有问题，粮食也有问题。我们已把在迈尔迈里卡上收获的食物都吃完了。还有很多士兵吃坏了肚子，因为营养不良死去了不少人。

我向元首大本营提出物资要求，9月要运送3万吨，10月在第二十二空降师来了以后，再加3.5万吨（拜尔莱因将军附注：这是一个摩托化步兵师，久战苏联战场，被撤回休整。它理应被派来非洲，可最后没来）。我还要求德意两国的可用车辆都要送过来，还有战斗机也要增加。

要想继续对抗英军，下面要求配发的物资必须达到下限，不然防守一定会失败。

弹药：8次的配发量。

燃料：使每一辆车可以行驶2000英里的总存量。

粮食：30天的存量。

最亲爱的露：

我的健康已经没问题了，但医生一再劝我回德国休养一段时间，希望我不要拖延。可我需要等到斯徒梅将军来到非洲，交接好工作才能离开。

我很开心可以再见到你，同时又很担心这边的情况。要是不能在前线，总不放心。丘吉尔说过按照英国的实力，只能再坚守几个月，可我觉得在4—6星期内，他应该会再发起一次进攻。我们要是可以在高加索取得胜利，才有可能阻止他。

高斯身体不适，已经被批准回德国休息6个月。魏斯特伐得了黄疸病，他的情况也不乐观。患了痢疾的情报处处长梅仑丁中校今天回国了。昨天又有一个师长受伤。10天内，军长和师长的班底都要全换一遍。

1942年9月9日

最亲爱的露：

我始终很好。局势一直不稳定，我应该趁这个时间回去休息几个星期。英国人似乎不放心印度，对高加索那边的战事也很苦恼。我希望可以从中得到什么好处。昨天这里又刮风了，幸好没发展成沙尘暴。我已经收到曼弗雷德在31日寄来的信，我很高兴。

可能我会比这些信要早点回到你的身边，但我还是先写着，也许明天又有什么事情呢。

老房子的风景好吗？我想等我回来以后，一定能看到美丽的景色。曼弗雷德应该长高了很多，要比我高了吧。

9月11日

9月14日清晨，英军派出180架飞机在托布鲁克港口附近进行疯狂扫射，他们的步兵打算从托布鲁克港口登陆。他们的目标是毁掉港口上的设备，击沉停在港口内的船只。

这个半岛上的高射炮打击了这些敌人。德意两军立刻组织突击队去围捕登陆的敌人，我们还调来一些摩托化部队。英军被俘和战死的人不计其数。

9月15日，我亲自飞去托布鲁克视察当地守军。托布鲁克是我们的最大弱点，我担心他们还会再发起进攻。这是英国人第一次对我们后方做最猛烈的进攻。

最亲爱的露：

  昨晚从托布鲁克赶回来。我相信你在公报上看到英军登陆失败的消息会很高兴。现在局面好像又控制住了。斯徒梅今天就到罗马，我想这个星期就可以回家了。

  凯塞林上午过来了，我昨天在托布鲁克跟他见了面。他是从元首大本营来的。斯大林格勒之战好像不太乐观，我们的兵力被拖住了，不然我们把兵力调到南边地区会更好。

1942年9月16日

贺斯特尔教授一直很照顾我，但在非洲的18个月生活早就让我的身体变得非常糟糕，我必须回欧洲长期疗养。斯徒梅将军接替我的工作。9月19日，他来到司令部。同一天，我又和卡瓦罗莱元帅、奥托中校（我的军需处处长）等人开了会。我和奥托都抱怨了补给问题。意大利的领袖已经下了命令，除了皮斯托尼亚师，再派2个师到的黎波里塔尼亚。

9月21日，我带着高斯和拜尔莱因坐飞机去视察驻留在锡瓦绿洲的德意部队，当地的阿拉伯部落很欢迎我们到来。第二天，我把装甲军团的指挥权交给斯徒梅将军。我交代要是英军发起大规模的进攻，我会提前赶回北非。他听完不太高兴，以为我看不上他。其实我的想法是，就算他是一个最厉害的装甲将军，可要是不了解英国人的个性，也不能在阿拉曼战线上做出正确的决定。

9月23日，我从德尔纳飞回意大利。我向意大利当局陈述补给问题，我很诚恳地告诉他们，要让我们坚守埃及，补给及时必不可少。意大利当局听进去了我的建议，于是，他们与我达成协议：在利比亚的意大利人，应马上派出3000人，在前线后方修建了一条公路；意大利人又答应把7000吨的轨道和枕木运到非洲，加快铁路修建；意大利人还要拿下库夫拉，破坏英国人的突袭基地。然而，最后只派了400人，枕木和铁轨没有送来；还有，意大利方面不同意拿下库夫拉绿洲，因此所有情况都没有发生改变。

9月24日，我和意大利的领袖讨论当前的局势，我说得很清楚，要是补给的数量没有达到我的需求，我们会被迫撤出北非。但他仍然觉得这个问题不严重。

几天以后，我去跟元首报到。他的大本营对装甲军团的印象不错，他们都想在地中海地区再取得一个决定性的成果。我也详细报告了阿拉曼防线的进攻过程，还有失败的原因。我尤其强调了英国人的空中优势。在这一次的汇报中，我意识到元首大本营里面仍然对战事充满乐观，戈林对我们的困难不以为然。元首向我保证，在未来几个星期内，我们的补给一定会到位。

他打算大量使用"西贝尔平底渡船"（是一个叫作Siebel的德国工程师设计的）。这种平底船吃水很浅，鱼雷能从船底滑过去，上面也会装有几门高射炮，不惧空中攻击。但后来我才发现，这些保证又一次落空了。

还有，我还得对许多新闻记者解释关于我的健康状况的流言。我只能说我的健康很好，希望可以拖住英国人的进攻。

之后，我就到塞默灵（在维也纳附近）去治疗我的肝病和高血压。贺斯特尔教授告诉我，我需要长期留在欧洲，可要是我的军队出现了危险，我的心是无法平静的。我还关心大西洋的潜艇战。出没于大西洋的潜艇可以决定美国能送往欧洲和非洲的物资数量。要是我们可以切断他们在海上的交通，那么美国的物资就无法送达欧洲和非洲，帮助它的同盟国了（自从我们对美国宣战，美国就开始帮助盟军）。然而，几个月后，美国人用侦察仪器和飞机击沉了许多潜艇，导致我们不能再用这种武器。

非洲那边传来的消息也不太好，英国空军始终活跃，第八军团的实力变得更强。我们猜测英军会在几个地方同时进攻，然后再选一个最有利的地方集中突破。我们判断他们的战车数量是我方的2倍。在210辆德国战车中，只有30辆是Ⅳ型，大部分都是Ⅲ型，其中一半是短炮管的，实力落后许多。

隆美尔对英军的实力估计得不是很准确，其实英军的实力比他估计得更强。要是把德意两军的战车加在一起计算，这个比例将近是2.5比1；要是只算德国战车，就是5.5比1。

我的代理人斯徒梅将军始终在密切关注事态的进展，他希望部署都达到我的要求。他现在也知道物资有多紧缺，明白这是非洲战场的问题所在。

防御计划

阿拉曼防线在海岸和盖塔拉洼地中间，我们侦察过多次，证实普通车辆没办法通过这个洼地。在非洲其他地方，我们都可以用摩托化部队进行突袭，然后在敌人的后方进行机动化作战，获得胜利。可这里的情况不一样。因此，我们的战术要与以前的不一样。

在这里，最大的优势是防守，进攻的人除了往前硬冲，是不可能突破敌人防线的。两方都没有战胜对方的优势，两方的战车都在没有掩护物的沙漠中。

按照以前经验，我们在广阔的沙漠中，不论是指挥或者训练，都比英军要厉害。他们固守防线的能力还是很强的，不过他们不能适应沙漠战场，但我们仍然不敢冒险把防御的重点放在沙漠的机动作战上。原因是：第一，双方摩托化师的实力差距太大。敌人不停得到摩托化部队的增援，我们能得到的都是非摩托化的兵力，根本没办法在沙漠中战斗。第二，英国人的空中优势还有他们使用的新型战术，都严重限制了摩托化部队的使用。第三，我们时常缺少燃料。在机动性作战中，要是缺乏燃油，后果不堪设想。因此，我打算选择一条固定防线，让步兵坚守阵地。

在此情况下，英军一定会出击。不过，他们还是沿袭了第一次世界大战那种作战方法，以物资消耗为基础，试图耗尽我们的物资装备，然后获胜。英国军事评论家早就说过："要高度重视装甲部队和摩托化带来的技术革命"（拜尔莱因将军批注：这里指的是李德·哈特和富勒，元帅很欣赏他们，经常在讨论战术时提到他们。在所有军事著作作者中，对他影响最深的是李德·哈特。实际上，他常常和古德里安说自己是李德·哈特的"门徒"）。可英国当局不敢冒险，也不肯把这种没经过试用的理论当作平时训练和战时作战的基础。

我方必须不计任何代价去阻止英军突破我军的防线，还有，只要敌人一进入我方阵地，必须立刻消灭他们，不让突破的局面扩大。我们建立防御体系时，也要满足前面两点。这样的话，不论英国空军怎么攻击，我方的机动预备队都来得及支援。

在建立这条防线时，我们一共用了50万颗地雷，有一半都是英国人的旧货。意军和德军交错布置这条防线，每个意军的旁边都有德国兵负责监视。

我们的前哨人员带着军犬，只要英军靠近这些布雷地区，它们会立刻发出警告。

当我请假离开的时候，我的部队就在这条防线上开始布防。但之后由于英军增强了实力，所以导致我们所做的努力都没有什么作用。其实不是我们的错误，从当时局面来看，我们本来就输定了。

拜尔莱因附注：很多人以为斯徒梅没有按照隆美尔的计划去布置阿拉曼防线，导致失败。事实上，他一直在严格按照隆美尔的计划执行。

风雨欲来

没看隆美尔的记录以前，读者可以先看看英军的计划。

在进攻这条防线时，行动上会被严重限制，因此蒙哥马利使用步兵给装甲兵开路。他也把进攻的重心放在北边地区。

进攻的主力是莱斯将军的第三十军，下辖四个步兵师——自右到左，番号是澳大利亚第九师、英军第五十一山地师、新西兰第二师和南非第一师。印度第四师担负另外的牵制性任务。在德军雷区开出两条走廊以后，属于伦斯登第十军的第一和第十两个装甲师立刻冲上去，然后击败德军的装甲部队。

在南边，何洛斯将军的第十三军——包括第四十四、第五十两个步兵师以及第七装甲师——也同时做牵制性的进攻，以此分散德军的注意力，牵制它的预备队——特别是第二十一装甲师。

即便第八军团一共只有3个装甲师，但它还有3个装甲旅，另外还有1个轻装甲旅——但德意两军只是分别有2个旅而已。

德军战车有200多辆，意军大概有300辆，但英军的战车超过了1000辆。我们是有很多炮，可大部分都是意大利的旧货，还有一部分是收缴来的，它们没有任何弹药。另外，英国人在地中海上拥有绝对制空权，他们一边轰击我们的港口，一边严格监视我们的海上航线。会战一开始，我们感觉所有东西都紧缺。

10月23日，白天还是平静的，到了晚上9点40分，整个前线一下子被敌军的炮火攻击，最后炮击集中在北边地区。之前的非洲战役，都不曾遇到过这么凶猛的炮兵火力。除了英军各师的炮兵，蒙哥马利还集中了15个重炮团，450门口径在105毫米以上的大炮——在三十五号高地和德尔艾夏中间的北边地区。英军的炮击十分精准，导致我们伤亡很大。（所谓"重炮"，按照英军分类只是中型炮兵，在这次攻击中，英军一共用了1200门大炮。）

之后，我们的通信网被摧毁了，前线没办法将报告送到后方。意军第六十二步兵团一部分人都逃到后方去了，他们吓得不轻。凌晨1点，英军越过我方前哨线，渗入我方主防线，宽度在6英里左右。我军步兵的大部分重武器都被摧毁了。后来，英军越过意军第六十二步兵团曾驻守的阵地，闯入我们的防线，最后被我军的火力给击退了。第一六四步兵师2个营在清晨时被英军炮兵完全消灭。

斯徒梅将军的司令部，距离前线才几英里，还是能够了解一点前线的情况，可我们的弹药存量太少了，因此他没有下令让炮兵攻击英军。在我看来，这种想法是不对的，要是利用炮兵进行攻击的话，起码可以减弱英军的攻击力度。

10月24日清晨，司令部能收到的报告越来越少，无奈之下，斯徒梅将军自己开车过去视察。后来，敌军再次集中炮兵进行轰击。这一次攻击南边地区，之后英军的步兵在160辆战车的掩护下也开始进攻，在越过我方前哨线以后，他们在主阵地的前面被迫停了下来。

> 这一地区属于英军第十三军，第一晚，第七装甲师越过第一道雷区，但在第二道雷区前被德军的火力阻止。第二晚他们又发动了攻击，可当战车想闯入的时候，又被德军炮火给击退了。为了保住已经伤亡惨重的第七装甲师的实力，蒙哥马利只能下令停止进攻南边地区。

24日下午，我在塞默灵接到三军统帅部凯特尔元帅的电话，他跟我报告了昨晚的战况，还说斯徒梅将军失踪了。他问我能否回北非指挥作战。我说可以。傍晚，我又接到元首的电话，他也问了同样的问题。半夜时，元首又打来电话，告诉我非洲战况持续恶化，让我立刻返回非洲。

10月25日上午11点，我来到罗马，林提仑将军把非洲战场上的消息告诉我：经过炮兵的凶猛射击，敌军在第31号高地的南边地区占领我军战线之一部分，第一六四师和意军都有几个营被消灭。斯徒梅还是下落不明。非洲战场上的油料只能供3次配发。过去几个星期，没有任何油料被送来。我当时十分恼火，因为在我离开的时候，还剩下至少8次配发的量——相比最低要求30次配发量差得远呢！

> 隆美尔生气是正常的，因为罗马的德军代表对装甲军团的补给问题始终没有处理。但林提仑当时请了病假，负责的那个人是他的副手。

傍晚，我回到司令部，我认为这一次毫无胜算了。斯徒梅将军的遗体在中午时被找到，然后运回德尔纳。他去前线的路上，同行的伙伴被英国步兵的子弹射中，当场牺牲。驾驶兵立刻掉头。斯徒梅却被甩出了车座，整个人挂在外面——他一定是突发了心脏病，然后从车上掉了下来。到了星期天上午，才有人发现他死在车辙旁边。

之后几天，我们用尽所有办法把敌人赶出我方阵地。

那天晚上，敌人再次攻击我军防线，进攻异常猛烈。10月26日早上5点，我回到指挥部，才知道英军一整夜在炮兵的掩护下攻击我军防线。不到半夜，英军已经拿下北边地区的一个重要据点第28号高地。他们打算明天上午继续进攻，要扩大他们的胜利果实。

第十五装甲师和意军的一部分在炮兵火力支援下，开始往第28号高地反攻。可进展很缓慢，英军一直拼命抵抗，敌我双方都死伤惨重。晚上，意军贝尔沙格里尼营终于拿下了高地的东西两边，但高地还在英军手上。

我那天也在北边地区督战。白天，我再次派第九十轻装师和军团警卫营去协助反攻第28号高地。英军主力部队也不停赶来，他们想拿下艾打巴和西迪阿卜杜勒拉赫曼之间的地区。我立刻让特里埃斯特师去艾打巴东边。傍晚，德意两国的俯冲轰炸机打算攻击西北方前进的英军汽车纵队，但有60多架英国战斗机飞来，拦截住这些速度不快的轰炸机。意大利飞机慌忙逃跑。

英军在战车支援下再次来到第28号高地的南边地区——我军防线，打算突破。下午，英军160辆战车渗入我军防线，往西南方向进攻。第十五装甲师一共损失61辆战车，意军利托里奥师也损失了56辆战车。

英军也很疲惫，很多人认为要停止进攻。双方都在硬拼，导致双方损失都很惨重。这种情况下，蒙哥马利决定暂停进攻，并且改变作战方案。27、28日两天，英军还是发起了小规模的进攻，其中有一次还派上一个装甲旅的兵力。

今天原本可以在北边地区集中我们所有的摩托化部队，一鼓作气把英军赶走,可是我们没有燃料去发动这一次的进攻,最后只能把装甲部队集中在防线北边,进攻英军主力部队。

最亲爱的露:

我昨天下午6点30分回到司令部。战况严峻,事情很多。在家待了一段时间,忽然那么忙又不习惯了。两个地方的差别真的是太大了。

1942年10月26日

10月26日晚,英国轰炸机不间断地在我军上方投弹。半夜2点,英军还对北边地区开了火。不停的攻击让第二十一装甲师和阿里埃特师的部分士兵很难前进。天亮时,第九十轻装师和意军特里埃斯特师已拿下西迪阿卜杜勒拉赫曼南边地区。

10月27日早晨,我命令所有部队把还能用的火炮全都用上,攻击敌人。英军还没进攻我军防线时,一定会用不间断的炮火做几个小时的预备射击。当他们攻不下的时候,就会用烟幕掩护,改变攻击方向。要是步兵能在雷区扫出一条路,重型机车会立刻冲上来,步兵紧跟其后。英军战车的弹药总能得到补给,因此可以不惜成本地作战——对一个目标进行连续不断的进攻。

最亲爱的露:

这一场战斗打得极其艰难,旁人无法理解我今天承受的压力有多大。所有事情都不顺利,我们总是受到打击。但我还是希望能挺过这一关,你知道我会用尽所有力量。

1942年10月27日

寸土必争

10月27日清晨,英军从第28号高地南边地区开始发动进攻,轰炸机不停对我方阵地进行狂轰滥炸。

下午2点30分，在齐格勒尔少校陪同下，我开车沿着电报小径（沙漠中沿着电报线的一条车路）前进。这时，第九十轻装师开始进攻，可在15分钟内被英军的18架飞机轰炸了3次。下午3点，我们的俯冲轰炸机开始反攻英军阵地。因为敌军的战防力量很强，还有许多战车，因此我军的反攻再次停下。

那天晚上，装甲师又派来精锐的支队到前线去堵住缺口。第九十轻装师部分队伍也开往前线。那天空军只空运来了70吨燃料，这点燃料远远不够。无奈之下，我们只好减少行动！

我们在战场上失去了所有的行动能力，很快英军就会把我们摧毁掉。蒙哥马利只使用一半力量，就可以消灭我们。

最亲爱的露：

谁都不知道之后几天我还有没有机会坐下来，安安静静地给你写信。也许以后都不会有这样的机会了，因此要更珍惜今天这一次的机会。

战斗还在进行，情况很严峻。我们一直处于下风，但仍然有希望渡过这个难关——也可能会输得一败涂地。要是这样，整个战争的结局会很悲惨——整个北非有可能在几天之内就变成英国人的囊中之物。我们会竭尽所能地去挽救这场危机，但敌人实在太强大，我们的资源始终不足。

所以，这一次的胜败就看上帝安排了。很有可能还是以失败告终，但我已经尽力了，我对得起自己。

我会一直记得几个星期以前我们在一起的画面，我每时每刻都在想你。

1942年10月28日

10月28日，我打算再派兵力到北边地区，如此南边地区防线上不再有重武器和德国部队。他们的空缺由阿里埃特师的一部分来填补——这个部队在北边地区防线上惨败。那天上午，英军又在北边地区发起三次进攻，每次都被我们的装甲部队击败，但我们损失了许多战车。

跟第一天一样，英国空军始终不断轰炸我们。补给情况仍然没有处理好，只有极少数船只开到托布鲁克，其他都开到了班加西。中午，我看到英军把许多装甲兵力集合在一起，我们判断他们要做决定性的突破。我们只能靠着仅剩的兵力去对抗。我再次跟所有各级指挥官说，这一场决战关乎生死存亡，所有人都要拼尽全力。

晚上9点，英军的炮火开始向第28号高地猛烈进攻。之后又有几百门英军大炮攻击第28号高地的北边地区和第一二五团第二营所在地区。

这是英军新一轮进攻的开始，他们开始往北边进攻，这样可以把敌军侧翼先歼灭，再打开一个缺口，然后从海岸公路往艾打巴和富凯进攻。

晚上10点，英军开始进攻。这一次进攻的力度非常大，但我们集中了这个地区所有兵力来反击，最后还是击退了英军的攻击。北边地区，英军的战车和步兵渗透进我军阵地。这里的战斗十分惨烈，连续打了6个小时。我军官兵被敌军紧紧包围，但还是坚持到了最后一刻。

10月29日凌晨3点，一直睡不着的我在思考怎么应战。显然，我不能再让英军突破，必须先往西边撤兵。可这样做就会牺牲许多非机动化步兵。一方面是我的摩托化部队现在的战斗力很弱，另一方面所有的步兵都用上了，不能再派遣兵力。而且燃料不足，我们也撤退不了，只要一撤退，就会变成机动性作战，也不是我们可以承受的。

要是必须撤退，我们就要尽可能把战车和武器往西边撤退，这样才能防止它们在阿拉曼防线上被摧毁。我打算在战局还没打到最关键的时刻，先退到富凯防线上（这条战线和阿拉曼防线一样，从富凯南边地区的海岸上通往盖塔拉洼地）。

最亲爱的露：

战况很危急，我想这封信到你手上的时候，我们不是稳住了就是被击垮了。

晚上，我在床上完全睡不着，我承担的责任太重了，白天又无比疲惫。

要是这里的情况继续恶化，结局会怎么样，我一直在思考这个问题，要是真的变成这样，我也不知道怎么脱离危险。

1942年10月29日

29日，敌人没有进攻，但这只是暴风雨来临前的宁静而已。

晚上11点，我听到一个可怕的坏消息：原本替代普罗斯平拉号的路易斯安那号油船被敌人空投的鱼雷炸毁了。我非常生气。最让我生气的是那些配有重武器、要把物资送到前线的军舰，却为了自身安全往班加西开——因为班加西在英国鱼雷机的航程外。

10月29日，一切风平浪静。这时又有坏消息传来：英军有2个师已经到达马特鲁港南边60英里的地方。我们吓得不轻，因为没有能力去应付敌人。我马上把留在后方的几支部队调到这个地方。第二天上午，我们才知道这个意大利最高统帅部发来的情报，完全是错误的。

最亲爱的露：

局势稳定了一些，我可以睡一下了，希望可以挺过这一关。

1942年10月30日

那一天，英国空军集中火力轰击沿海公路，我们的车辆被许多低飞的飞机炸毁。当我们等来了一艘意大利船运来的600吨燃料，补给问题才得到缓解。

30日晚，第二十一装甲师撤出前线，改为机动方式去作战，它的防线交给特里斯特师，但英军突然攻击了北边的第一二五步兵团防区。1小时以后，澳大利亚部队开始进攻了，一边从正面拦截第一二五团，另一边从南边攻击它的侧翼。与此同时，英军的强大装甲部队也开始往北边前进，击败了意军第二十一军一个轻炮兵营。

10月31日上午,一支由英军30辆重型战车组成的部队来到海岸公路,开始对守在第二道防线的第三六一装甲步兵团进攻。我立刻赶到西迪阿卜杜勒拉赫曼,把指挥所设在寺院的东边。敌人冲破我军的防线到达海岸,切断了第一二五步兵团的退路。上午10点,托马将军带着拜尔莱因来到我的指挥所,随后他统率第二十一装甲师和第九轻装师去进攻。

最亲爱的露:

情况又变得不容乐观,但我自己还好。想到一周以前还和你在一起,我心中百感交集。

1942年10月31日

中午12点,我方开始反击,可还是失败了——敌人用炮火和空中攻击,把我们的战车部队和步兵都击败了。第二天,托马将军率领部队把敌人赶出防线,逼着敌人往南边撤退。

11月1日午后,我和托马将军、施波内将军、拜尔莱因将军等人来到第16号高地,视察整个作战场地。我看到英军在搬伤兵,我方的炮兵此时也不再进攻了。

那天,每次18—20架英国轰炸机一次又一次地袭击我军在第28号高地北边的防线。另有大批战斗机,整天攻击我军在海岸公路上的车辆。

燃料改道空运到托布鲁克,问题有一点改善的样子。但弹药的补给改善不了。我们只能尽量节省。

打到现在,英军在战线上所使用的兵力也不过几个师,他们手里还有800辆战车,正集中在我军防线北边地区的前面,等着做决定性进攻。而我们只有90辆德国战车和140辆意大利战车。

最亲爱的露:

我从家里离开有一个星期了,这个星期的战事都很惨烈,我现在很怀疑还能不能守得住。虽然每次都勉强挺过来,但我们损失惨重。哪里有危险，我就赶到哪个地方。昨天上午北边地区的情况很严峻，到了晚上才勉强稳住。这种苦战真让人精神崩溃，但我的身体还撑得住。有一些补给据说在路上了。我猜这些补给送到时我们已经被打败了。

1942年11月1日，星期六

"不成功便成仁"

11月1日晚上，英军发起大规模的进攻。跟我们之前的预测一样。3个小时里，英军炮兵一直在轰击我们的主阵地，夜间轰炸机也不停攻击我军。许多英国步兵和战车在移动火幕的掩护下往西边进攻。被攻击最严重的是在第28号高地两边的第二〇〇步兵团。我们让第九十轻装师的预备队也加入战斗，这才阻止住了英军前进的步伐。

没多久，英军开始突破第十五装甲师在第28号高地西南边防线，新西兰的步兵和英军装甲部队——从得到的敌方文件看，总数是四五百辆——往西进攻，打败了特里埃斯特师的一个团和一个德国装甲步兵营。我军即便努力反击，但敌军还是在天亮时来到电报小径的西边。

最亲爱的露：

战争仍然惨烈，我们的处境很糟糕。敌人在用他们强大的兵力慢慢逼退我们。也就是说结局已经写好，我们要输掉了。你能够体会我的心情吧。空袭，空袭，始终是空袭！

1942年11月2日

11月2日上午，非洲军发起反攻，取得了一些成绩，但装甲兵力损失严重——我们的战车不是英国战车的对手。英军除了用上了战车，还投入了15个炮兵团，他们渗入我方战线4000码的地方。为了把敌人赶出防线，我们不顾弹药不足，集中火力进行射击，才击退了英军。

英国空军和炮兵一直不停歇地攻击我们。中午时，将近有7个编队，每队18架轰炸机投放炸弹到我军阵地。88毫米炮原来是我们打击英军重型战车的唯一有效武器，但几乎全被摧毁了。到现在，我们的兵力只有开战时的三分之一。

利托里奥师和特里埃斯特师的战车都被英军击毁了。意军的47毫米战防炮自然不会好过我们的50毫米战防炮。意大利士兵开始往西边逃跑。

下午，北边地区的情况十分危险，我们只好派阿里埃特师去北边增援，从而导致整个南边防线没有一点兵力。我打算缩短防线，只有这样做，才能保住我们的防线。

傍晚时，我接到装甲军团补给情况的报告：我们在当天一共耗尽450吨弹药，但运来的只有190吨。

晚上，我们得知英军正把他们第二线的装甲兵力集中起来，准备攻击非洲军，非洲军只有35辆可以使用的战车，我们要被消灭了。

在英军看来，真实情况跟隆美尔说的不一样。英军第九装甲旅损失近75%，一共87辆战车被摧毁。第二和第八两个装甲旅去增援，也被德军用战防炮给阻止了。11月3日，英军还是无法前进——这让隆美尔有了逃跑的机会。

我们打算退到富凯防线，后方一些部队已经往西边撤退了。晚上，我们南线的兵力撤回到我们在8月底开始进攻时所占领的地方。第一二五团退到阿卜杜勒拉赫曼南边，第九十轻装师、非洲军和意军第二十军慢慢后退。

十天的艰苦战事，把部队所有力量都消耗殆尽，要是英军在明天进行新的进攻，我们已经没办法应对了。我把现在的处境写成报告送至元首大本营。

最亲爱的露：

我们似乎没有任何胜算了，我们被敌人的重击压倒了。我想要救出一部分兵力,也不确定能不能成功。晚上我根本睡不着,一直想着怎么拯救我那些手下,让他们安全离开这里。

我们之后的日子会更难,也许不是一般人可以忍受的。战死的人反而解脱了,毕竟一切都结束了。

我时常想念你,每次想到你,心中都充满感激与爱意。希望一切可以平安结束,然后我们再次相见。

1942年11月3日

11月3日在历史上是一个具有重要意义的日子。我们不仅知道战争中的好运气已经舍弃了我们,还有从这一天起,装甲军团的行动自由也一直被最高当局干预,导致我们不能独立作战。

一早我的心情就不好,我们跟元首要求军团司令部要有完全的行动自由权。我要竭尽所能不被英军包围和消灭。我得尽可能步步为营,不与敌人有任何交锋,然后争取时间把非洲军团的大部分兵力撤回欧洲。

中午时,元首来了一个新的命令:

隆美尔元帅览:

针对你现在的状况,最好的办法是坚守原地,拼尽一切去战斗。我们会尽可能地协助你。你的敌人虽然很强大,可也到了强弩之末的时候。放眼历史,坚定的意志可以打败厉害敌人的例子有太多。你可以对你的部队说,不成功便成仁!

希特勒

我们已经把真实情况报告给了元首大本营,可元首大本营的领导根本不清楚非洲战场的情况。现在能帮助我们的是武器、燃料还有飞机,并不是这些命令!但我仍然要执行命令——让所有部队坚守原地。因此,往西边撤退的行动中止了,还要用尽所有办法去增加战斗力。要是继续坚守,整个非洲军团都会被消灭掉。北非也会落入敌人手里。

在元首的命令之下，所有人都抱着战死沙场的决心。我们的内心充满悲伤。

最亲爱的露：

战斗仍然很惨烈，我已经不抱一丝希望。贝恩特今天会飞回德国跟元首报告这里所有的情况。

这封信附上我存下来的25,000里拉。

我们的命运已交到上帝手中……

另，要把里拉换成马克，注意通货的管理法规。

1942年11月3日

那天傍晚，我让贝恩特回元首大本营，让他跟元首说，要是继续执行元首的命令，那么德意两国的非洲部队会在几天之内被消灭。

11月3日晚上竟然很平静地度过了。英军没有任何行动。我们本来可以趁着这个时间把所有人撤退到富凯防线，但偏偏没有撤退。

11月4日上午，非洲军在托马将军的指挥下和施波内克将军指挥的第九十轻装师会合，然后跟意大利的装甲军——包括阿里埃特师还有利托里奥和特里埃斯特两个师的残余合在一起。南边地区就交给意军垂托师、雷姆克伞兵旅和第十军等部队去防守。

上午8点，英军开始主动攻击了。非洲军和第九十轻装师成功抵挡住敌人攻击，可非洲军只有20辆可用的战车。

亚历山大的报告说："只说追击的话，我们的损失很微小；11月4日，第八军团能使用600多辆战车，但德军只有80辆战车。"

事实上，德军可用的战车比80辆还要少。英军不怕消耗，只要他们的部队坚持下去，就能得到最后的胜利。

上午，凯塞林元帅来到我的司令部，我明确告诉他："直至今天，我都以为元首会把军团的指挥权交给我，因此这个不可思议的命令真让我震惊。他不应该把他在苏联学到的经验不做变通地用到非洲战场上。"

之后，我又立刻前往非洲军司令部。下午1点时，拜尔莱因从前线回到军部，把非洲军的情况向我做了汇报：军部的警卫连守着泰尔艾曼普斯拉阵线的中心，第二十一装甲师在北边地区，第十五装甲师在南边地区。这两个师的阵地很坚固，可是拜尔莱因却说警卫连被打垮了，他说服不了托马将军离开最前线。当英军的战车开始冲上泰尔艾曼斯拉高地时，拜尔莱因才徒步逃回来。

在军部的南边地区和东南边地区，意军第二十军在奋力作战。他们的战车又小又破，可当时有100辆英军重型战车从右翼包抄而来。意军已经是我方最强大的装甲部队了，但一辆又一辆车被击成碎片。

下午3点30分，我们得到阿里埃特师发来的最后电报："敌军的战车已经渗入本师的南边地区，本师被敌人包围，本师在迎战中。"

傍晚，经过一次非常惨烈的苦战以后，意军第二十军全军覆没了。我们失去了一个资格最老的战友——阿里埃特师，他们只有很糟糕的装备，但我们对他们的要求可以说是超出他们的能力范围内了。

这时，强劲的英军战车已经突破非洲军的防线往西边进攻了。

在非洲军的右边，强劲的敌军装甲兵力把意军第二十摩托化军消灭，在我们的前线上撕开一个12英里宽的裂缝，许多战车从这里涌到西边。敌我战车的比例已经是20比1。第九十轻装师竟然击败了英军，守住了自己的阵地。但非洲军还是被英军突破了。

我们的防线被突破了，敌军的摩托化部队开始往我们的后方挺进，我们要想尽办法不被敌人消灭。我和暂时代理非洲军军长的拜尔莱因讨论了一下，最后我们一致认为，这种情况下，应该及时撤退。托马将军曾经带着他的警卫连努力阻挡英军的进攻，可最后还是成了英军的俘虏。

由于耽误了整整24小时，这个决定让许多人白白牺牲。命令在下午3点30分发出，各部队用尽办法朝着西边撤退。敌军在后面不断地追击，要是哪个单位撤退得慢点，他们就会被英军消灭。

第二天，元首和意大利最高统帅部发来命令：批准我们撤退到富凯阵地。但已经太晚了！

第十五章　阿拉曼的回顾

非洲战役中，我们输掉了这一决定性的会战。说它是决定性的，是因为我们失去了大部分的兵力——不论是摩托化兵力还是步兵。但最让人吃惊的是德意两国当局却把过错怪罪到战场上的指挥官和部队身上，一字不提补给上的不足、空中的劣势以及原地坚守的命令。一味对我们批评的人，都是从没有去过现场的将军。我突然想起德国人的一句谚语："离战场越远，升职机会越多。"

还有人责怪我们丢下武器逃跑，甚至说我是失败主义者、悲观主义者，应该为这次失败承担所有责任。回首过往，我唯一觉得做得不对的地方是：应该提前24小时撤退，而不是听从元首来自大本营的命令。我要这么做的话，有一半兵力都能救下。

为了让后世史学家做一场公正的判定，我把阿拉曼当时的情况简单整理如下：

要想让一支部队顶得住会战的压力，首要条件是需要充足的武器、燃料和弹药。在双方还没有正式交手以前，军需官就掌握了战争的胜负。再厉害的人没有枪炮都无法作战，或者有了枪炮但没有充足的弹药，下场也是一样。

第二个条件，是空中方面应该要跟敌人保持不相伯仲的实力。要是敌人拥有空中优势，也知道怎么运用，那我方会遭遇以下挫折：

其一，敌人会运用空军切断我方的补给线，特别是海上补给线。

其二，敌人可以在空中发起一个消耗战。

其三，敌人的空中优势可以让我方在指挥上一直受到限制。

我们这两个重要条件都缺失了，所以才会导致这场战争的失败。

在阿拉曼的上空，英国人拥有完全的制空权。他们的轰炸机曾出击800架次，战斗机、战斗轰炸机和低空攻击机出击2500架次。但我方的俯冲轰炸机最多只出击60架次，战斗机最多100架次，而且数字一直在下降（编者注：此处专指德国空军。另外意大利的飞机也出击了100架次）。

英军的指挥原则从来没有改变，他们一直严格遵守原则，也是英军战术的主要特点。而且这个方法让他们取得了胜利。原因如下：

英军的所有计划都按照"正确计算"做基础。他们不需要什么"作战艺术"，只要依靠炮兵和空军就好了。11月2日，我们开始撤退时，英军过了很久才开始追击。要不是被元首干预，我们一定会带着大部分步兵撤退到富凯一线。实际上，在他们的炮兵和空军掩护下，只用上一半的战车也可以消灭我们的部队。

阿拉曼战役结束了，不再去多想了，做好后面的事情是最关键的。

第十六章　大撤退

一步步地撤退

11月4日晚，我们开始撤退到富凯。英军空投照明弹把沿海的公路照得十分明亮，我军一直遭到英国空军攻击。

英军第一和第十两个装甲师突破成功以后继续往西边前进。第七装甲师和新西兰师加上配属的装甲部队，在沙漠绕了一个大弯，目标是富凯。

11月5日下午，德军残余摩托化部队越过许多陷阱安全逃走了。之后，英方把没有抓住德军残余部队这件事怪罪到一场骤雨上。蒙哥马利的报告说："11月6日和7日的大雨让德军成功逃脱。"其实大雨是从6日晚上才开始，对隆美尔最后的撤退是有帮助；但这一次撤退最早是11月4日早上和夜晚。英军害怕夜晚不了解周围的环境，一直不敢前进，错失了机会。

我军许多单位都缺乏车辆，他们都要靠装甲部队的运输工具。伞兵和意大利部队在南边地区，所以只能走路。

把所有命令都下达以后，我的司令部在晚上从艾打巴西南边地区开始往富凯撤退。拿下托布鲁克以后，我们明明可以继续深入，一鼓作气进攻亚历山大港，但是补给问题让我们停滞不前。到今天，我们尝尽了失败的滋味。

我用摩托化部队去守这一条防线，等所有步兵都撤退完，或者在英军打算对我们的摩托化部队发起最后的进攻时，再进行撤退行动。要是遇到后面一种情况，我只能先把已经逃掉的军队救出来，没办法再顾还没撤退的步兵。不然所有人都要丧命。我之所以一直说这件事，是因为后方有很多不明白非洲战场情况的人不停抨击我，说我不该不管留在阿拉曼的意大利步兵。

11月5日，非洲军的大部分、第九十轻装师还有意大利摩托化部队中的一些单位都来到富凯附近。晚上，意军第十军和第一伞兵旅也来到艾打巴西南边。在缺水和长途步行中，这些部队已经耗尽了所有力气。

中午，我们的摩托化部队和英军装甲兵力在富凯进行战斗。之后，有一支强大的英军纵队迂回快速对我军开放的南部防线进行攻击。情况危急，我军必须赶紧撤退。

在富凯和马特鲁刚之间的海岸公路上，车辆把整条公路堵住了，卡车上都是逃命的士兵。英军的飞机始终在天上，随时会把炸弹丢下来。之后，英军的飞机对军团司令部又连续轰炸了两次，他们通过无线电窃听找到了我们的位置。我和魏斯特伐躺在一条壕沟里躲避着。

第十五和第二十一两个装甲师把非洲军突破了，我只能命令部队往马特鲁港撤退。那时候我非常痛苦，因为还有很多德意两国的部队正在徒步行军。要是撤退，他们肯定跟不上。

我们在夜色中不停地狂奔,我们的部队都很疲惫。大部分意大利步兵都走丢了。意军第二十一军也被英军击败,部分士兵被英军抓住做了俘虏。第十军往富凯西南边前进,但缺水缺弹药,应该逃不出来了。只有运输纵队在海岸公路上缓慢地从西边撤退。我们没有时间维持秩序,只能赶紧离开。

还有,意军第二十摩托化军也早在11月4日被击败了。

11月6日清晨,当第十五装甲师和第九十轻装师到达马特鲁港西南的指定地点时,第二十一装甲师就带着本军团最后一点残余战车在夸沙巴的西南边构建了一个据点——最后一点燃料只够非洲军一个师去用。弗斯战斗群留在富凯防线中引诱敌人过来。上午10点,英军的60辆战车开始对已经没有机动性的第二十一装甲师发起攻击。这个师全力以赴,把敌人击退。弗斯战斗群从富凯撤退,然后占据第二十一装甲师的南边地区阵地,使其不被英军包围。这时,该师的战车也差不多没有机动性了。下午,该师只好把不能前进的战车都炸毁,然后依靠轮式车辆一边往西前进一边战斗。到了晚上,我们才把一些燃料送到该师,让他们可以继续往西前进。

这时,我军纵队快要撤退到塞卢姆。那一天,我们又建立起一道还算坚固的防线,还击退了敌人。

燃料仍然很紧缺,虽然11月4号有船来到班加西,运来了5000吨燃料——这是从没有过的数字。可燃料去到班加西没有任何用处,英国人空袭了班加西,5000吨燃料又损失了2000吨。

刚好又是大雨,我们只能沿着海岸公路走,很多地方都很难通过。但英军也一样遇到了大雨,他们不能把纵队送到沙漠,对我军实行迂回攻击。

英军通过沙漠的迂回行动比隆美尔所猜测的还要惨。11月9日晚的雨让沙漠变成了沼泽地。用卡车运送的新西兰师和装甲师的步兵旅,还有他们的补给梯队都被拦住了。战车的速度变得很慢。还有他们的补给梯队和补给也都跟不上。

但这不是追击失败的唯一原因。英军第一装甲师在艾打巴第一次停下以后又继续前进,想切断隆美尔在马特鲁港西边的退路。它的速度飞快。可在11月6日——当时大雨还不算严重——它的装甲旅却因为燃料紧缺两次被迫停下——第二次停下时,已经接近了隆美尔的退路。但这时兵力不多,就不能切断德军的退路,进行迂回攻击了。

11月7日上午,我发现英军行动受到的挫折并没有我所认为的那么大,他们在一天内还是可以到达我方战线。我和拜尔莱因一起讨论下一个行动,我们都觉得不能跟敌人正面交锋,不然就是自我毁灭。第二十一装甲师昨天受到的打击非常严重:该师从阿拉曼救出了30辆战车,但只有4辆完好无损。

之后,我下令全军拼尽全力守护他们的防线,时间越长越好。然后用尽火力去抵挡敌人的所有攻击。

那一天,英军轰炸机组成强劲的编队,一直攻击海岸公路,让我们的纵队伤亡惨重。英军对第九十轻装师不停攻击,但都被我军击退。敌人的步兵在战车支援下分成三路进行迂回攻击,但都被击退。下午,又有一支强劲的英军往西边进攻,他们丝毫没有被大雨影响,进展神速。

我打算把军团司令部移回西迪拜拉尼地区。几个小时以后,新司令部就建立在西迪拜拉尼飞机场旁边。然而,英军是不会让我们慢慢撤退的,我只能命令所有人赶快通过,还让许多军官负责指挥交通。

我们已经不对欧洲派来援兵抱任何希望。因此,要是英军始终紧咬不放,我们就只能把昔兰尼加也放弃掉,直接退到梅尔沙隘道之后。

英军似乎正在派一个装甲师向马特鲁港南边地区前进,为此我命令所有部队晚上撤出这一地区,撤退到西迪拜拉尼,计第九十轻装师做后卫。

11月7日晚,英军如我所料往西边进攻,想切断我军退路。但他们的想法落空了。他们只得到几辆我们已事先销毁的战车。那天晚上,英军轰炸机不停对塞卢姆—哈尔法亚进行轰炸。我们要是那时撤退,有两个重要问题:第一,我们是否来得及把纵队撤退到这个隘道?第二,我们的燃料能及时得到补充吗?

11月8日早上8点,我跟拜尔莱因说,英美联军一支由104艘船只组成的护航舰队就要到非洲了,应该是敌人打算从西边攻击我们。早上11点,这个说法得到了证实。实际上,那天晚上美英联军就已到达非洲西北部。所以,我们注定要失败了。

中午时,我们往西边发动进攻,我们的车辆还要两天才能完全通过,因为车辆把马路堵住了,没办法把补给送给战斗部队。我决定让意军第二十军、第三侦察营还有非洲军从哈巴塔撤退,让公路上的压力减轻一点。

现在,我们的纵队可以比较顺畅地通过这些隘道了——这是我那天夜晚看到的情况。许多军官组成交通管制队伍,疏导交通。燃料缺乏导致很多车子都要拖着走,不然现在的局势一定会更好。

意大利的领导希望我们死守塞卢姆防线。但这是不可能做到的。现在最要紧的事情,是立刻把德意两军的人力和物资都撤到西边,在后方找到一个立足点,或者用船把他们送回欧洲。

11月9日上午,在隘道东边的海岸平原上的车辆只有1000辆左右了。通过隘道比我所想的还要快。因为塞卢姆隘道的情况变好了,我就马上下令放弃西迪拜拉尼西边地区。

这时整个军团的实力如下:

我们有2000名意军士兵和2000名德军士兵防守塞卢姆防线。一共有15门德制战防炮和40门德制野战炮。

约3000名德军士兵和500名意军士兵是机动预备队,他们一共有德制战车11辆、意制战车10辆、德制战防炮20门、高射炮24门和野战炮25门。

凭借着这一点兵力,我们没有办法跟英军几百辆战车和几个摩托化步兵师相抗衡。

最亲爱的露:

我一切顺利,谢谢你的来信,真心问候你们俩。

1942年11月9日

最亲爱的露:

阿拉曼防线被敌人突破以后,我就没有时间写信了,但今天可以写一两行。对一支军队来说，他们被敌人突破时伤亡真的非常惨重。它必须立刻撤退，可在撤退时战斗力也会消耗完。这时，我们不能长时间地待在一个地方，因为强大的敌人就在我们身后。

我的健康没问题。我们只能死撑到底。赛德里尔和布罗维斯都到了。他们看到现状都觉得很可怕。

11月10日

退出昔兰尼加

这时，我们听说轴心国军队已经来到突尼斯，打算去对付从西边过来的敌人。不过，就算这样，我还是觉得我们要想办法守住吉里尼两边的山地，掩护本军团的人，让他们撤出北非。

11月10日晚，上百架英国战斗轰炸机在卡普佐附近发起凶猛进攻，让我军损失惨重。

第二天中午，英军从海岸发起一次凶猛的进攻。我们看到他们的装甲军在南边地区集合。因此第九十轻装师开始从塞卢姆公路撤退。下午，撤退结束。之后隘道上的公路被敌军炸断。

英军命令第七装甲师从西迪欧麦尔南边地区出发追击我们，我们只能撤回到跟托布鲁克平行的地方。我们在中午来到阿代姆—托布鲁克防线。这时，英军才刚到公路，我们所有部队都没被追上。

11月11日，我们即便要求除了燃料不要再空运其他东西，但运输机还是送来1100名士兵，这些人已经没有任何作用。

11月12日，许多车辆把加扎拉瓶颈地区堵得水泄不通，所以我们又要防守托布鲁克防线到晚上。好几百辆车子被拖走，有些引擎坏了，有些没有汽油。但秩序良好。

英军部分士兵已经经过艾克罗马，从西边迂回到托布鲁克，所以我们只能撤出这个要塞。从军事角度来说，除非我们大部分士兵都牺牲了，不然不用去固守。等到第九十轻装师撤退后，英军在12日晚就十分轻松地攻下了这个地方。

最亲爱的露：

北非的战争快要结束了。我们距离末日很近了，敌人光是数量就足以打败我们。军队也不用自责，因为敌人太厉害了。

1942年11月13日

11月13日中午，装甲军团的第一批人来到梅尔沙隧道防线。虽然车子很多，道路拥挤，但我方纵队还是按计划行事。

可是，公路被堵住，我们不能把班加西的燃料往这输送。

自从英军攻下加扎拉防线以后，我们的处境更艰难了，必须加紧时间撤出昔兰尼加。

最亲爱的露：

再次往西边撤退了。我的健康没问题，只是心里很悲伤。我不说你也懂的。幸运的是敌人没有赶尽杀绝。可我不敢说我们还能安全地走多远。这一切都取决于燃料情况，现在我在等着燃料到来。

你们俩还好吗？虽然我要面对诸多困难，但我心里还是念着你们。要是我们失去了北非，对战争又会产生什么样的影响？这场战争又会怎么完结？我很不愿意去思考这些问题！

1942年11月14日

第二天，我们的燃料还是紧缺。空军运来60吨，但我们一天就需要250吨——这也是凯塞林答应我的。但燃料紧缺，加上大雨将至，因此做不成什么事情。

11月15日，燃料问题变得更严重了，本来有几艘运油船要开往班加西，结果中途折返。还有一艘船急着离开班加西，但上面有100吨燃料没有卸载。空军可以运送的数量很有限。因为燃料紧缺,非洲军中午才开始行动,到了傍晚已经停下来了。

15日晚还在下暴雨,英军的追击稍稍放慢了一些,我们的工兵可以有时间布置障碍物。

最亲爱的露:

我们又撤退了。每天都在下雨,所有行动都无法顺利进行。燃料还是紧缺,让人无比伤心,现在只希望英国人也遇到这种恶劣的天气。

1942年11月16日

非洲军的机动性没有发挥出来。意大利当局总是破坏弹药库和水源,他们不想便宜了敌人,可是连带着我们都用不上弹药,饮用水也变得困难起来。我们在最后勉强阻止了他们破坏班加西附近水源的计划。

第二天上午,英军在第九十轻装师的后面跟上来了。在孟沙斯旁边的能看到许多英军。这种情况下,要想不被消灭,一定要尽快撤出昔兰尼加。

之后,空军发来报告,因为暴雨引发的洪水,英军在孟沙斯的迂回纵队不能前进。但我们的燃料不够,所以也没办法调动摩托化部队乘机攻击英军。

事实上,英军用来迂回的兵力不多,只有2个装甲车团加一些支援部队。亚历山大的记录是:"敌人正在从吉贝尔撤退,我们想用以前的方法让一支兵力进入沙漠,然后在艾季达比亚旁边切断敌人的退路。但蒙哥马利将军却反对这样做,因此第十军只派来2个装甲车团进入沙漠。之后,我们才知道德军因为紧缺燃料而不能前进,这让我们非常后悔。"

11月18日清晨,英国的装甲车和战车从孟沙斯一拥而上,进攻我们的掩护兵力,但马上被击退。上午我们听说那些运油的驱逐舰都折返了。后来,又有报告说一支由15艘运输船和同样数量的护航军舰组成的英国船队已经在德尔纳的东北海面向西边航行。我们判断英军要在班加西上岸了,因此就算海上风浪很大,我们还是把战车和其他物资装上我们所有的驳船,开船离港。然而,许多船只在几小时以后沉没了,我们只在昔兰尼加的港口救出一点点物资。港口和船坞的设施都被毁坏了。

眼下,非洲军前卫部队处境艰难,撤退到祖韦提奈旁边又重新整合,防止东边的进攻。在孟沙斯西边的英军迂回纵队有几次被第三十三侦察营击退。11月19日清晨,第九十轻装师从班加西撤出。同一天,所有非洲军都撤到新阵地。第九十轻装师防守着艾季达比亚。昔兰尼加的撤退战终于结束了。

这一次的大撤退是我们在阿拉曼大败的必然后果。大败以后,一定会发生没组织、没纪律的情况,但只要恢复好秩序,德意两军的所有行动还是很不错的。除了在阿拉曼本身遭受的损失,我们其他的损失不算严重。在阿拉曼会战以前,所有德军一共是9万人(包括海空军在内),后来我们救出来7万人,还没算上那些已经坐飞机回到欧洲的几千个伤者。

而德意两国领导人还没对非洲战场的未来做出任何战略性决定。他们一直不清楚真实情况。最让我们惊讶的是,他们现在才把大量物资送往突尼斯,比我们以前任何时候收到的都要多。可美英两国的补给物资更多,而且他们对海空的控制也一天比一天要严格,轴心国的船只一艘又一艘被击沉在地中海。我们已经无力自拔了。

管理的不当、作战的失误、主观的偏见和一直在找替罪羊,都是这场战争失败的根本。但最无辜的,一定是德意两国的士兵。

第十七章　在欧洲的会商

之后的日子里,我们最大的困难不是英军的行动,而是我方最高当局完全不清楚前线的战况。就像我们前面说的,最好的办法是一直不跟敌人作战,不论我们的主人多想作战。

我们现在的战斗力只有阿拉曼会战之前的三分之一，我们不仅没有补给库，也没有存货，因此真的很危险。

当斯提凡尼斯将军回到意大利以后，元首发来一封电文，再次说明意大利领袖的命令，要我们无论如何都要坚守梅尔沙隧道防线。眼下，英军在集中他们的兵力，我想在这段时间回欧洲一趟，让德意两国最高当局了解我们目前的状况。

有关我的计划，以前说了一些，现在具体说一下：

1.现有的补给情况下，一方面我们应得的战车、车辆和武器的补给量都不达标；另一方面我们也不能建立一支可以撑得住一次机动性会战的兵力。所以，我们一定要全部撤出的黎波里塔尼亚，最后撤退到加贝斯。

我们现在面临的最严重问题是非摩托化的意大利部队。我们没办法丢弃他们，但这些行动最慢的部队会拖慢整个军队的速度。要是碰上完全摩托化的敌人时，我们就会非常危险。因此我们要在英军攻击以前就把意军送到新的阵地，只留下摩托化部队在道路上布雷牵制英军，然后使用所有手段让敌人的前卫部队蒙受损失。蒙哥马利十分谨慎，没有果断追击我们，他要是勇敢追击，一定能拿下我们。

向突尼斯的撤退一定要分几个阶段，第一个立足点应该是布拉特，第二个立足点应该是泰尔胡奈—胡姆斯。但就算是在这些地方，我们也不打算跟敌人交锋，而是在被进攻以前把步兵撤出，只留下机械化部队跟敌人周旋，然后拖住他们。

2.我们最大的危险是突尼斯的西部边界，它是完全开放的，这就给了美英联军一个发起进攻的机会。因此我们需要先下手，把我们所有摩托化部队派去西边，对敌人发起突然袭击，打败一部分美英联军，然后把其他部队赶到阿尔及利亚。

3.从长远看，不管是利比亚还是突尼斯，都没有坚守的意义。因为我以前说过，决定非洲战争胜败的最重要条件是大西洋之战。只要美国强劲的工业力量可以在某个战场上发挥作用，那么战场上就没有我们胜利的机会。即使我们可以拿下整个欧洲大陆，但只要留下一小块地方，美国人也会把物资运送到那里，那么我们最后也会输得很彻底。

因此我们在突尼斯作战只是为了拖延时间，把这些老兵撤回欧洲。当美英联军最后攻占整个突尼斯的时候，除了数量很少的战俘，他们也不会得到更多。

4.撤退到意大利的部队也可以组成一支打击兵力，不管是训练还是战斗，这些部队都很适合去对付美英联军。

11月22日，我和巴斯蒂科元帅见了面。我把上面的计划告诉他，还说要是继续坚守梅尔沙隘道防线，我们很可能会全军被歼。

最亲爱的露：

  这几天战事消停下来。天总是下雨，我住在帐篷里总觉得不舒服。

  今天我住的地方有了屋顶，还有一张桌子，算是很奢华了。我以前写过很多消极的信给你，现在觉得挺后悔的。虽然我不会奢求局势会变好，但奇迹也许会发生呢。

1942年11月21日

11月24日，我期待许久的事情发生了——凯塞林和卡瓦莱罗元帅来到非洲跟我商议。但他们俩仍然太乐观，我在会谈一开始时就说了阿拉曼会战以后发生的所有事，还着重说明要不是补给出现了严重问题，我们不可能会是如今的下场。我又补充说，3个意大利步兵师毫无作为，不是英军的对手，也无法死守梅尔沙隘道防线。我再次提出要求撤出整个的黎波里塔尼亚，可他们拒绝了。

我跟他们说，要是再拖三四个星期就会太晚——届时英军会出动他们800辆战车、400门大炮和550门战防炮，狠狠进攻我方。因此我们现在就要做出抉择。他们要是真的要求死守梅尔沙隘道防线，就要在一个星期之内把下列物资和人员送来前线：

75毫米战防炮：50门

长炮管Ⅳ型战车：50辆

100—150毫米野战炮：78门

这些装备都需要很多运输工具和弹药，燃料和弹药分别需4000吨。还有一定数量的空军。

按照以往的经验，我知道他们肯定不会兑现承诺，因此只剩下最后一个办法——往西边撤退。他们俩到这里来不是要搞明白眼前的局势有多严峻,而是他们觉得战争失败的过错应该由我们承担。他们觉得我是最严重的悲观主义者。

> 读者应该能发现隆美尔这一段文字是在大败以后写的,他当时比较偏激。他过分批评凯塞林,可在1944年他再谈起非洲战役的时候,却称赞了凯塞林。

11月26日,凯塞林要求我们去保护的黎波里城的时候,意大利的领导还是要求我们死守梅尔沙隘道防线。最后,墨索里尼更是要求我们马上对英军发起进攻,还说可以得到德国空军的强力支援。

这些命令让我觉得很恼火。要是每次都听意大利最高统帅部的命令,我们早就完蛋了!我打算直接飞回德国元首大本营,想请希特勒做决定。

11月28日上午,我们出发,下午到了拉森堡。下午4点,我和凯特尔、约德尔(三军统帅部参谋长)、希孟德三个人一起会谈,前两人对这件事始终持保留态度。下午5点,我拜见元首。我对他说:根据以往的经验,船运的情况无法改变,因此要把放弃非洲战场当成是一个战略的决定,不要再对一切抱有幻想,不然我们军队会被全歼。元首听了我的话,十分恼火,把所有责任都推到我们身上,其他高级将领也在现场,但他们都一言不发。

我又说,非洲军和第九十轻装师一共1.5万人,只有5000人还有武器,其他人都没有。他听完以后更生气,说是我们把武器都弄没的。我说:在欧洲的人无法理解非洲的情况,我们的兵器被英军的轰炸机、战车和大炮炸成了碎片,我们可以让所有德国摩托化部队都逃掉,已经很不可思议了。

然而,元首说1941—1942年冬天,是他下令坚守东线,才挽救了苏联战场的危机。因此,他仍然坚持自己的意见。我到那时才发现希特勒是一个不肯承认现实的人,他太感情用事。他说要考虑政治因素,必须保住非洲这个桥头阵地,因此不可能退出梅尔沙隘道防线。他还承诺会解决补给问题。

离开大本营以后,我和戈林一起去了罗马。戈林这个人野心很大,但能力不足。他觉得自己可以在非洲战场上表现得很好，因此想用空军去跟英美联军作战。他的心腹部队已经调到突尼斯。实际上，我们不论是素质、装备还是武器都比不上美英联军。我们仅剩的一个优点是在作战观念上比较先进，可跟补给问题相比，作战观念毫无用处。

因此，我这段时间最大的敌人是戈林，他对我在大本营说的一切都持反对态度。他觉得我已经是败军之将，说什么都没有说服力。

我只能让我的副官贝恩特中尉——他的口才很好——去说服戈林，让他同意我的"加贝斯计划"。贝恩特通过他卓越的口才，竟让戈林对这个计划产生了兴趣。

然而，等我们到达罗马后，凯塞林却不同意——他惧怕突尼斯会受到更多的空中威胁。我对他说我们别无选择，因为我们迟早都要被迫撤退的。可他惧怕敌人会把马耳他—阿尔及尔—的黎波里三地构成一个三角形的空军基地，因此还是拒绝了这个计划。

我只好发出命令，按照元首的命令死守梅尔沙隧道防线，直到最后一刻。意大利人已经清楚这一次会全军被灭。我之后又开始建筑布拉特防线，然后打算在适合的时候先撤回非摩托化的意大利步兵。

12月2日上午，意大利最高统帅部举行了一次关于补给维内托（战列舰）的会议。我很早就提醒过他们要注意：基本上所有船只都在第五军团（在突尼斯）服役，我们这个军团连维持基本生活的物资都没有，但要打仗的人却是我们。

要是我们的最高当局以前就注意到这些问题，从几个月以前就开始着手处理，我们早就拿下了整个北非。

让我觉得生气的是凯塞林又要把一批最新的88毫米炮送到突尼斯。那原本是元首答应先给我们的，但凯塞林还是让那些船开到了的黎波里。

我早就发现，德意同盟在政治基础上做不到让人满意，这也是导致非洲战场失败的一个重要原因。在这种情况下，唯一妥帖的方法是把所有问题公开讨论，一定不能粉饰太平。

飞回非洲以后，我无比清楚我们已经到了山穷水尽的地步。为了让我们的军团不会因为上级的胡乱命令还有其他原因被歼灭，只能靠我们自己了。

第十八章　回到突尼斯

这时，英国人没有放松警惕，他们的炮兵往前线出发，把补给中心建了起来。另外，他们的侦察行动也很频繁。我们现在的位置已经超过西里西亚起飞的空运航程以外，因此我们的燃料越来越不足。实际上，我们已经没有任何机动性了。虽然11月时有5000吨燃料会送来，但想全部送来几乎不可能，因为敌人在攻击我们的补给部队。

这种情况下，我们的部队能不能坚持撤到布拉特，是一个很大的问题。我们推断英军会在12月中旬发起大规模进攻，因此在这之前我们要先发制人。

我们本来是想等到充足的燃料送来，足够全军撤退以后才开始撤退。但没多久，我们就打消了这个念头。12月6日晚，我们开始让意大利部队撤退。我相信：要是英军听说我们要撤退，他们会立刻发起进攻。但意大利部队在前进过程中犯下许多错误，还有一些车子竟然开着灯前进。

意军把我们的汽油都耗尽了，而前线的弹药运输也都停了。所有摩托化兵力都没有机动性，要是英军进攻，他们就只能被抓，我们每一分每一秒都很煎熬。

我亲爱的曼弗雷德：

我要恭喜你已经14岁了，生日快乐，希望这封信不会太晚到你的手上。

战事仍然堪忧，我也不知道能不能再与你见面。你应该清楚，我们在跟英国人艰难地战斗，他们处于上风，我们的补给问题仍然没有解决。要是这么下去，我们一定会被敌人完全击败。我们已经拼尽全力去战斗了，最后结果会怎么样，也只能听上帝的安排。

亲爱的曼弗雷德，你满14岁了，很快就要离开学校了。你一定要了解局势，在学校里多掌握一些有用的东西。你要为自己做打算，因为没多久你就要完全自立了。对我们每个人来说，未来充满艰辛。要多听你母亲的话，她永远都是为你好的。你在希特勒青年团上耗费了很多时间，我担心这会影响你的学习。

1942年12月8日

最亲爱的露：

最近很平静，没太多事发生。我们的补给问题仍然没有解决。我感到十分苦恼。我想你可以给我寄一本英德字典，我有用。

内林已经被罢免职务，替代他的是一个上将，我不确定他能不能胜任这个职位。

几天以后就是圣诞节了，希望你们母子俩会过一个愉快的节日。

1942年12月11日

12月11日晚，英军用重炮轰炸了我方几个据点以后，开始在北边地区的沿海公路进攻。不久，我军击退了英军的一支侦察部队——他们是要侦察梅尔达马的道路。

非摩托化的德意部队已经完全撤退了，我们一定要尽量避免在梅尔沙隘道战线上跟敌人发生太激烈的战斗。因此，傍晚时，我命令撤退。晚上7点以后，我们的战斗部队和运输车辆都开始往西边撤退。我们的燃料严重不足了，要是继续停留，军队一定会被全歼。

12月16日，蒙哥马利打算在这一天发起大规模进攻，但他在月初发现隆美尔部队有撤退的打算，因此提前执行计划。他打算用第五十一山地师做正面攻击，第七装甲师在它的左翼进攻，新西兰第二师执行一个圈子更大的迂回行动，然后切断隆美尔的退却路线——预计切断的地方是梅尔达马旁边的华地马垂亭（在艾阿洛海拉西边60英里）。第三十军负责这次作战指挥。

12月9日，新西兰第二师到达艾海赛特旁边。12月12日以后，他们开始执行迂回进攻。然而，蒙哥马利命令从12月11日晚由第五十一师发起大规模的进攻,但真正的正面攻击是从14日才开始。但隆美尔以为11日晚的进攻就是真正进攻,所以迅速撤离——也破坏了蒙哥马利的计划。

12月10日,第五装甲军团司令部在突尼斯成立,司令是阿尼姆上将。可这个新司令部跟我们几乎很少联系。我们都觉得在这个时间非洲地区里应该设立一个唯一的指挥部,最好有一个指挥者主持大局。

经过苏尔特

我们的部队再次经过单调乏味的大苏尔特荒漠,往西边撤退——这应该是最后一次经过这个地方。这次撤退是在晚上进行的,英国人压根不知道这件事。因此,13日上午,他们还是不停攻击我们原来的阵地。

那一天,我派出侦察部队搜索梅尔达马地区,防止敌人的迂回纵队在沿海岸公路上发动突然袭击。

那天晚上,我们继续撤退。第二天上午,第二十一装甲师防守艾穆格塔隘道,充当全军的后卫。上午10点时,我把军团司令部的位置撤到诺夫里亚东边30英里的地方,下午从空军那里听说英军已经到达梅尔达马西南防线20英里的地方。真是个坏消息,因为我们剩下的燃料已经很少。

下午,第十五装甲师还有第二十一装甲师的一个战斗群行进到梅尔达马前面,防守巴尔比亚大道,不让敌人切断,留下一条退路给正在艾穆格塔和敌军艰难作战的第二十一装甲师主力。为了让在艾穆格塔作战的部队不被敌人纠缠,我只能命令他们撤退到跟阿尔柯戴费里尼齐头之线。

我打算让所有能赶得上的部队都撤退到诺夫里亚地区附近。非洲军在晚上进入新阵地,第九十轻装师以后卫的身份留在华地马垂亭。天亮时,我发现第二十一装甲师已经前往诺夫里亚,可第十五装甲师因为燃料没及时送上,只能留在梅尔达马。

16日清早,英军步兵在第九轻装师的后卫防线正前面占据了一个能操控全局的重要高地。这时,第十五装甲师也来到巴尔比亚大道,敌人的主力还在后面紧咬不放,但他们的前卫已经跨过公路。但这个师一直在努力分散英军前卫的兵力,一边走一边战斗地退到诺夫里亚,伤亡不大。按照原定计划,该师要守住第九十轻装师南边地区侧翼上的后卫线,但英军的主力已经快要追上来了,他们只能放弃,撤回诺夫里亚。

最亲爱的露:
我们的帐篷扎在一个满是野花的草场上,可我们还在忙着撤退,而且局势已经成定局了,不会再好了。还有8天就是圣诞节,我也不清楚我们会在什么地方过这个节日。

1942年12月16日

南边地区的英军纵队想要再次切断我们的退路。开罗的无线电广播形容我们像被关在瓶子里一般,只等着英军指挥官去把瓶口上的软木塞盖上。我们的燃料仅够我们退到诺夫里亚,我只能在诺夫里亚停留一两天。为了防止敌人快速来到沿海岸的公路从后面切断我们,部队从公路线往西边撤退。

晚上,我军依次进入指定地点。次日早上,他们已经进入阵地,但燃料也用完了。17日上午,英军开始不停地攻击我们,首先被攻击的是非洲军和第三十三侦察营,他们已经没有任何机动性。最后,终于等来几吨燃料。有了燃料,非洲军和第三侦察营开始发起反击。一场恶战以后,他们击毁了英军20辆战车。之后,各部队继续沿着公路往西边加速撤退。

那天上午9点,我离开司令部去找巴斯蒂科元帅,让他跟我一起联名反对死守布拉特阵地的命令。我们现在可以确定的是:到了最后,意大利最高统帅部一定会同意我们撤退,可真的等到那时候才同意,一切都晚了。

在路上,我继续和纳瓦里尼将军说起这个问题。他们都觉得燃料如此不足,我们不一定可以退到那么远的地方。我明确地表示:我们现在最重要的不是发动决定性的会战,而是要避免跟英军有正面交锋。当然,决定我们撤退的速度是补给，但我觉得还是有机会的。

中午12点，我到布拉特和巴斯蒂科元帅一起开会。我一再提出要从现在开始思考从的黎波里塔尼亚撤退的问题，最后用联名的方式把开会结果，用无线电报告诉意大利最高统帅部，并请他们做出最后的决定。

最亲爱的露：

我们又经历了激战，成功的希望很渺茫，还是因为补给问题。整个军队都要面临这样的命运，个人更不用说了。

巴斯蒂科也很失望。西边的情况也不见好转，特别是港口那块地方。燃料太紧缺，没有燃料就做不成任何事情。

1942年12月18日

12月18日，我去视察布拉特阵地。当时部队在魏斯特伐的命令下，用我们仅有的一点资源去构筑阵地，一共埋下8万颗地雷，大部分都是杀伤力很强的地雷。还有前线的一些地方，也有德意两国部队挖好的一些战防壕。

这时，英军宣布已经对诺夫里亚的周边形成合围，打算把包围圈中的敌人全部消灭。他们又说我们的部队中有几个单位都在包围圈里，想要突围而出却都失败了。实际上，我们留在包围圈里的只有一排人，他们最后也成功突围了。

12月19日下午，意大利领导发来一个命令。在当时来看，这个命令的用词简直不知所云："尽力反抗，我再重申一遍：把所有德意两国部队都用在布拉特防线上，尽力反抗到底。"

我们眼下唯一的有利位置是加贝斯防线。但我只能把上级的命令传达给各部队，让他们死守到底。

我马上用无线电请示卡瓦莱罗元帅：要是敌人只是从南边地区实行迂回进攻，而不跟布拉特的守军做正面交锋，那我们到时候怎么处理？

卡瓦莱罗元帅却回答：不管怎么打，这一次一定不能再牺牲意大利部队。因此我命令曼西尼里将军亲自去拜见巴斯蒂科元帅，跟他说我没办法一边在布拉特防线上做"尽力反抗",一边又要让意军全部撤退。因此让他在两者中选择一个方案,可他不肯做出正面回答。

他本人的处境也不乐观,他知道我们面临许多困难,可他作为利比亚总督,从感情上来说,他无法答应撤出的黎波里塔尼亚。另外,他也知道卡瓦莱罗这些人想办法除掉自己,想让他当替罪羔羊。

因为补给原因,蒙哥马利不能继续做大规模的进攻。所以他宁愿停下来等到所有物资都运来,再一口气进攻的黎波里。路上不能停下来。他说:"我很关心后方地区要保持好平衡的关系,在我们开始第二个阶段的进攻时,第三十军要继续往西前进。我想要从后方再调一支军队,攻占艾阿格海拉。"可第十军被抽调过去了——包括第一装甲师、第五十师和印军第四师。

这时,德国的空军当局也跟我们发生了不愉快。凯塞林说我们在燃料的使用上不当,把该用在前线的燃料都用在了后方,才会让摩托化部队失去逆袭的能力。他的这种说法跟事实完全不符。

英国人好像在做大战前的准备,尤其是物资和燃料的准备,准备好后打算发起一个比较猛烈的迂回进攻。数不尽的车辆纵队从托布鲁克和班加西出发,途经巴尔比亚大道往西边而去,这两个港口的起卸工作也在加速进行中。

英军组成一支长距离的沙漠突击队袭击我方的补给线。他们在后方也很活跃,攻击我们的补给车辆,埋地雷,砍断电话线,到处破坏。他们动作神速,攻击完以后就马上消失,很难再找到。

当摩托化部队还在坚守苏尔特防线时,其他部队已经在拼尽全力构筑布拉特的阵地。我们把所有地雷都用上了。当然,我们最好还是把手上的资源用在建立泰尔胡奈—胡姆斯防线上。非摩托化的意军在那里也许能发挥更大的作用。

最亲爱的露：

　　节日来临，就特别思念远在家乡的你们。我很想念你和曼弗雷德。曼弗雷德已经14岁了，我想你肯定已经收到我祝他生日快乐的信。我祝你们圣诞快乐，也希望上帝可以保佑我们。

　　我今天一早就来到前线，想跟士兵们一起过这个节日。他们的精神不错，感谢上帝，我们花费了不知多少力气才让他们没感觉到情况有多严峻。

1942年12月24日

　　12月24日，我们早上7点出发，去视察防线南边地区。不久我们看到英国车辆的车辙，可能是英军沙漠突击队留下来的痕迹。车辙还很新，这让我们警惕起来，想看能不能抓住几个英国兵。在艾法西亚周边，我忽然看到一辆落单的车辆。我们追上去才看到里面坐着的是意大利人。

　　当我回到司令部以后，才发现英军这个时候已经在苏尔特南边发起进攻。敌人一共有4500辆各种型号的车辆，正在往西边前进。第十五装甲师刚在苏尔特集中，突然听说敌人进攻，立刻收拾好东西从那个地方撤退。下午5点，我和拜尔莱因将军一起参加军团部直属单位的圣诞晚会，我得到一份圣诞礼物，是一个袖珍的油桶，但里面装的却是缴获的一两磅咖啡。

　　12月25日，英军的进攻忽然停下，应该是在等补给到来。第九十轻装师和第五八〇侦察营充当后卫，慢慢往布拉特防线撤退。

　　29日，我军所有人都撤退到布拉特防线身后。

最亲爱的露：

　　我们的命运很快要被决定了，补给仍然艰难，想要坚持下去，除非突然发生奇迹。现在一切只能听上帝安排。

　　在这么严峻的环境下，我只会更思念你们。我一直安慰自己：没关系，一定会平安渡过的。请你不要担心，我会努力做到这一点。

1942年12月28日

最亲爱的露：

会战已经开始了。我已经知道结局会是什么样。敌我双方力量太悬殊。补给也快用完了。现在只能听上帝安排，希望它还愿意帮助我们。我昨天去了前线，今天还要去。

12月30日

最亲爱的露：

凯塞林今天会来，也许情况会有所好转也说不定。我们也知道不能抱有太大的希望。

我在中午跟巴斯蒂科又开了一次会，他总是强调自己是总司令，我很生气但不能发作。看得出来他这次会承担多一点责任。

军队的精神面貌还不错，士兵们还不清楚局势走向，这也许是一件好事。

12月31日

布拉特的喘息

让我们惊奇的是，敌人在布拉特又停下不动了，我们因此得到一个喘息的机会。我们立刻利用这个时间跟上级要求把意大利部队撤退到泰尔胡奈。

英军只用了一点轻装兵力，在隆美尔的身后追着他到了布拉特防线。蒙哥马利打算在1月15日使用第三十军的兵力去进攻这一条防线。

12月31日，我与巴斯蒂科又开了一次会。意大利的最高统帅部在长时间的犹豫之后，似乎打算不让军队在布拉特遭受全军被灭的危险。但他们还是想两者都兼得，而且觉得我应该在布拉特防线上做最大限度的抵抗，等到发生全军被歼灭危险前再撤退到西边。

巴斯蒂科元帅问我:"是不是可以让非摩托化部队先撤退呢?"这当然也是一个方法,但这会让我和意大利最高统帅部之间发生更多矛盾。他们肯定又会利用这次矛盾把另外一个领导的命令传给我。因此我说等收到巴斯蒂科元帅的正式命令以后,才会批准步兵师撤退,但他们实际的离开时间,还是我来安排。

本质上看,巴斯蒂科元帅是一个品行高尚的人,有丰富的军事知识和很高的道德标准。他私下常常替我说话,多亏他在暗中帮助,的黎波里塔尼亚的撤退终于成功了。

最亲爱的露:

一年又要过去了,情况好像又变好了一点,因此我充满希望来迎接1943年的这个新年。

我祝你和曼弗雷德新年快乐。拜尔莱因、博宁和我三个人都一言不发地坐在小型指挥车上,到半夜才睡着。我们都很想念远方的家乡……

1943年1月1日

几天后,巴斯蒂科元帅有命令过来,批准意大利部队开始撤退到泰尔胡奈—胡姆斯一线。但该命令要求我们负责在的黎波里阵地前抵挡英军至少6个星期。我之前说过这样的坚守毫无意义,我只能争取时间,但没办法遵守这个时长。

1943年1月初很平静,我带着拜尔莱因在前线来回奔跑。我们忙里偷闲地到罗马时代的古城大莱普提斯的废墟去观光,但我们的心思不在观光上,总是想着蒙哥马利下一步的计划。

最亲爱的露:

这段时间很平静,敌人没有冒险进攻。我不清楚他们会等多久。天气很冷,寒风猎猎。每天只有中午出太阳的时候才稍微暖和一些。我收到一年前被俘的鲁普克的来信。他现在被关在南非,有一次他和一个人往北边地区逃亡了四个月,最后被一个祖鲁人交到英国人手上。

最近的信件很少,应该成捆成捆地被沉到大海里去了。我最近心情好一些,可能是因为还有一点希望,值得再支撑一下。

1943年1月5日

最亲爱的露:

凯塞林和卡瓦莱罗昨天都来了,但他们现在连空头支票也不敢开了。我们也是敷衍应付。这里暂时还很平静,我们的"朋友"很谨慎。

1月7日

最亲爱的露:

还是很平静,对方还要准备一段时间,借此机会,我们可以休息一会儿。

你们那边怎么样?战地的邮政应该跟补给情况差不多,工作效率很低。曼弗雷德收到我祝贺他生日的那封信了吗?他都没有提过这件事。

1月8日

最亲爱的露:

1月1—8日,有30吨弹药送来前线,可根本解决不了问题。同一时间里,我们用了1900吨燃料,但送来的只有800吨。

1月10日,英美联军对突尼斯加贝斯隧道发起进攻,局势又开始变得很严峻。这次作战让我方两个军团分成了两截。卡瓦莱罗元帅问我可不可以调一个师过去,因此我让第二十装甲师去支援,军队的补给交给突尼斯提供。13日早上,这个师开始往西出发。

1月13日

最亲爱的露：

我们现在又要行动了。你能明白我的心里有多不安。我整晚睡不着，想的都是你。

1月13日

最亲爱的露：

今天是拜尔莱因的生日，我们所有人都祝福了他。他是非洲军的灵魂人物，做出了伟大的贡献。战况仍然是老样子。昨天有一场大沙暴，所以我们的行动没有被敌人发现。东线战场的局势变好了一些，起码让人觉得欣慰。但我们这一边会变成什么样，还是要看补给问题能否解决。

1月14日

14日晚，英军的炮兵来到最前线。15日一早，英军第七装甲师和新西兰的部队开始对南边地区发起进攻。他们先用140辆战车和100辆装甲汽车进攻弗尔提罗师，然后进攻第十五装甲师。但第十五装甲师把他们打败了。中午以后，英军继续进攻。英军的33辆战车被击毁，我们只损失了2辆战车。

英军已经打算用所有力量进行进攻，主力会集中在南边地区。我们的燃料和弹药不足以坚守下去，因此我只好命令往西边撤退。所有部队在晚上行动。

最亲爱的露：

我们继续行动，前进的速度会根据敌人给予我们的压力大小而决定。贝恩特离开了，但明天会回来。

我的身体还能撑得住，只是精神压力很大。

1943年1月15日

的黎波里塔尼亚的末日

1月16日，英军在后面紧咬不放，很快，一支有100辆各型战斗车辆的英军对第十五装甲师的30辆战车发起了进攻。该师在南北两个侧翼上都没有掩护，因此处境很危险。

我们再次觉得燃料紧缺。敌人的兵力不停增加，我们认为不能在广阔的地方跟敌人交战，不然后果不堪设想。

最亲爱的露：

已经战斗两天了，南边地区侧翼上的战况十分不利。我们要是继续苦苦支撑，很可能会引发更严重的后果。你能理解的，我已经知道这次的结局是什么样了，但还有很多人被蒙在鼓里，而且还以为我们的局势会有所好转。之后的作战中，我们也只能继续拼命，坚守到最后一刻，让国家看到我们所付出的努力。

1943年1月17日

1月17日，贝尼沃利德附近双方开始交火，英军第七装甲师主力打算在那个地方实行迂回切断，因此第九十轻装师只能一边前进一边战斗。

这一条防线在南边地区侧翼是开放的，因此不能长时间坚守，不然会损失更多兵力。因此，我命令1月17日晚所有人都要向泰尔胡奈—胡姆斯一线撤退。为了意大利步兵安全，我又命令所有摩托化部队到泰尔胡奈—胡姆斯一线以后，就要往的黎波里防线撤退。

我们推断，1月20日，许多英军会到达的黎波里城下。当所有意大利步兵往西边撤退以后，英军主力部队就追上来了，直接来到我们的防线。意军的统帅部跟我说，泰尔胡奈—胡姆斯防线是很难进行迂回的。还有，这个防线的防御能力很强，英军不管是从南边还是从东南边进攻，都要经过沙碛崎岖地区。

最亲爱的露：

战事还在继续，一直那么激烈和紧张。我们已经来到地形不错的山地，应该可以撑一段时间。但双方的力量相差太多，已经挽回不了什么。贝恩特回来了，他这一次旅行回来得到不少承诺，但应该都实现不了。之前的情况已经很糟糕，再糟糕的情况也许还会发生。贝恩特给我带来元首的手谕，说他还是很相信我的。在这种情况下，我们还是要尽可能地继续努力。但能不能成功，一切都听上帝安排。

现在的局势还是很严峻，德国可能很快就要进行全国总动员，所有人，不管他的身份、财产和年龄，都要贡献出自己的力量。你要随时准备去找一份适合自己的工作。至于曼弗雷德，过不久也要站在一个工具凳子后面，或者是坐在高射炮位的附近。我为什么要把话写到这里，是因为我想让你对将来会发生的情况有个了解。要是可以早点明白这样的道理，也能更好地适应将来的情况。在很久以前，他们就已经把所有老百姓的最后一点点力气都压榨了。至于他们为什么最近可以扭转局势，这应该是唯一的答案。

1943年1月19日

1月19日，将近200辆英国战车出发前往泰尔胡奈公路，想要一口气击垮我的军队。但我们的炮兵集中火力英勇反抗，让他们损失很重，而且不能前进。

那天上午，我把我的司令部设在泰尔胡奈西北高地上的一个农舍里。几个小时以后，我来到第十五装甲师的位置，发现英军打算用一个装甲师进攻盖尔扬。英军的这次行动对我们产生了很大威胁，因此我马上用炮兵去阻止他们进攻。很快，敌人的炮兵也调到前线，对我们在泰尔胡奈旁边的阵地一直袭击。现在英军指挥官指挥作战的能力比以前要厉害不少。

傍晚时，英军一边想在胡姆斯和泰尔胡奈发起凶猛的进攻，然后牵制我军的兵力，另一边又想执行一次大规模的迂回进攻。几千辆英军车辆在南边地区集中。傍晚时，英军的纵队已经到了离盖尔扬只有约30英里的地方，还穿过了泰尔胡奈—盖尔扬公路。我只能忍痛放弃泰尔胡奈，用更多兵力去阻止敌人在侧翼方面的深入进攻。

1月19日晚，所有行动按之前计划进行。第二天上午开始，执行新计划，我军的新作战计划如下：

1.晚上，第九十轻装师替代意大利步兵位置，以后卫身份坚守原阵地。

2.第一六四师防守泰尔胡奈西边的隘道，伞兵旅在它身后做纵深保护，防止英军从公路上进攻。

3.第十五装甲师和鲁克侦察团到阿齐济耶附近，从盖尔扬往北边地区做掩护撤退性攻击。

4.青年法西斯师和森陶罗战斗群在索尔曼南边地区，用来反抗英军在西边的进攻。

那天一早，从的黎波里的方向传来爆炸声——这是港口设备在爆破中发出的信号。所有重要的仓库都被炸毁了，我们更不需要守住这个港口了。

1月20日清晨，卡瓦莱罗元帅发来电报，说意大利领导批评我把部队撤出泰尔胡奈—胡姆斯地区的行为。他觉得现在的局势还不算严重，我们太大惊小怪。他命令我一定要死守原阵地，不然马雷斯防线会危险。

任意一个阵地，要是被突破或者被迂回攻击以后，就没有什么意义了。所以我们接到这个命令以后，真是哭笑不得。

那天下午，我当着凯塞林元帅和巴斯蒂科元帅的面，跟卡瓦莱罗谈论这个问题。我坚决表示：我从来没有接受墨索里尼和卡瓦莱罗给我的时间限制。会谈十分不愉快。到最后，我要求意大利最高统帅部做一个非常肯定的答复：到底是打算在泰尔胡奈—胡姆斯跟英国人战斗，让我军覆没，还是退回突尼斯。这时，又有一个坏消息传来，英国的鱼雷艇在的黎波里西边的海面上又击沉了我们14艘燃料运驳船中的10艘。

1月21日，敌军开始在前线各点上一同展开进攻。一支强劲的英军纵队穿过盖尔扬和泰尔胡奈之间的洼地——之前意大利人认为过不去，但英国人过去了——他们很可能会切断泰尔胡奈西边的第一六四师的后卫阵地。我马上让弗兰兹将军带着一个团去回击。

这时,我们的右翼也危险重重,因此我只能马上让摩托化步兵撤出的黎波里防线,用车子把他们送回扎维耶。那天发生的所有事情证明我在1月19日做的判断是正确的。要是我当时不把摩托化部队撤回索尔曼—阿齐济耶地区,而是听从意大利领导的吩咐还留在泰尔胡奈—胡姆斯防线上,那么今天整个军团都会被敌人包围,然后惨遭覆灭。

最亲爱的露:

我昨天没有时间给你写信,一天到晚都在忙。我们在敌人的重压下快要支持不住了,因此,罗马那边很多人都在指责我们。我们已经用尽全力了。昨天发生的情况证明我的作战计划是正确的,按照现在的补给来看,能撑多久都是未知数。我们当然想好好战斗,并且拼到最后一刻。但我们的同盟国有太多问题,我不能在这里说。他们今天表现出糟糕的态度,我没有办法跟他们继续合作,但民族性是不会改变的。

1943年1月22日

往西边的进攻持续到22日,截至目前,英军已有6000辆车到达泰尔胡奈,打算23日开始进攻。因此,在所有设备被破坏以前,我必须下令撤出的黎波里。

我们是在晚上完成撤退的,几乎把在的黎波里的所有物资都抢救了出来。对军需人员来说,这真是一个巨大的成就。海运只能承载7%,其他93%都是从公路运走的。我们留下来的食物都分给当地人了。

最亲爱的露:

我希望可以做好手头上的转进工作。周边的乡村美景美不胜收,要是平时可以过来旅游一趟,也是一种享受。但不知道这辈子还有没有这样的机会?

1943年1月23日

1月23日中午，英军开始猛烈进攻的黎波里防线，但被我军打败了。我们的3万意大利步兵都撤退了，去协防马雷斯防线。

英军第八军团在阿拉曼发起全面进攻以后，一共打了3个月，前进了1400英里，进入的黎波里。

在的黎波里被攻陷以后，由于补给跟不上，英国人只能停下来休整。这对我们来说算是一个很好的消息，它起码让我们有充足的时间把之前放在朱瓦的物资运回后方。

最亲爱的露：

我想你了解这样的撤退会有多艰难。我从早到晚都在担忧非洲的情形会坏到什么样的程度。我十分伤心，伤心得没办法工作。旁人可能还以为有一线希望，而且表现出来。例如凯塞林就很乐观。他可能觉得：为什么陆军不可以再撑一段时间？他完全不了解我们部队的实力，特别是意大利部队，对敌人的情况也一概不知。我现在很心急地等着，看这里还有什么变化。我努力撑下去。凯塞林已经成为我的上司了。

1943年1月25日

拜尔莱因将军附注：那时，意大利当局、南欧德军总司令部和元首大本营都建议把隆美尔召回来。原因是他故意违抗元首和领导的命令，自作主张放弃泰尔胡奈—胡姆斯防线。隆美尔听到这些批评很伤心。

1月26日，我们把军团司令部转移到本加尔丹西边——已经超过突尼斯的边界。我们在路上看到突尼斯和利比亚边界还没修好的铁路线。要是我们在苏尔特防线再守3个月，这条线路就能通车了。当补给线的长度超过几百英里时，大量物资就只能通过铁路和海运才能保持运输顺畅。但公路的运输要消耗许多燃料，很不经济。

1月26日午夜，意大利最高统帅部发来一封电报，说因为我的健康状况堪忧，等到马雷斯防线后，就要我交出指挥权，至于我离开的日期可以自己决定。意大利打算成立新的意大利军团司令部，由梅斯做司令。我确实也不想继续下去，继续给意大利统帅部做替罪羔羊。

最亲爱的露：

  几天时间里，我就要把军团指挥权交给一个意大利人，唯一的原因是"我现在的健康不允许我继续担任这个职务"。当然还有别的原因——总的来说都是面子问题。

  虽然我的身体也不太好——剧烈头疼、高度紧张，循环器官也出现了问题，让我不能好好休息。贺斯特尔教授给我开了安眠药，想办法帮助我。我可能有几个星期的时间去休养身体。但局势这么严重，想得到真正的休息简直是天方夜谭。

1943年1月28日

1月26日，下午3点，我出发去视察马雷斯防线，然后判断它的真正价值。防线是由一些古老的法国要塞组成的，用近代战争的标准看，没有太大价值。战车无法通过这条防线的南边地区，中间有一个很深的洼地，会阻挡战车前进。北边地区有一个盐水的沼泽，但大部分地方车辆能通过。另外，这条防线的形势很糟糕：防线前都是高地，它们会挡住守军的长距离炮兵观测，同时还方便攻方一览无遗实地查看情况。从战略上说，这条防线并没有多大意义。

  所以，我认为不如攻占杰里德盐沼和海岸之间的阿卡里特防线。这一道防线离马雷斯防线大概退后40英里，是不能迂回的，我们也可以有效地运用非摩托化步兵。我着重表示，我们的摩托化兵力并不强大，它一边要坚守艾哈马防线，一边又要守住加夫萨防线，还要去支援马雷斯防线，根本不可能。英国人在之后又实行了一个计划得十分细致的迂回进攻，但却让马雷斯防线完全失去了它的价值。

  隆美尔所说的并不是加贝斯镇本身，其实是西边15英里的险道——

越过它就是阿卡里特洼地。他偶尔也会称呼这条防线叫加贝斯防线，或者叫阿卡里特防线。

1月31日，巴斯蒂科元帅把指挥权交出来后回到意大利。我们俩曾经产生过很多矛盾，但总体来说还是可以合作的，他也很赞成我的意见。我们最高当局虽然有很多毛病，但因为他的支持，最后全军安全地撤回马雷斯防线，没有全军覆没。

卡瓦莱罗元帅被撤掉职务，这真是一个让人觉得高兴的好消息。他这种慵懒不中用的人早就应该滚蛋了。

英军开始从东边进攻，我们推断英军第八军团快要用尽全力来跟我们作战。

与此同时，梅斯将军来到非洲，他也是一个很乐观的人。我并不想立刻把指挥权交给他，等我觉得局势变得稳定下来再给也不迟。

最亲爱的露：

　　最近很安静，应该是下一次大战之前的平静时光。听说变更指挥官是早就决定好的。当然，意大利人总是提出这样的要求。

1943年2月2日

1943年1月15日，第十五装甲师的后卫部队也撤到马雷斯防线，从阿拉曼一直到突尼斯的大撤退算是成功了。部队的战斗精神还很顽强，被打败过许多次还能这样，真是一个奇迹。最重要的原因是他们觉得自己是因为人数少才会被敌人打败。

最亲爱的露：

　　昨天，贺斯特尔博士又来看我，劝我立刻接受治疗。但我的责任感让我还不能离开战场，只要我的双腿还能站住，就要坚持下去。

1943年2月7日

最亲爱的露：

　　我做好打算，就算我的身体再糟糕，除非是接到命令，不然一定不会把军团的指挥权交出去。你一定了解我这么做的理由。罗马派来顶替我的人，也只能让他再等一段时间。

2月8日

最亲爱的露：

　　今天为止，我来到非洲整整两年了。两年来，我们一直苦苦作战，面对的敌人通常都比我们要厉害。在今天，我想起我指挥过的那些勇敢的部队，他们为国家效忠，尽了军人的职责，而且特别信任我。我也必须尽责，一部分是站在个人的立场上，一部分是为了所有士兵……我们所有人在今天风雨同路，所有人都一起努力才能解决我们所遇到的困难。可补给问题仍然很严峻。我希望我能得到领导的肯定。你一定可以理解我的心情。作为一个军人，要是舍弃这一点，就不算是一个真正的军人。

2月12日

从阿拉曼到马雷斯

　　在机械化战争中，即便是兵力很少的部队，只要满足以下条件，一个指挥官的战术性机会也是可以派上用场的。

　　1.他的兵力始终要保持完整，还要保持战斗力。

　　2.撤退时，对每个新的集中地区，都要存有一定数量的燃料、弹药、粮食和其他可以补充的装备。

　　敌人走得越远，它的补给线就会拉得越长。为了保证补给线上的安全，越走后方留下的部队就会越多。前进时补给线要拉得很长，那么撤退时补给线就会变得很短。因此，最后一定会有一天让撤退的部队对敌人有局部优势。假如这个时候,可以得到一定的燃料和弹药,在战术上就会有一个很好的机会。原来要撤退的一方可以回头对前进中的敌人发起进攻,然后摧毁他们——假如敌人愚笨到会在这个时候应战。

按照这个原则,我们在阿拉曼会战中不用等到最关键时就要摆脱战斗。我们在指挥上被许多因素限制住,防线上有许多德意两国非摩托化部队,所以在撤退时,就会遇到很多麻烦。

没想到这时又有新的变化。因为要服从德国元首和意大利领导的命令,我们在11月3日和4日这两天被迫要和敌人发生决战。这一战,我们损失了将近200辆战车(包括意大利战车,相当于我们剩下的所有装甲兵力),还有大部分意大利部队。这导致之后的撤退中我们不能和敌人做机动性战斗——整个军队已经元气大伤,只能一直撤退。幸好,我们的撤退完成了,蒙哥马利没能把我们一举歼灭,但我们想用摩托化兵力进行逆袭是不可能了。

在我们最初撤退时,他们的迂回纵队兵力都很弱,要是我们有充足的燃料,一定可以打败他们的。但在之后的布拉特和的黎波里,英军的指挥官开始不再过分谨慎,而是充满活力与自信。当时我们可以成功逃出,可以说是花费了很大工夫。

我们的最高当局一直不肯承认现实,他们最开始就不相信我们从的黎波里塔尼亚的撤退是必须的。因为他们的固执,我们白白损失了许多物资并浪费了大把时间。例如,布拉特防线和泰尔胡奈—胡姆斯防线的设防工作都白忙活了。要是意大利步兵可以一鼓作气地撤退到加贝斯防线,然后马上构筑防线,要是我们在利比亚浪费的地雷可以留到加贝斯再用,那么这些劳力和物资可以发挥的作用一定很好!

第十九章 在两条火线之间

当我们进入马雷斯防线以后,又可以根据另外一个不同的战略原则来作战。

我们拥有"内线"的优势，可以集中摩托化兵力，往西边对突尼斯西部的美英联军发起一场进攻，甚至能让他们撤退。我们的第一个打算是击退敌人，穿过敌军的集中地区，不让英美联军从加夫萨冲到海岸，然后切断我方两个军团的联系。之后，我方的打击兵力立刻赶到马雷斯防线，再对付蒙哥马利。

2月1日，第二十一装甲师（现在改成第五军团指挥，其实力已经得到补给）开始进攻费德隘道，占领这个地方以后，继续进攻西迪布济德和斯贝特拉。德军实行迂回进攻，俘获盟军士兵1000人左右。

对突尼斯桥头阵地来说，最大的危险是美军可以从加夫萨进攻加贝斯。他们要是成功了，就能把两个轴心军团切成两段，因此我们要先击破美军在突尼斯南边地区的集中地。第二十一装甲师与第十装甲师开始攻击在西迪布济德和斯贝特拉地区驻扎的美军。我军也组成了一个战斗群，用来消灭在加夫萨的美军。

2月14日，第二十一装甲师从费德隘道前的桥头阵地往前进攻，用包围的方法对在西迪布济德地区驻守的美军第二装甲师进行攻击。（编者注：实际是美军第一装甲师，德军的进攻对美军而言是一个奇袭，盟军指挥官没想过德军会进攻这里。布雷德利将军在自己的回忆录中坦承他们判断失误。）我手下的战车兵都是沙漠中的翘楚，他们把没有经验的美国人打败了，之后美军残余往西边逃跑。

这一次成功后，我让第五装甲军团在黑夜中乘胜追击，让敌人不停地逃跑，还一鼓作气地拿下了斯贝特拉。

然而，16日晚，第二十一装甲师才开始对正在撤退的美军进行追击。17日上午，该师才到达斯贝特拉前方。因为这个失误，美军有时间去部署防御，然后开始坚守苦战。傍晚时，敌军还是被打败了。这几天里，美军第二装甲师一共损失了150辆战车（编者注：在艾森豪威尔总部的新闻记者也报道了这个数字。亚历山大在报告中说，美军一共损失86辆战车，没算上轻型战车。）被俘人数达1600人。第二十一装甲师却没多少损失。

美军完全没有战斗经验，而且在德军面前也不自信，所以才会导致惨败。

第二十一装甲师在斯贝特拉取得胜利后，美军于晚上撤出加夫萨，我军很轻松地进入加夫萨。

李本斯坦少将是第一六四轻装师师长，要带着非洲军战斗群进攻富里亚奈。2月17日，我军打败美军，占领了这个地方。德军一直深入到泰莱普特，那边的盟军被迫放火烧掉了停在机场上的30架飞机。

美军正打算往泰贝萨撤退。他们的指挥变得很混乱，说明其将领没有任何决断能力。我军已经连续赢了4天，我打算集合所有兵力，对泰贝萨发起一场猛烈突击，拿下这个重要补给和运输中心，然后深入盟军的后方。

最亲爱的露：

  我的健康在逐渐恢复，但指挥体系很快会发生变动。你一定知道我心里有多难受。我希望在身体痊愈以后，可以像以前一样充满活力，也能够像以前一样充满干劲。

1943年2月18日

要是盟军指挥官知道把自己的兵力集中在侧翼上，可以切断我们的部队，让我方打击力量被包围，那么，我们的攻击将会受到严重影响。但那些只会纸上谈兵的指挥官，对敌人行动的反应从来都是不敏感的。

我坚信：这时要是可以集中我方两个军团的摩托化兵力，一鼓作气冲到泰贝萨的身后，一定可以让美英联军把他们大部分的兵力撤回到阿尔及利亚，这样可以让他们的攻势减弱许多。

但阿尼姆上将（第五装甲军团司令）并不赞成这种作战方案，想要把第十装甲师留在自己辖区。其实他完全不了解现状，没有跟西方人作战的经验，也不知道敌人的优缺点。所以，我把我的意见报告给意大利最高统帅部和南欧总司令部。我坚信他们会立刻批准我这个计划。实际上，墨索里尼需要一次胜利让他声名大噪。

傍晚，凯塞林发来电报批准了我的计划，然后转报到意大利最高统帅部。然而等到凌晨，他们也没有回复消息。因此我们又发出一个电报。

最后，2月19日凌晨1点30分，意大利最高统帅部发来命令，批准了这个作战方案，但是他们加了一个条件——不能进攻泰贝萨，而是要用塔莱到卡夫的路线（编者注：这样会让原来往西北进攻的路线改成正北，也就是跟在盟军阵线的后方）。这样一来，从这个路线进攻，距离敌军正面布防非常近，一定会碰上敌人厉害的预备队。

我立刻让非洲军战斗群往卡塞林隘道（在新贝特拉西边20英里、富里亚奈东边20英里）出发。第二十一装甲师往旁边的谷地进攻。第十装甲师的各单位跟在后面前进到斯贝特拉，再根据之后的发展，决定要不要增援在斯比巴的第二十一装甲师，或者在卡塞林的非洲军战斗群。

这时，盟军决定把他们在突尼斯能用上的兵力支援西南边地区被威胁的战线。这时保护他们南边地区侧翼的兵力并不强大。

当非洲军战斗群的兵力在卡塞林附近部署的时候，第三侦察营往隘道冲击，但被敌人击退了。然后，梅登装甲兵团又开始进攻，虽然一开始成功了，但最后还是被打败了。这是因为部队习惯在沙漠作战，但他们现在遇到的地形是像欧洲阿尔卑斯山的地区。在隘道的两边，山地高5000英尺，美军可以更好地防守。但梅登只局限在谷地进攻。要是他可以把山地和谷地两种战术融合一起使用，先占领两边的山地，清除敌人的炮兵观测所，然后深入敌人的后方就好了。

2月19日下午1点，我开车去非洲军的司令部，想搞明白情况，然后命令布罗维斯将军带着一支战斗群对卡塞林隘道进行迂回进攻。然后我又赶到第二十一装甲师那边。但我还是无法决定让第十装甲师去支援哪一边。

然而，第二十一装甲师很快停在斯比巴的前面。在连续多天的暴雨以后，道路情况堪忧，他们不小心进入敌人的厚密雷阵，那边刚好有敌人的强大设防（守军是英国第一近卫旅）。

一番激烈争斗以后，德军穿过第一道地雷障碍线，但再也无法继续前进。他们也犯下了一样的错误——只在谷地中做正面进攻，不晓得从山地中绕道前进。

这时我们在两个进攻点上，面对我所担心的状况。敌军已经有机会把预备队调到山地阵地的上方——那个地方很难仰攻，另外他们也能得到额外的时间去求得支援。我们要是进攻泰贝萨，也许在还没遇到强大的抵抗以前，就能进入很长的距离。但我们却跟敌人遭遇了。

我坚信盟军在卡塞林的实力比在斯比巴的时候更差，所以打算把攻击重心放在卡塞林地区，然后派第十装甲师去作战。

美军把山地上的炮兵和迫击炮的阵地都弄得很好，因此梅登的所有进攻都被火力阻挡了。第十装甲师的机车营也开始加入战斗。然而整个一上午，我们都没有看到和听到该营的消息。因此我问布罗赫师长原因，他说派了另一支部队去参加攻击，而且想保留这个机车营，但另外的部队还在路上。如此耽搁了太久，我十分生气。

中午以后，这次攻击变成激烈的肉搏战，我们的多管火箭炮第一次用在非洲战场，它是一个很厉害的武器。

下午5点，我们终于拿下这个隘道。美军第一次表现出色，梅登这一团伤亡十分惨重。傍晚时，我们在隘道另外一边又看到一支敌人的装甲部队。我立刻派一个战车团（第八战车团）到隘道那边。这支兵力很快在哈泰卜河架起桥梁，让所有敌人遭受奇袭。我们俘获了一共20多辆战车和30辆装甲人员载运车，大部分后面还拖着一门75毫米的战防炮。美军的装备很强，我们还要学习他们在组织上的技巧——对车辆和零件标准化的高要求。

20日晚，我军又开始往卡塞林北边到塔莱的公路出发，然后挺进泰贝萨，但敌人已经撤退完毕。

2月21日，我开车到卡塞林隘道去看我们摧毁的英军战车。装甲人员载运车成一个纵队，正从隘道往后方前进，其中一部分是美军的俘虏。

敌人似乎打算在新的阵地上开始采取防守战术。于是，我打算马上攻击他们的后方。中午时，第十装甲师进攻卡拉特杰尔达，把那边的公路和铁路都切断。非洲军打败在艾哈门拉的敌人，还攻下了通向泰贝萨公路上的隘口。而在第十一装甲师防守原来的战线，我把兵力分在几个危险点上，以此引诱敌人过来。这时，第五军团也发起正面进攻，让敌人的兵力不能支援南线。

下午1点，我和拜尔莱因一起到第十装甲师去视察，这个师的前进速度有点慢。为了对当前的情况做出准确判断，我都会到前线去实地考察。我看到在一个阿拉伯人村落附近，敌人的炮火正狠狠攻击这个村落。然后我们走到大概500码外的小山上，从那边可以看到我军进攻的情形。我们前方有17辆被击毁的Mk.Ⅳ型英国战车。我们诧异这些车辆为什么从北边地区来得这么快，而且它们都装有一门75毫米火炮。

我方的炮兵很快也加入战斗，没多久，我们所在的地方被战火威胁到，又要转移新的地方。路上都是英军的尸体。夜晚7点，第十装甲师闯入塔莱。

2月21日下午，在我从第十装甲师回去的路上看到非洲军也在跟敌人恶斗。看样子，他们的进展不太顺利。在一开始取得一些成功以后，敌人的反抗变得更激烈，该师前进的脚步就放慢了。他们只能留在谷底，不能往两边的山地进攻。这是第三次发生一样的错误。

2月22日下午1点，凯塞林元帅带着魏斯特伐和赛德曼两人一起到总部，我们商量以后认为，要是这时进攻卡夫，一定会失败，因此只能中止这次进攻。

所以，第十装甲师和非洲军的所有部队都在晚上撤回卡塞林。第二十一装甲师（东边的一段）仍然留在斯比巴，但他们也在路上埋下了地雷准备撤退。

凯塞林问我愿不愿意做集团军总司令。我曾思考了几个月，也知道元首原来是打算让阿尼姆担任这个职务，因此我拒绝了。我始终不愿意在空军和意大利最高统帅部底下工作，被他们干预我的所有战术行动。凯塞林压根不清楚非洲战场的战术和作战情况，他始终觉得前途一片光明，也小看了美国人的战斗力。虽然美国的作战能力比不上英国第八军团，但他们的装备很好，数量也充足，而且他们的战防武器和装甲车数量很多，要是跟他们比机动作战，失败的概率很大。

2月23日，我方所有部队都撤退到卡塞林隘道后面。从那天中午开始，美国的空军不停地攻击富里亚奈、卡塞林地区，战况跟上次阿拉曼会战相似。当我军从谷底撤退时，美军所有飞机都用炮火和炸弹进行凶猛的射击。15分钟以内，光在卡塞林上空就有104架敌机。空中攻击直到晚上才停止。可以看出盟军空中打击力量有多么厉害。

本来，德国装甲部队一开始把美国"菜鸟"打得找不到北，要是继续扩大战果，继续攻入敌人后方，那盟军整个突尼斯战线就会被瓦解了。可是意大利最高统帅部让我们把打击兵力用在另外一个地方，正对上盟军的预备队。因为美军在卡塞林隘道的拼命反抗和第五军团的一再延误，导致我们不能用奇袭的方式，一鼓作气地攻入敌人的心脏。斯贝特拉—卡塞林之战就这样结束了。

最亲爱的露：

忙活到今天才有时间给你写信。虽然战况很激烈，但我的体力没有任何问题。然而，我们并没有成功守住已经攻下来的土地。

1943年2月23日

"非洲集团军"的成立

2月23日傍晚，我们得到意大利最高统帅部发来的命令：突尼斯的军队需要一个统一的指挥者，因此要成立一个非洲集团军总司令部，让我出任总司令（一共管辖2个军团，东边的非洲装甲军团——后来称为意大利第一军团；还有西边的第五装甲军团）。我接到这个命令时心情很复杂，一方面我应该欣慰，可以更好地掌握下属的命运。但另一方面我不想为元首大本营、意大利最高统帅部和德国空军做事。

最亲爱的露：

我已经晋升了一级，而且也把我的军团指挥权交出去了。拜尔莱因还是我的参谋长，我也不知道这个方案会持续到什么时候。我的身体还能坚持，虽然这几天已经很累了。

东线战场传来的公报比之前都要好一些。经历过无比糟糕的局势以后，似乎又看到一丝新希望。

1943年2月24日

2月24日，我和第五军团的作战处处长开会，讨论他们的作战方案。阿尼姆打算做一场迂回进攻，把在梅德杰艾巴布周边的敌人都消灭。我认可他们的计划，但反对他们在作战结束以后从平原撤退，然后回到原来攻击的起点。这个地方是在进攻突尼斯的时候，摩托化部队的一个完美的集中地，因此对我方阵线来说，是一个"阿喀琉斯之踵"。

然而，第十装甲师不能留在卡塞林了，他们一早就要撤退。几天以后，敌人一定会对该师现在的位置展开包围战，届时该师要想杀出重围，一定会损失巨大。

2月26日，第五装甲军团开始进攻。这一次又是奇袭，因此他们很容易就成功突破了，但没多久敌军就发起激烈的反攻。

这次进攻持续了几天时间，我方没取得很好的成果，损失却比敌军更严重。最让我生气的是，我看到虎式战车也加入了战斗，这是我们仅有的宝贝。当初阿尼姆不肯借给我使用，却用在低湿的沼泽谷地，让它们的最大优点——重炮的长射程——不起任何作用。一共19辆虎式战车加入战斗，却被击毁了15辆之多。我立刻让第五军团中止这一场无意义的行动。然而，在我离开非洲以后，他们还是继续进攻了，一个又一个山头进攻，跟第一次世界大战的状况别无二致。

最亲爱的露：

……我很高兴听到东线传来的好消息。总的来说，所有情况都在慢慢变好。我们要是也可以在这里打一场胜仗那就更好了，我日夜都在想着要找到一条出路。然而这里根本不具备打胜仗的条件——我们的补给永远跟不上。几年都是这样。

我的体力还能支持下去。心脏、神经的问题和风湿病让我吃了不少苦头，但只要咬咬牙还是可以坚持下去的。

1943年2月26日

最亲爱的露：

我已经度过了一个十分糟糕的阶段，但未来还会更难熬。我希望我的体力能让我度过这个煎熬阶段。我的神经还是紧绷着，只想补给问题都可以得到妥善解决，可依然很难解决。

3月1日

最亲爱的露：

我要到什么时候才可以去接受治疗，但我暂时还没决定好哪一天离开。

3月2日

最亲爱的露：

我仍然负责这个集团军，但烦恼只多不少。希孟德以前给我写过一封很客气的信。元首不是很信任我，可我还是不能离开。我要再推后一段时间。我对别的事情也丝毫不上心。几乎每件事我都要请示罗马当局，但所有责任还是我一个人承担，这让我烦恼不已。我总觉得我的神经有一天会爆炸，感觉自己像是在深渊附近的险道上行走，要是走错一步，整个人就会掉进深渊。春天来了，随处可见花树、草场和阳光。在其他人眼中这个世界很美好，因为这些东西都能让他们觉得开心和满意。

3月3日

最亲爱的露：

我盼望高斯今晚能到这里，他要重新担任参谋长职务。条件允许的情况下，当我请病假回国的时候，阿尼姆会取代我的位置。但我不知道什么时候离开。我们还要面对决定性的事件……

3月4日

最亲爱的露：

在我接到上级的命令，去完成一个充满挑战的新任务以前，先对你和孩子表达我最大的爱意。

3月5日

2月23日，我接到新的命令，去完成我提议的所有进攻计划，打算进攻梅德宁的英军阵地。这次作战十分困难，要是这一次不能突破英军第八军团，阻挡不了英军的进攻，那我们的非洲军就完全失败了，再也没有任何可幻想的地方。

在之前的2月20日，蒙哥马利就开始进攻第十五装甲师后卫线的南边地区，以此减缓英军西部突尼斯防线的压力。一天以内，我的手下和占据绝对优势的英国装甲部队正面交锋，该师迎难而上，用仅剩的20辆战车一而再地实现逆袭，才没有被敌人切断退路。之后，他们在晚上撤退到马雷斯防线前哨阵地之后，因此使得英军在我们预定的时间前进入我们打算和他们战斗的地方，我们在时间上吃了亏。

因为第五军团进攻的结果，导致第十和第二十一装甲师进入马雷斯防线的时间又推迟了几天，使得蒙哥马利有更充裕的时间去建立新的防御工事。

蒙哥马利也有充裕的时间去增强他在梅德宁的兵力。2月26日，他就调来第五十一师的所有兵力去支援第七装甲师。3月6日，当隆美尔发起最后一场进攻时，蒙哥马利已调来新西兰师、第二〇一近卫旅和另外2个装甲旅。他的防御工事在3月4日的傍晚完成。除了400辆战车，他还有超过500门战防炮。因此，隆美尔想在这个时候保持优势兵力打击敌人，其实判断错误了。

第八军团参谋长甘冈将军在他撰写的回忆录中写道："蒙哥马利曾跟我说实话，因为帮助第一军团（西方的盟军部队）作战，导致他的所有计划都被打乱。因此我们要立刻努力，准备迎接敌人的新进攻……到3月5日，我们就准备妥当了。隆美尔失去了所有的机会，我们可以再次放下心中的大石头。"

进攻梅德宁的英军第八军团是一件艰难的事情，不仅因为蒙哥马利的部队拥有超强的作战经验，还因为这里的地形，战术上根本没有可选择的余地，除非舍得使用大量汽油。不管是从什么角度进攻，都会被敌人发现。

我们仅剩的希望只能是英军并没有充裕的时间修筑好防御工事。这一次之所以决定要进攻，是因为我们目前只有两条路线可选。第一是等着英军进攻我们的防线，第二是先发起进攻。这种情况下，我们只能选择后者。

许多将领针对怎么进攻展开了激烈的讨论，我们最后采纳了梅斯将军的建议：把一个装甲师放在路上，另一个装甲师放在杰布尔提巴加之后，还有一个师放在山地的另外一边。

进攻又往后推迟，最后定在3月6日。3月5日，我来到图坚南边地区715号高地的进攻指挥所，在这个地方，梅德宁后面很远的地方都能看得清清楚楚。

第二天上午，乌云密布，战场被大雾覆盖。早上6点，炮兵开始发起轰击，许多迫击炮弹打到下面的谷地上。同时，第十装甲师开始从哈罗出发，没有被敌人影响。

一开始进攻非常顺利，但很快就碰到设在山地中的英军坚固阵地。这个阵地有地雷和战防炮保护，我军勇往直前却没有任何成效。我方的俯冲轰炸机也加入了战斗，但很快被高射炮火狠狠击退。第715号高地已看不到任何东西了，因此我亲自赶去前线，后来就发现这次进攻算是失败了。下午5点，我命令停止进攻。

英军指挥官在兵力集合上做得很出色，他们的作战准备得很充分。还有，这一次的进攻推迟了一个星期，而英军早就做好了准备，我们损失惨重，包括40辆战车都被击毁了。

> 蒙哥马利的报告说，战场上一共留下了52辆德军战车。英军战车一辆也没损坏，而且只有一个连参加了这场战斗。
>
> 甘冈以前说过一句发人深省的话："这是在研究蒙哥马利战役中最值得考究的一点，在每一场重要的攻势胜利以前，都会先有一次守势的胜利。"

我们都清楚，这一场战役以后，我们再也无法跟蒙哥马利的部队正面交锋了。我们这个军团要是继续赖在非洲不离开，简直是自取灭亡。

非洲的末日

2月末，我让两个军团司令——阿尼姆将军和梅斯将军根据现在突尼斯的状况提出自己的看法。他们都觉得目前本集团军的处境非常危险。

我又估算了一下敌人的兵力，把美英法联军的人数都加上，我们这个集团军要面对的敌人实力是：1600辆战车、1100门战防炮、850门火炮、21万战斗部队。

我觉得盟军一定会采用正确的作战线路，把所有兵力都用上，从两个地方同时攻击我们的防线，我们的防线撑不了多久。

因此我得出以下结论：从长远看，一个长达400英里的防线是无法守住的，因此一定要将防线缩短到100英里。我提议新的防线可以这样：

"第五军团的攻击目标是杰布尔曼索尔，从那里穿过山地去昂菲达维尔。要是能让敌人走出梅德杰兹艾巴布和布拉代地区，让他们爬过山地的西边，那对我们十分有利。但前提是要放弃一大片突尼斯的土地，还包括一些飞机场。按照目前的形势来看，我请求早点决定突尼斯的战争计划安排。我们推断下个月，敌人会发起新的进攻。"

等待了很久，凯塞林终于给我答复：元首完全不赞成我的申请。他在回批上附了一张双方兵力的比较表，只有团队数量的比较，并没有双方部队摩托化的程度以及人员和装备的情况。单纯从数量看，我们确实跟敌人"不相伯仲"。

没错，要是我们现在的兵力可以适当的摩托化，然后得到现代化的装备和充裕的补给，那么防守这个地方就不成问题。但实际上我们没有机动性了，因此只能完全采取阵地战的形式，把我们所剩不多的摩托化兵力留着抢险的时候用——要是敌人在防线上实现突破，就用它们去进行逆袭。

显然，我们的最高当局看到最近的船运数字开始增加，就以为未来前景变得明朗。补给量确实比以前有所增加：1月是4.6万吨，包括50辆战车、2000辆其他的车辆和200门大炮。2月的时候又增加到5.3万吨，包括50辆战车、1300辆其他车辆，还有120门大炮。但他们更应该清楚英美联军的武器变得更先进了，他们的火炮和战防炮也比以前多出了几倍。

拜尔莱因已经被任命为梅斯将军的参谋长，我认为他一定会尽全力挽救现在的局面，并督促意军不出任何差错。3月7日上午，我最后打算直接再飞去元首大本营。我觉得要尽全力让最高当局明白当前最真实的情况。更重要的是，要把我的手下救出来，不让他们无辜牺牲。我立刻请阿尼姆上将代理我的工作，但才知道他和范尔斯特将军已经听从命令要飞回罗马。我当时十分生气，立刻打电话给凯塞林，他马上取消了这个命令。第二天，我把指挥权交给阿尼姆，然后动身前往罗马。

到了罗马，我先去意大利最高统帅部，和意大利陆军安布罗西奥总司令面谈。之后，我发现意大利人根本不愿意我再回非洲，想让元首命令我请病假。这完全违背我的意愿，因为我希望上级可以听取我的意见，然后我再回非洲继续指挥部队。

因此我和安布罗西奥将军、魏斯特伐上校一起去拜见意大利的领袖，和他会谈了25分钟。我直接把现在的局势以及我的建议跟他说了一遍，但他还是不太能理解，而且狡辩他的决定才是正确的。他打算再派一个师到突尼斯，我并没有同意他的做法，我说宁愿让现在的几个师得到比较优良的装备，以便他们可以更好地去作战。之后，我听到贝恩特跟我说，领袖原本打算把意大利的金质军功勋章赠给我，但我的"失败主义者"态度激怒了他，因此他不会再送。不过他还是很客气地感激我在非洲战役中的付出，还表示仍然很相信我。

中午的时候，我听说帝国大元帅戈林刚好也在罗马，因此询问他愿不愿意跟我见一面。他让我坐他的专机一起到元首大本营。戈林很想跟我一同过去，但我没有答应，因为我不愿意在跟元首报告时看到他也在，他到时候肯定会加上很多乐观的建议，但没有任何实际用处。

3月10日下午，我来到设在苏联某个地方的元首大本营。当天夜晚，希特勒约我去喝茶，然后与我进行了一番私人谈话。他被斯大林格勒战役弄得情绪很低落，他说当一个人失败了以后，通常只能看到事情的黑暗面，这很容易导致他冒出各种错误且危险的想法。他还觉得我的所有想法都是失败主义者才会想到的。我着重说明："非洲军"要是可以在意大利再装备一下，战斗力就会焕发出来。我还向他承诺——我从前鲜少向人承诺——要是这些部队交给我去负责，我一定会把敌人消灭然后登陆南欧。

但希特勒还是命令我请一个很长的病假，把身体调理好，然后再去指挥卡萨布兰卡战役。（编者注：卡萨布兰卡在大西洋的海岸上，希特勒想从这个地方反攻，把所有非洲的同盟军推到海里去。这想法完全不符合现实。）按照他的说法，突尼斯不会再有任何问题。而且他也不赞成缩短防线，他觉得这样做的话就不能再采取攻势。我跟他提出让我再次指挥我的部队，几个星期就行，他没答应。但他似乎认可应该从马雷斯防线撤退到加贝斯，然后建立加贝斯防线。

第二天，元首把带有宝剑和钻石的橡叶勋章赠给我，但其他一切没有任何改变。我想要把我的部下都救出来，可最后失败了。之后，我飞回家，然后再转到塞默灵接受治疗。

很快，盟军开始进攻了。

元首曾经命令部队撤到阿卡里特营地，但很快又把这个命令收回了。显然，凯塞林飞回元首大本营，跟元首报告了许多好消息。希特勒很喜欢听这样的话。但就是因为他和意大利统帅部的固执与昏庸，导致我们的军队处境变得无比艰难。之后，凯塞林和阿尼姆开会的时候，说我没有把加贝斯阵地和马雷斯防线结合在一起，是一个致命的错误，还说这也是元首自己的看法。可以看出来他一点都不清楚真实状况。按照我们当时的兵力，我们没办法分散士兵，一边在马雷斯与英军作战，一边又要在艾哈马跟英军作战。另外，美军又在加贝斯的后方进攻。要是盟军从我军的防线西边直接冲上海岸边，那么马雷斯防线的所有装备都帮不了我们，到时候再撤回阿卡里特就太迟了。后来发生的一切证明我的判断是正确的。

元首大本营不打算对外宣称我已被召回，毕竟我的威望还是很大的。可眼前的状况已经无比严峻，就算拿破仑在世也挽救不了什么。部队要作战和行动，就需要军火和燃料，可这两种东西永远都等不到。

跟我们想的一样，蒙哥马利把他的第十装甲军从迈特马泰山地"投掷"到"马纳尔里尼地区"。另外，他们从北边进攻马雷斯防线，美军也用一个装甲师的兵力从加夫萨往前进攻。他们配合得天衣无缝，我们很难反抗。

敌人十分强大，但我军还是可以从马雷斯防线撤回到阿卡里特洼地，而且战斗力没有减弱。但部队没有多余的时间建立新的防线，蒙哥马利很快就渗入我们的防线，导致阿卡里特也失去了它的价值。这时，意大利部队已经没有任何作战能力。意大利第一军团的炮兵——包括德意两国部队——在马雷斯防线已经牺牲了许多人，对整个战争也不起任何作用了。第十装甲师曾努力不让美军突破到加贝斯防线的后面，但也付出了巨大的代价。之后，意大利第一军团的残余和第十装甲师一起退到昂菲达维尔一线。当我还在非洲的时候，已经构筑起这一条防线，后来阿尼姆代理我的位置也在继续修。我们虽然惨败过一次，但艾森豪威尔还没完成他的作战目标——完全切断意大利第一军团和第五装甲军团之间的联系。他的左翼兵力并不强，却把许多兵力放在北边，恰恰遇上我方的坚固阵地，因此损失惨重。他应该把重点放在突尼斯的西南边，用来切断轴心国两个军团之间的联络，然后和蒙哥马利密切配合，对我方进行夹击，好消灭意大利第一军团，之后清除第五装甲军团。但他们现在只是进攻北边的山地，其实毫无意义。

我方现在防守昂菲达维尔防线的兵力很弱。意大利第一军团大部分的步兵和炮兵也不适合上战场，他们的摩托化兵力早在南边广阔地区就用完了。除了我们的最高当局，其实所有人都知道我们的末日要来了。我在医院向最高当局发出紧急报告，请求部队从非洲撤出，结果没有得到回应。因此我又提出要把那些重要但不能替补的人员撤出，例如高斯、拜尔莱因、布罗维斯等人，仍然没有回应。最后，阿尼姆故意让高斯去意大利开会，才让他侥幸躲过。拜尔莱因因为生病也回了意大利，只有布罗维斯将军没有那么幸运。

5月6日，盟军开始对梅德杰兹艾巴布发起最后一次进攻。在炮兵和空军的掩护下，他们冲破我方的防线，把第十五装甲师打败了。接着，整个防线都被摧毁了。我们没有武器，也没有弹药，一切都结束了，军团投降了！

这个坏消息传到元首大本营以后，所有人都震惊不已。这件事发生后，本来应该进行反思，然后找出有效对策，解决问题，可是元首大本营那些人，互相推脱责任，甚至钩心斗角。在这件事情上，实事求是地说，戈林负有不可推卸的责任，他总是自以为是，谁的意见都听不进去，结果导致整个军团被敌人俘获。

斯大林格勒的惨败，戈林也有责任。听说元首当时曾命令第六军团往西边突围，是戈林劝阻了他："元首先生，你不会是害怕了吧？我们可以用空军给斯大林格勒的部队提供补给啊。"

当我听说我所有的部下都走进了盟军的战俘营时，心中痛苦难耐。当第一个盟军士兵的脚踏上意大利领土的时候，墨索里尼就失败了。他的"重建罗马大帝国"的梦想从此变成了泡影。

隆美尔战时文件

第四部

侵入战

第二十章　1944年的侵入战①

1943年7月，在东普鲁士元首大本营，我自从非洲战役结束以后第一次和隆美尔元帅重逢。他住在一个半木制的房子——以前是前陆军总司令的住宅里。我们一起参加了向元首汇报会议。

会议结束以后，他与我一起坐在他的书房里，讨论一些军事情况。这个时候，他对未来战争的走向，有很多想法。这一次对话是唯一可以表明他当时对战况看法的记录，因此我尽可能地记录下来。

他说："拜尔莱因，你了解我们完全没有机动性了。这是第一次，我们从苏联人身上学到：只凭借勇敢和太过乐观的心理是不行的。之后几年，不管是东边地区还是西边地区，我们都无法采取攻势，因此要尽可能地发挥防守的优势。战防炮是战争的重要防御工具。空军那边要多生产战斗机。我今天对局势的看法不像从前对非洲战场那么消极，但也觉得要是想取胜希望渺茫。"

我问他，那么他认为的防御应该怎么去做？

他说："我们要用内线作战的方法。东线那边，我们要快速撤退到一个可以据守的防线。但最重要的是不让盟军有建立第二战场的机会，这才是防御的根本。不让他们有这样的机会，那么我们才有一线生机。我们很快就能生产出许多作战物资；元首几天前跟我说，1944年年初，飞机的产量可以达到每个月7000架，战车能达到2000辆。要是我们可以让美英在战败以后再等上两年时间恢复元气，就可以把重点放到东线上，那么就有更好的机会了，也能得到一个更好的环境。"

隆美尔继续说到防御的战术："拜尔莱因，你应该还记得在非洲的时候，我

---

① 本章由拜尔莱因将军执笔。

们为了攻击英军的战防炮阵地，遇到多少困难。要想进攻成功，就要严格训练出精兵，我对苏联作战的经验也做了一些研究。苏联人很顽强，但不够灵活。他们不像英国人那么思维缜密，在攻击的时候总是喜欢一头撞上去，反而浪费很多人力和物力，是依靠数量去取得胜利。

"要是我们能让每个德国的步兵师得到50门战防炮，然后再慢慢加到100~200门，把它们安放在阵地上，加上大量地雷做掩护，那我们就能抵御苏军的进攻。战防炮很简单，只需要以下两点要求：1.在适合的射程内，它可以穿透苏联的所有战车；2.它们同时也可以当步兵炮来用。

"我们的战车产量比不上敌人，但在战防炮上，我们还是有把握的。敌人要想采取攻势，就要花很多成本去制造战车，而造一辆战车的费用，可以造出10门战防炮。

"我们假设苏军要进攻一个布满地雷的区域，假设这个地区的纵深是6英里，有较好的战防炮做掩护，那么就算他们实力强大，还是很难打败我们的。之后要想继续前进，只能很缓慢地往前推进。我们这时在后方，还能继续安放更多战防炮。要是敌人的战车每天可以推进3英里，那么我们在同一天可以让阵地再加6英里的纵深，一直拼到他们无法前进为止。我们的战防炮会损失，但他们的战车也会损失。要是部队了解他们可以守住自己的阵地，士气一定大涨。士气上来了，取胜的可能性就很大了。"

隆美尔又说："可是西线战场是核心，要是我们可以把进攻的盟军赶下海，那他们就得花更多的时间去休整……"

1943年12月31日，隆美尔视察大西洋海岸防务时，给希特勒发了一份报告，写了如何对付盟军的方案。他的报告开始讨论盟军可能会在哪里登陆，然而他当时的意见跟后来的意见变得很不一样。

他写道："敌人登陆的地方应该是加来海峡，因为在这个地方我们能够对英格兰的中部和伦敦发起长距离的飞弹攻击……敌人的主力应该会先把飞弹投于布洛涅和索姆河口之间，还有加来两边。在使用空军的时候，条件也最好。

"……很难推测敌人什么时候会发起进攻，但他们一定会在我方长距离飞弹攻击以前就发起攻势。我们对英国的攻击时间越长，效果就越好，还会让英美两国的部队士气大降。因此，要是我们可以在恶劣天气不利登陆的时候，发起飞弹攻击，敌人就有可能因为畏惧而不敢前进。

"在登陆之前，可能还会有一次十分凶猛的空中攻击，还会施放烟幕，使用强劲的海军火力。除了海上的登陆行动，空降部队也会在重要攻击范围里，降落在海岸防线的后方，然后切断我方防线跟后方的联系，在一个很短的时间里建立一个庞大的桥头阵地。

"我们在海岸上的防线很脆弱，后方也只有很少的预备队，根本没有反击的能力。而敌人如果在几个地方建起桥头阵地，会在我们的海岸防线上冲出一个大口子。要是这样，我方必须以最快速度派出作战预备队把他们赶到海里。

"不然，我们的预备队就会从内陆深处去调动。这个调动需要很长时间，敌人能得到支援，然后深入内陆。敌人的兵力和物资都比我们要强，想在陆地上打赢他们是不可能的。

"因此我觉得要集中所有力量，在海岸上把敌人消灭。所以还要建立一个要塞和一个布雷区，从海岸边延伸到内陆，纵深长达五六英里远，还要对海面和陆上一起设防。我知道如果实行这样的计划，需要数量庞大的地雷，但我们现在只能在这种'两面防线'的前方埋下地雷，其他地方用假地雷就行。

"在这样的雷区，要留一些通道方便我们反击。

"因此驻守海岸各部队，任务有两个：1.防守海岸线，不让敌人登陆。2.防守这个纵深长达五六英里的地带，防止空降部队突袭。

"这些地区要是某一个地区没有被敌人攻击，那么负责该区防守的部队就能调出来去执行别的任务。

"我们尽量在敌人还在水上或者是刚刚登陆的时候，以最快速度攻击他们，因此第一线的火力要加强。

"在最危险的地方要安置战防炮、自行火炮和高射炮，方便随时对敌人进行猛攻，不让敌人登陆。"

……

从以上谈话中能看出隆美尔是个军事天才，很会随机应变，对战术掌握得十分透彻。下面是他关于各种阵法的论述。

雷阵

隆美尔曾在一个备忘录里写道："在非洲前后两年的战役中，我得到一个机会去实验地雷在不同类型的战争中的重要作用。特别是在熟知地方大量使用地雷的办法。相比较，我们的资源很短缺。1941—1942年冬，迈尔迈里卡和昔兰尼加苦战以后，英军在建立新防线时用了许多地雷。他们的防线超过50英里，起点是加扎拉，终点是南边的沙漠地区。他们在两个月里埋下超过100万颗地雷，有的地方纵深超过几千码。"

按照隆美尔在非洲的丰富作战经验，他坚信运用大量地雷可以让装备糟糕的德国步兵师打败美英的精兵。

隆美尔付出了许多精力去完成布雷工作，但错过了最好的时机，地雷没有发挥最大作用。然而，要是希特勒1943年夏天派隆美尔去完成整顿大西洋和海峡地区的防务，那么这一场侵入战就不会是敌人占据上风。隆美尔在法国境内临时建立了一个制造地雷的工业生产线，用上许多缴获的炸药，一共制造出2000万颗杀伤力惊人的地雷。下面是B集团军战斗日记的一段，可以看出他当时的成绩："在1944年5月20日以前，海峡一带的沿海防线已经埋下4,193,167颗地雷。其中2,672,000颗地雷是隆美尔要求埋的，很多都是在3月底以后才埋下。也因为隆美尔的要求，在生产一开始还临时拼凑出1,852,820颗地雷。"

在这些雷区进行战斗会怎么样，以下是他写的一段文字："夹在或绕着固定战车、据点群、单独据点、抵抗掩体等中间，应该布置极大纵深的雷阵。要是敌人陷入雷阵，还想继续进攻我军，他们的下场会很悲惨。我们的各种防御火力会攻击他们，他们只能在死亡的陷阱中自寻出路。不仅是沿海地区，就连后方地区也要埋下很多地雷。空降部队想从后方进攻我们的前方部队，要先'尝'一下雷阵的威力。"

滩前障碍物

"滩前障碍物"是布置在水面上的障碍物，目的是要形成一个"人工的暗礁"，阻挡和摧毁靠近岸边的船只。具体内容如下。

1.埋在海底的木（铁）桩，顶端经常挂着战防用的地（水）雷。

2.混凝土筑造的多角体，顶端加上钢片或者战防用的地（水）雷。

3.其他可以临时用上的工具，比如缴获的法军战防障碍物。

4.隆美尔提议的"干果夹式地雷"——是一根木桩，插在一个水泥盒子中，装置一颗重炮弹。当登陆艇碰上这根木桩以后，会触发杠杆效果，信管因为压力引起爆炸。

5.滩头上的照明设备，用强光去攻击敌人。

按照麦西将军的报告，打算建立下列四条水底障碍物带：

1.第一个障碍物带的水深平均在涨潮时是6英尺。

2.第二个障碍物带的水深平均在半潮时是6英尺。

3.第三个障碍物带的水深平均在低潮时是6英尺。

4.第四个障碍物带的水深平均在低潮时是12英尺。

到盟军入侵那天，许多地区，特别是诺曼底，前两条障碍物带差不多完成了，但时间还是不够。隆美尔已经付出了很大努力，但最后两个障碍物带还是没有完成。

隆美尔的贡献可以从B集团军战事日记中看出一些线索：

"到1944年5月13日，在海峡的防线上一共已经修筑51.7万处滩前障碍物，其中3.1万处都已埋下地雷。"

空降障碍物

隆美尔对计划的目标和执行的方法都有详细的说明：

"现在，我又要说到空降部队的防卫问题。在进攻开始时，敌人可能就会把所有力量都展现出来，想以最快的速度赢得胜利，而且会沿海岸线寻找立足点。因此，我们要有充足的准备才能抵挡这种空降攻击。他们有的会突然袭击，有的是一通攻击以后才会空降。不管是借用月色、天明或者黑暗，伞兵都可以成批降落。就算整个师的空降部队，也能坐着滑翔机在我们海岸防区的后方着陆，承担半战略性的任务。只要我们守住海岸线，不管空降部队怎么行动，都会被我们消灭。

"……因此，最重要的一点，是让部队高度戒备，要在敌人的飞机和滑翔机降落的时候就给予狠狠打击。"

隆美尔计划使用的障碍物是一种高度有10英尺的木桩，每隔100英尺埋上一根，大部分的木桩顶端都挂着从法国缴获的炮弹，或者互相用铁丝网连着，只要触上线，它就会爆炸。从过往的经验看，要是有一架滑翔机落在这个地方，不被炸毁也会被重击。在盟军发起进攻的几天前，隆美尔获准得到100万颗炮弹，准备装在这些障碍物上，可根本没时间去安装。

隆美尔从西线寄发的信件

上文提到隆美尔对防御问题的建议，然而缺了他在这段时间里日常生活的完整资料。只有他在1943年12月至1944年6月给他太太和儿子写的信。下列是部分信件的摘抄：

（隆美尔沿丹麦海岸视察期间）

最亲爱的露：

我们今天又要往北边前进。东南两线战况还是不容乐观。当我站在远处看到此情此景，想来你了解我的心情。

我听说征集令已下到14周岁的孩子身上，孩子们会根据他们的身体状况分别参加国防或者生产工作。

1943年12月8日

最亲爱的露:

我们已经回到首都（哥本哈根），过几天又要出发去别的地方考察。

在丹麦，你能够得到一切你想要的东西。但丹麦人只把东西卖给本国人。我携带的现金有限，给你买了一些圣诞礼物（编者注：与其他德国军官一样，隆美尔只能携带规定数额的丹麦货币）。

12月11日

（到法国以后）

最亲爱的露:

……昨天平安来到这里。

我今天会和伦德施泰特一起吃午饭，他很高兴，觉得前景明朗，可我觉得要先好好了解全局。

1943年12月15日

最亲爱的露:

昨天我通过长途电话知道了你们的所有情况。最大的消息是曼弗雷德会在1月6日应征入伍。他肯定很兴奋，可对我们，尤其是你来说，孩子离开家里都很难适应。

祝你们圣诞快乐。昨晚我先与军官们一起庆祝，然后又跟士兵们过了节，但并没有多少节日气氛。

12月25日

最亲爱的露:

今天刚结束一段长途旅行。我视察了许多地方，这些地方让我很满意。我相信要是有充足的时间去做好防御工作，我们的西线战争一定会胜利的。根舍明天会带一只箱子回家，他要把我的褐色便服、轻大衣和帽子都带回来。我想有空的时候出去走走，暂时把"元帅"身份放下来。

东线战场的局势似乎稳定了。

南线那边不太好,敌人一直在进攻。

西线那边,我坚信我们可以打败敌人。

1944年1月19日

最亲爱的露:

昨天有人给我送来两只小狗,其中一只1岁大,有精致的胡须,另外一只才3个月大。小狗很让人喜欢,但不太亲近人。它们两只现在都睡在我的写字台下,大的一只看到有人进来就会尖叫。晚上睡觉时两只偶尔会叫几声,它们可能是想自己的主人了。

1月21日

最亲爱的露:

工作遇到许多麻烦。官僚主义作风又出现了,这些思想陈旧的人不想接收任何新的东西,但我们还是要想办法继续。我得把两只小狗分开了,大的那只对小的太亲热,快要把它弄死了。

1月26日

最亲爱的露:

东线战场的情况不太好。虽然我们在3天内摧毁了苏军大量战车——达到860辆那么多,但他们有很好的补给能力。

意大利的情况再次被我说中。那个开阔而又不受保护的侧翼非常危险。但我相信这个危机能被解除。

我做了一件新上衣,旧的那件已经紧得穿不进去了。

1月29日

亲爱的曼弗雷德:

接到你的来信,知道你已经加入空军辅助队,我的心情很激动。你能适应这种新生活，我很放心。一个人离开家并不是简单的事情。你在2月有几天假期，到时候可以跟我们说一下学校里有趣的事情。我们还有很多事情要做，才可以把之后的战事都安排好。一个人在什么都变得平静的情况下很容易变得安逸而松懈，但平时跟战时是截然不同的，我们一定要做好应对困难的准备。

我还在不停奔走，希望你一切顺利。

1月31日

最亲爱的露：

最近很平静。看来斯大林跟他的同盟国提出了很多不平等条件，比如给他提供一支实力强劲的舰队，大概跟意大利在地中海的舰队一样——压根是从美英现有的海军实力中去抢夺。他还要占领三个地中海的港口、抢夺阿拉伯三分之一的石油资源，而且要在规定时间开辟西欧第二战场。要是这些条件不被满足，斯大林会觉得他不用再遵守之前协议的内容。要真是这样，对我们是有利的。我昨天在这里进行了视察，心情很好。我们虽然还有很多缺点，但还是充满信心的。

3月31日

最亲爱的露：

看来，盟军时间上的拖延会给我们带来便利。尤其是从海岸防御来说，充满意义。我们会一天比一天厉害，至少在陆地上来说是这样。

我的小狗越发可爱，喜欢吃甜食。它现在睡在我房间的箱架底下，很快就要打狂犬疫苗了。昨天我又去骑了马，但今天觉得关节很不舒服。

古德里安下午会过来，我和盖尔将军的矛盾解决了。按照上级的命令，我还是赢了。（编者注：他们争论的是装甲师配置问题，见下文。）

4月27日

最亲爱的露：

又有人给我送来一只褐色顺毛大猎狗。它很年轻也很可爱，很快就适应新生活了。艾尔波（编者注：Elbo是以前那只小狗，隆美尔把大狗送了回去，但被一辆汽车碾死了）对它很生疏，但现在能玩到一起了。我很快要把艾尔波也送回去，你也可以找一只狗养，可以消除心中的苦闷。

5月8日

最亲爱的露：

5月中旬了，敌人仍然很安静，但在意大利境内，敌人已经发起一场钳形进攻，暴风雨大概要来了。我又去外地视察了几天，不断跟官兵们聊天。这几个星期里，我们做了不少事情。我坚信敌人进攻的时候，会被我们一网打尽。

5月15日

最亲爱的露：

我在两天前第一次给元首打电话，他的心情听起来不错，表扬了我们在西线战场上所取得的成绩。

天很冷，而且下雨了。英国人或许还要继续等。我等到6月的时候看能否抽空回家。但意大利的局势越来越糟糕。敌人的炮兵特别厉害，空军也很优秀，他们从正面突破我们了。

5月19日

最亲爱的露：

昨天，敌人的空军很强悍，我们没有招架之力。今天一整天还算平静。敌人在意大利取得了胜利，对我们来说是悲哀的。我们的陆战士兵不是能力不够，而是敌人拥有空军优势和数不尽的弹药——跟非洲战役一样。我希望西线战场上的情况会好一些。到今天，我们在空中还是没什么准备，之前遭受的挫伤，现在还没恢复回来……

5月21日

对于侵入战的准备

1944年3月20日，希特勒对西线战场的陆海空三军指挥官做了一次演讲，说出他对西线战争的看法。他曾经说道：

"……显然，英美联军一定会在西线战场发起登陆战，谁都不知道它会以一种什么形式出现。还有，我们无法去推测这个问题。他们的船只不论怎么集中，都不能当作我们推断他们会在什么地方登陆的证据。这些船只是可以移动的，因此他们也能声东击西。最适合登陆的地方，也就是最危险的地方，可能是西岸上的两个半岛——瑟堡和布雷斯特——这两个地方最适合建桥头阵地，然后使用大量空军和各种重兵器，让它更好地扩展开来。

……不管是什么情况，敌人的整个登陆作战都不能让它延长几个小时甚至一两天，迪耶普之战（加拿大部队在1942年对法国海岸的失败突击）就是一个例子。敌人被打败，就不可能卷土重来。不只是物质的因素，只要第一次入侵战失败以后，他们的士气就会大受打击，不敢再进攻了。然后我们集中兵力对付他们，就有很大的胜算。

……我们西线现在有45个师的兵力。要是西线战场取得了决定性胜利，他们立刻可以移动去东线，局势就会发生很大的变化。因此，所有今天在西线上作战的士兵，都要深刻明白这一战决定了国家的生死存亡。"

从这篇演讲看得出来，元首他们还是很自信，认为胜利依然属于我们。此外，他们也知道敌人随时有可能会登陆，但大本营不愿意把兵力往西线集中。

盖尔将军的职责是监督法国境内的装甲兵训练，他建议，由他组织一个可以自己指挥的装甲兵团，然后把所有装甲师集中到巴黎周边。他着重强调：盟军的空降部队应该会在巴黎周边发起一场大规模的进攻，让盟军成功登陆，然后他们再发起一场大规模的反攻,可以把他们赶下海。

他的第一个建议被我们否决,但第二个建议得到了支持。那些德国的高级将领,很多人只有东线战场的作战经验,他们所了解的战争是二维的,不是三维的,他们不清楚制空权的重要。另外,他们觉得英美的军队不擅长机动战,根本不是德国老兵的对手。

隆美尔在北非跟英美军队作战,对付盟军非常有经验,他提议把装甲师先尽量分散开,然后视情况集中装甲师。他这样做,并不是说他不明白"集中"的战略理论。实际上,他之所以能在非洲机动作战中打了那么多胜仗,是因为他很会"集中",他能在合适的时间和地点上,集中兵力。但他的建议没被采纳。

7月上旬,当盖尔将军的装甲部队在诺曼底集中时,即便有丛林和树篱的掩护,可在英美空军不停的炮轰下,很快就被炸毁。被解除指挥权以后,盖尔给隆美尔写了一封信:

亲爱的元帅:

被解除指挥权以后,我想跟您说几句话。这个战场最近战争不断,比我以前经历过的任何一次都严峻。我很荣幸被编入B集团军,在您的指挥下作战,让我的思想也发生了很大变化。您的军人品格和丰富的经验都让我钦佩不已。

在这几天的苦战里,元帅您很关心我个人以及部队,我想好好感谢您。我想我的军事职业生涯暂时停在这里了,因此我用最真诚的态度来表达自己的情感。

盖尔
1944年7月6日

隆美尔曾提出要从德国境内调出6—8个装甲师和5—7个摩托化师,把它们安排在巴黎当预备队。5月17日,我和隆美尔在他的司令部里谈了很久,特意讨论东线战场的将领和在非洲有作战经验将领的差别。隆美尔很不客气地说:"那些从东线来的朋友，不熟悉这里的情况，敌人不是那种用人海战术对我们的战线强行突破的人。这里的敌人有很高的智慧，善于运用战术上的优势，不会浪费物资，作战之前都会反复演习，一切都很完美。"

从我最近东线战场获得的经验看，我也认同他的说法。我们在东线战场和苏联人苦战的下场让我们觉得很挫败。原因是我们的装备很糟糕，另外OKW对战争的指挥不力，让部队总是遭遇无谓的牺牲。另外，德国士兵都害怕被苏军俘虏而遭受虐待。

我记得隆美尔还说过："拜尔莱因，你不清楚要说服这些人有多难！他们只在意运动战的外表，可今天我们在西欧已没有运动的自由。事实是敌人只要一来到陆地，就会闪电般把一切战防炮和战车都送到桥头阵地，并且让我们一头撞到上面，伤亡惨重。要想突破他们的防线，就需要炮兵的掩护，可盟军有绝对的空中优势，我们的炮兵发挥不了优势。"

隆美尔在这段时间里想尽办法让当局接纳他的建议，可大本营仍在犹豫。希特勒批准了隆美尔的海岸防线计划，不是因为他认可隆美尔的想法，而是因为他本就喜欢建立大型要塞工程。而作战预备队方面，希特勒和他的下属都不赞成隆美尔将军的意见，他们不相信敌人的空军会对我方产生多么严重的后果。

3月21日，隆美尔算是说服了希特勒，让希特勒认可预备队有驻守在海岸边的必要。可只过了24小时，希特勒又收回了命令。隆美尔只好无奈地说："谁最后走出他自己的房门，谁就是正确的。"

下面是1944年4月23日隆美尔写给约德尔上将的信的一个片段，在这里能看到隆美尔建议的大致情况：

不论敌人的空中优势有多大，只要我们在最开始几个小时把我们大部分的装甲兵力投入被威胁的海岸防御地区，那么我笃定：敌人在海岸上的攻击第一天就会全数瓦解。到今天为止，敌人的不停攻击虽然让我们在很多地方的野战工程、交通壕等都遭到破坏，可我们那些用混凝土修筑的要塞工程的损失很小。这说明所有的阵地都应该用混凝土修筑，就连后方深处的炮兵阵地、高射炮阵地、预备阵地等也要这样。

让我觉得不安的是机动兵力的问题。跟3月21日会议上确定的内容截然不同，这些兵力到今天还没有归我负责。他们有一部分仍在内陆深处，要是海岸任何一个地区发生了战争,他们都赶不过来支援,我们在陆上防线的防守兵力真的太弱了。因此不管战斗或预备的兵力,都应该这样分布:只要运动很短的距离,就可以支援所有被攻击的地区。这些地区可能是荷兰、比利时、海峡地区、诺曼底和布列塔尼等。我们要让敌人的海运或者空运的部队在靠近我方阵地时,就被消灭大部分。

跟我不一样,盖尔将军平时或许很清楚英国人,但他没有跟英国人打过仗。他担忧敌人会在我们大后方做大规模的空降登陆,因此他想把装甲兵力集中在后方的某个位置,然后进行快速反击。而且,他不同意把自己的装甲师放在海岸防线后面,他认为敌人的空降地点有可能会选在这些地方。依我看,他们的兵力很有限,只要我们守住海岸防线,就算敌人在后方进行大规模空降登陆,也会被我们消灭。我觉得要清除这些空降部队不是很难,但要是他们登陆以后,几分钟内就可以把许多战防炮布置好,再加上空中有轰炸机,这个时候再消灭他们,那就不容易了。……

5月,隆美尔就发现诺曼底比较危险,他想把一整个高射炮军(德国的高射炮部队是独立的)移动到奥恩河和维尔河之间,把一个多管迫击炮旅移动到卡朗唐南边,把党卫军第十二装甲师移动到科唐坦半岛,把装甲训练师移动到阿夫朗什附近。但他的想法没有得到满足。

6月3日下午,我和西线德军总司令(伦德施泰特)在一起,总司令(隆美尔)打算回德国一趟。

1944年6月5—8日,入侵的威胁变弱了,潮汐对敌人很不利。另外,空中侦察也看不到敌人有要登陆的打算。现在最重要的是跟元首直接报告,那么我们在敌人登陆的时候,手中的人力和物力跟敌人相比,都不会处于劣势。因此我们申请再拨两个装甲师、一个高射炮军和一个多管迫击炮旅到诺曼底地区……

6月5日,隆美尔从他的总部坐汽车回德国。

盟军侵入的日子

6月5日晚,天色漆黑。在孤立的防御据点外,哨兵们打着拍子来回走动。

之后，能听到盟军轰炸机群乏味的嗡嗡声，很快就清晰地听到炸弹声。在诺曼底，夜晚轰炸不是什么新鲜事，但那一晚，每一个小时都比前一个小时更密集。凌晨以后，还有更多的来自欧洲大陆的飞机编队，在海岸线后方很大的区域里，处处出现"圣诞树"般的光彩——是空降部队的引路标。另外还有几百架滑翔机载着人员、火炮和车辆都登陆了。隆美尔设计的防御滑翔机的木桩没有发挥多大作用，因为时间不够，德军没有把它们用铁丝网连起来，也没有埋地雷。

之后，内陆的战斗开始激烈起来，盟军的空降部队开始进攻海岸线，想要冲破我方的海岸防御阵地。决定德国生死命运的战斗开始了。

沿着塞纳湾一线的雷达站在前几天就被炸毁了，因此它们没有任何作用。因为天气恶劣，德国空军的侦察机也不在海峡上空做侦察性飞行，德国海军的哨船就停在港口。因此，当盟军运输船从海峡通过，德军竟然毫不知情。早上5点30分，盟军舰队开始轰击海岸。6艘战列舰、23艘巡洋舰和104艘驱逐舰一起轰击，加上盟军的轰炸机群，整个诺曼底被炸得连泥土都四处飞溅。

在他们军舰的火力掩护下，美英两国的特勤部队慢慢靠近滩头，从他们的装甲小艇跳到海中，开始把滩头上的障碍物清除掉——因为落潮，它们都暴露在水面上。要是德国把在水线下的两道障碍物都建好，那么情况就会不一样了。很快，军舰继续攻击德军的防御工程，很多登陆舰开始往滩头涌去。

不论盟军的火力多么强大，在火海中还活着的德军仍然死守在阵地上，除非他们牺牲，或者武器被击毁。他们在许多地方都击退了敌人，但总的来说，这条防线上的兵力很弱，防区的纵深也不够，因此还是没守住。美英两国的步兵从滩头上往内陆前进，从孤立据点的空隙间渗透而来。战车来到滩头上，步兵们在强劲的装甲兵力的支援下不停地攻击。德军除了地雷，只有小部分战防火箭炮和一些孤立的战防炮、战车，很难抵御敌人。

对一些将领来说，他们都清楚，这一点力量很快会被敌人消灭干净。很快，所有的预备队都用完了，没有任何士兵能用了，许多防线被突破了。下午，盟军成功登陆，大局已定。

在海岸线上，唯一的装甲部队是第二十一装甲师。这个师一共有150辆战车、

60门突击炮和自行火炮、300辆装甲运兵车。6日上午，该师的一部分兵力打算对奥恩河东边的英军伞兵发起反攻。但这时第七军团传来命令，让他们在奥恩河西边发起反攻。但时间耽误了，因此对西边的进攻只有一个战斗群（约50辆战车和一个营装甲步兵），不过他们还是冲向了海边。英军的指挥官立刻把伞兵投在这个战斗群的后方，德军惧怕被敌人切断退路，于是停止进攻并撤退了。

傍晚时，情况越来越严峻。英军在德军防线的右方得到一个宽度约20英里的桥头阵地，美军在左边也得到两个立足点，德军夹在中间。盟军的渗入计划虽被阻挠，可德军的所有预备队都派上了战场，因此前线上的指挥官都在等着装甲兵力到来，希望等他们来了，敌人就能被赶下海。可谁都没等到，而且弹药也开始紧缺了。

至于后方，伦德施泰特元帅在6月5日晚命令装甲训练师和党卫军希特勒青年团装甲师（党卫军第十二装甲师）准备行动——要是听隆美尔的建议，这两个师已经到了海岸上，可OKW却要他们再等一段时间，之后就一拖再拖。到6月6日傍晚，这两个师才开始往海岸前进。

隆美尔在1944年6月10日发表了一份文件，上面写了他对前几天战斗的看法。

到今天，从诺曼底的战斗能看出来敌人的目标。

1.在奥恩河和维尔河之间，有一个纵深的桥头阵地，作为进攻法国内陆，也可能是巴黎的跳板。

2.切断科唐半岛，然后在短时间内攻下瑟堡，就能得到一个大型港口，这样，大型舰船就可以登陆。

海岸防御部队做了顽强的反抗，还用上了所有预备队，因此敌人前进的速度十分缓慢。不过，敌人的兵力比我们预测的要多很多。

我们的空海军，面对敌人的空军，毫无办法。即便海岸防御部队和预备队顽强抵抗，终究不是敌人的对手，敌人向桥头阵地推进的速度变得越来越快。

眼下，本集团军可以做到的，是利用不停赶来的兵力在奥恩和维尔两条河流中间保持一条不会被切断的防线。但在这个情况下，我们拯救不了沿岸许多地方还在努力支撑等待救援的部队。

集团军总部也想在之后几天把作战重心移到卡朗唐—蒙特堡一线，目标是消灭那个地方的敌人，还有解除瑟堡的威胁。

我们在诺曼底的作战受到以下因素的影响而处于不利地位，有些原因其实很不应该。

1.敌人空军力量太过强大，这是我和我的下属们都亲身体会的。敌人在整个战场——从最前线一直深入后方60英里之内的地区——都拥有完全的制空权。白天，我方一切交通运输——不论是道路还是空旷地——都始终被敌人轰炸机或者轰炸机群瞄准，因此我方部队在战场上几乎不能动，但敌人可以自如地行动。6月9日，在党卫军装甲军后方，战况如下：许多轰炸机在战场上空不停地徘徊，强大的轰炸机编队不停地轰炸部队、村落、桥梁和十字路口，不顾百姓安危。不论是我们的空军还是高射炮兵，都没有办法反抗这么强大的对手。

2.敌人强大的海军炮火也发挥了很大的作用。盟军使用的火炮有640门，它们威力惊人，我方不管是步兵还是战车，完全没有战胜他们的可能。但我军在沿海阵地还有在蒙特堡地区进行反攻的部队，都顽强抵抗，死守自己的阵地。

3.美军的物资装备比我们强，他们有许多新型的武器和作战物资。另外，他们炮兵也有很大优势，炮弹很充足。

4.敌军空降部队人数多，我的步兵就算有炮兵的支援也无法对付他们。

所有部队在这一次战斗中都付出了最大的努力，就算敌人不停地进攻，军官们也仍然战斗到了最后一刻。我需要把上面的情形报告给元首……

然而，希特勒否定了隆美尔把重心移动到卡朗唐—蒙特堡地区以打击美军桥头阵地的计划。他命令B集团军从卡昂地区直接进攻英军桥头阵地。位于科唐坦的美军桥头阵地，兵力不多，但占据着很重要的位置，所以对我军的威胁也很大，这个时候要是集中兵力攻击他们，一定可以歼灭他们。最后，英军的增援速度非常迅速，希特勒命令从卡昂地区进攻，没有收到任何效果。

在隆美尔去世以前，他曾亲口对他儿子说，一开始，他觉得就算德军的大部分兵力已经撤出加来地区，盟军还是很有可能在那个地方登陆。盟军的想法是把德军都集中在诺曼底地区，然后炸断塞纳河上的桥梁，再在加来地区登陆，直接冲入鲁尔地区。这个想法其实也有很大可能。他之后明白自己把许多德军留在加来地区是个很致命的错误。

当时，丘吉尔经常到前线视察，以鼓舞士气。在隆美尔等人的劝说下，希特勒也前往前线视察。在前线，隆美尔向希特勒提出了一个反攻计划，事后他对家人说，这个计划有四分之一可能成功，但相比于坐以待毙要强得多。就在希特勒来到前线的第二天上午，有一颗打歪的V-1飞弹落在他在大本营的驻地旁边。希特勒像发了神经病一样，急得立刻回国，不再考虑西线战场的问题，鼓舞士气更是不可能的了，隆美尔主张的作战计划也不了了之。希特勒觉得唯一可以胜利的办法是"寸土必争，死拼到底"。

1944年6月29日，伦德施泰特和隆美尔又一起去拜见希特勒。他们想了解最高统帅对眼前战局的看法。希特勒对两个元帅说的话做过记录，从中能看到他当时对战局的看法有点不切实际：

1.元首觉得必须阻止敌军的攻势，这是清除桥头阵地的唯一条件。

2.空军要使用最新的飞机（喷气式飞机和火箭轰炸机）攻击敌人的桥头阵地，不停地制造混乱，然后摧毁敌人的飞机。

3.海中布雷工作还需要加强，一边切断敌人的补给来源，一边让敌人的军舰不能停在沿岸的海面上。

4.用特种炸弹对付敌人战舰。

5.在补给路线上建立高射炮基地。

6.立刻提供1000架战斗机，可以在几天之内让某个地区的上空获得空中优势。（编者注：在盟军还没入侵以前，希特勒就说到过这个问题，但那时候喷气机还没有做好作战准备。即便战争结束前德国人生产了1988架喷气机，但在战争中没有大量使用。）

7.使用所有的船只，包括鱼雷艇、E艇和U艇（潜艇），还有其他小艇，但这些船只数量有限。

之后，隆美尔特意对希特勒提出一个问题："你为什么幻想这场战争还有获胜的可能？"

因为跟希特勒意见不一致，加上争吵，两位元帅都准备辞职。但很奇怪的是，隆美尔还是身居要职，但伦德施泰特被召回了，克卢格代替了他的职位。在元首大本营里，克卢格受希特勒、约德尔等人的影响，对隆美尔的印象很差。另外，他们对克卢格说战况没有那么紧张。因此，当他来到隆美尔司令部时还很乐观——许多东线将领来到西线时的态度几乎都这样。他狠狠地批评了隆美尔，隆美尔连忙给克卢格写了一封信：

致西线战场总司令克卢格元帅：

我把对诺曼底战役发展情况的意见书也附上，请查阅。

你在视察中当着我的参谋长和作战处处长的面前十分粗鲁地指责我，还说："即便是你，也要学习怎么服从命令！"这真的深深地伤害了我。我需要你给我一个合理的解释，为什么要这么说话。

元帅隆美尔
1944年7月5日

这封信里还有隆美尔以前给希特勒看过的一份文件，他十分清楚地把他对诺曼底战役的批评写了出来。

备忘录

地点：B集团军总司令部

时间：1944年7月3日

发文者：B集团军总司令

之所以不能长期防守诺曼底海岸、瑟堡半岛和瑟堡要塞，原因如下：

1.驻守诺曼底的士兵力量太弱，还有一些部队战士超过年龄（例如第七〇九师的平均年龄是36岁）；装备也不符合现代化标准，弹药存量很少，要塞的工程也没完成，补给问题也不理想。

2.在敌军入侵以前，B集团军一再申请增援，特别是5月底时，诺曼底遭受的威胁已经很严重，但都被拒绝了。最重要的一个要求是把党卫军第十二装甲师调到莱赛—库唐斯地区，要真是这样，不管敌人在科唐坦的西岸还是东岸登陆，这个师都可以发起强大的攻击。

3.我建议把装甲师安放在一个可以最快速度投入诺曼底或者布列塔尼任意一方战斗的位置上。可这个要求也没实现，原因是害怕敌人会在巴黎周边发起空降进攻。

4.本集团军要求在5月底的时候把高射炮部队分布在敌人空军已经开始对我方不停进攻的地区。我主张把整个高射炮军移动到奥恩河口到蒙特堡之间的地区——这个地区被敌人威胁最厉害。但这个要求也没得到同意。结果高射炮部队被分别部署在索姆河的两岸，以及奥恩河和维尔河之间。

5.我主张先把第七多管迫击炮旅调到卡朗唐的南边地区，去支援诺曼底防守，但也没被批准。直到敌人登陆以后，这个旅才交给我负责。因此在入侵战的前几天，这个旅没有投入战斗。

6.我曾主张海空军方面使用最新的水雷，立刻完成塞纳湾布雷工作。但这个要求也没被批准。等到敌人登陆以后才开始这项工作。那时工作环境已经很差，只能交给空军完成。

7.军需总监曾下达命令，5月要减少在诺曼底的弹药存量，但本集团军却没有执行这个命令。

8.在敌人入侵之前，补给情况——特别是诺曼底那边——受到空中进攻的严重打击，变得很困难。

9.当敌人在大陆上已经得到一个立足点以后，B集团军本打算等来增援就清除卡朗唐北边的桥头阵地，再消除科唐坦半岛和瑟堡要塞的所有威胁，然后再对奥恩河和维尔河之间的敌人进攻。但OKW没批准，而是把重心放在奥恩河口的东翼。

10.党卫军第十二装甲师先头部队在抵达卡昂西北边的路上遭受低飞敌机的攻击，损失巨大。

11.我方空军支援不力。敌空军不仅控制着整个战区，还向战区深处延伸60英里。他们不仅摧毁沿海地区的各种防御工程，而且还摧毁了我方的铁路系统。

12.海军的活动也不符合原来的计划。6月5日晚，天气不好，巡逻船没在塞纳湾行动，潜艇没发挥出什么作用。在敌人登陆以后，塞纳湾的布雷工作才急忙展开，但敌人的海军攻击力很强。

13.集团军自己没有补给的机构和军训处，当然也就不可能给西欧战场总司令部的军需处下命令。

14.指挥系统也差强人意。在侵入战开始时，集团军总部对西线装甲兵团和多管火箭炮旅以及高射炮单位都没有指挥权。除非把所有兵力都放在一个完整统一的指挥系统底下，才有可能看到胜利的希望。

元帅隆美尔

当克卢格亲自到诺曼底前线看过以后，他立刻改变了之前的想法。他十分认可隆美尔的想法，特别是下面一句话（见隆美尔在6月底给元首大本营的报告）："敌人的制空权，不管是空间还是时间上看，都足够局限我军的所有行动，让我们不能正确推断出时间。当一个师级兵力的装甲或者摩托化部队只能在晚上或恶劣气候下行进时，这种作战的目标也是很有限的。要是有充足的高射炮做防御，再把兵力分成小型的装甲战斗群，才有可能在白天行动。"

1943年夏天以后，隆美尔觉得在重要关头，可以不管希特勒的反对，跟盟军达成一个合理的妥协。但从他之后跟妻子和儿子的谈话里，又让人觉得他是需要等到盟军入侵西欧以后，才会发动推倒希特勒的政变。原因如下：

1.在盟军还没入侵以前，德军只有东线一道战线。要是这个时候发起政变，东线就会全面崩溃——苏联人会汹涌而来，但美英的力量阻挡不了他们。

2.1944年春天，当时发动政变的条件还不成熟，因为在法国境内的部队和许多军官都坚信美英联军会失败的。

隆美尔觉得要是盟军的登陆计划失败了，西方国家可能愿意与新的德国一起迎战东方的敌人。在"7月20日事变"以后，隆美尔曾经对他的家人和一些军官说过："施陶芬贝格上校（动手行刺的人）弄坏了这件事！"他这句话也是生气才说的。后来他听说希特勒下令把所有参与事变的将军处以绞刑，也十分生气。

实际上，他一直不知道刺杀希特勒这件事，要是事先知道，一定会阻止的。在去世前几天，他跟儿子说过："刺杀希特勒没有任何意义。我们不是惧怕这个人，而是他在德国群众心中的偶像地位。事变不该在柏林发起，应该在西线战场上发起。"

当隆美尔和希排德（B集团军参谋长）认清在法国境内的德军防线会在几个星期里被突破以后，他们打算跟西方国家单独进行和谈，结果到了7月17日，隆美尔在利瓦罗被低飞敌机击中，身受重伤。

在这件事发生以前，他把最后一份报告送到希特勒手上。这份报告里，他把严峻的形势和自己的看法都写在了上面。

时间：7月15日

地点：集团军总部

发文者：B集团军总司令

诺曼底前线形势一天比一天糟糕。敌人物资充足，炮兵不停地轰炸我们的防线，而且他们拥有无限的制空权，因此我们的伤亡特别惨重，每个师的战斗力都大大降低。国内送来的补充兵源太少。死伤总人数到达9.7万人（包括军官2360人）——平均每天损失2500—3000人，但补充人数只有1万，而且只有6000人能到前线。战车已经损失了225辆，但只补充了17辆。

新到的步兵都是新兵，他们的火炮、战防炮和近战的反战车武器都很紧缺，因此当敌人在排炮和轰炸机的掩护下进攻，他们根本支撑不了多久。

铁路已经被炸毁了，还有从前线到后方90英里范围内，所有交通线都被敌空军紧盯着，因此我们的补给非常困难，只有极少的必需品能勉强送到前线。

要想增加诺曼底前线的兵力，只有抽调法国南边地区海防线的兵力，不然是不可能的。

敌人每天都会有新的部队和许多作战物资送到桥头阵地，他们的补给也不会被我方空军干扰到。

我们可以推断出，不用很久，敌人很快就能突破我们这条薄弱的防线——特别是第七军团——之后往法国境内挺进。我们已经没有任何机动预备兵力可以应付敌人突破。

我们所有人都在全力以赴地作战，但这种不公平的战斗已到了尽头。这时，作为集团军总司令，我有责任把这些话说出来。

隆美尔

1944年，我曾给集团军总部发了一份报告，写上所有的战斗经过。之后在隆美尔遗留的文件中，竟然找到了这份文件的副本，下列叙述就是以这个文件作为基础。

在经过一系列残酷的战斗以后，我们的兵力[1]只有原来的一半。而且我还得留下剩下的一半装甲兵力在原来防区的后方，用来掩护去接替我原来防区的步兵师。

7月23日，美军攻下了圣洛城。装甲训练师在该城西边防守一个长达6000码的地方。7月24日，400架美军轰炸机攻击我们，但没有造成很大伤亡。意料中的地面进攻没有发生。

可到了第二天，盟军空军开始发起猛烈的进攻，这一次的进攻规模空前。之后我从美方的资料上看到，在7月25日这天，盟军派出的空中堡垒[2]和其他不同型号的轰炸机达到1600架以上，从上午9点一直轰炸到中午。防守阵地的部队几乎都被毁掉。我们最好的装备，像战车、战防炮和自行火炮，都用完了。中午时，整个地区像是月球表面，到处都是炸弹坑。所有通信系统被切断，根本无法指挥。这一场打击是毁灭性的。美军的炮兵还用排炮不停轰炸我方的野战阵地。

在入侵战中，我的座车被击毁6辆，驾驶员也死了几个，在回后方的路上，还不停受到敌人轰炸机的攻击。

当我回到师部的时候，第一份敌人渗入被轰炸地区的报告送来了。大部分部队都在这场轰炸中被灭了，其他地区的一些实力比较弱的预备队想过用反攻的方法来阻挡这个超大规模的进攻，可他们还在集中编组的时候就被敌人的空军和炮

---

[1] 指由拜尔莱因指挥的装甲训练师。
[2] 指B-17飞机。

兵消灭了。第二天上午，美军突破成功。

整个上午，美军不停往南边进攻，首先是步兵，轰炸机支援他们进攻。等到下午，他们的战车群也开始进攻。他们还把我们这个师残存的兵力几乎都消灭了，剩下的人与我师部的人一起往南撤退。我的师部设在一个别墅里。后来美军战车来到附近，我带着5个人一起卧倒在第二个房子里。美军一直开枪扫射房子的门。傍晚，我们才找到机会回到我军战线，一直到半夜，才看到本师的一辆汽车，然后我们坐这辆汽车回到后方。

像隆美尔推测的，美军像是洪水一样流入广阔地区，谁都阻挡不了他们。在向西转到库唐斯以后，他们立刻把我们在科唐坦半岛中的军队困住，然后消灭掉。德军防线上被拉开一道大口子，巴顿率领集团军突破而入，然后冲进法国腹地。这场战争差不多要结束了。这场战斗之所以失败，正如隆美尔和其他指挥官所认为的，是因为盟军拥有绝对制空权。

在这个时期，隆美尔和其他在西线的指挥官都觉得责任重大。因为这一条防线关乎德国生死存亡，苏军会否进入柏林，德国的城市会不会变成废墟，关键看能否成功阻止住盟军的进攻。可惜，失败在所难免。

最亲爱的露：

……现在的战斗是真正的苦战。我昨天一直在前线上，今天还要去。敌人的空中优势让我们无法应对。其他地区很快也会有类似的事情发生，我们只能尽力而为。

1944年6月10日

最亲爱的露：

昨晚的电话线路糟糕到不行。现在我方处于下风，重要原因是敌人拥有空中优势，还有海军重炮的支援。我方派出飞机300、500次，但敌人派出2.7万架次。我昨天已向元首报告，也向伦德施泰特发出了同样的报告。这两个世界巨头养兵千日，现在把所有力量都用上了，不久就看到决定性结果了。眼下是政治家肩负责任的时候，我们坚信很快又有更大的打击来到。我经常思念留在家中的你，希望这场战争会有一个还算完满的结局。

6月13日

最亲爱的露：

又是一场很惨烈的战斗。敌人在飞机、海军炮火、人力和物力等方面都具有极大的优势。我方最高当局应该没有察觉到局势有多么严重。补给很成问题，你们俩最近怎么样？我还没有接到你们寄来的信件。

6月14日

最亲爱的露：

昨天又去前线督战，情况仍然很不好。我们要面临更大的困难。不论是正规陆军还是党卫军部队都在拼命抵抗，但战况只会越来越糟糕。我方空军在战场上几乎没出现过。我的身体还好，虽然所有希望都没有了，但还是充满信心。你一定想象得到我们之后会面对什么样的困境。请记得我们在1942年11月的对话。

6月15日

1942年11月，在阿拉曼会战结束以后不久，隆美尔曾经跟希特勒和戈林开过一次会。他事后在罗马跟妻子说：这场战争输定了，只能想个办法去得到一个尽量好的结果。

最亲爱的露：

我昨天见到了元首，他现在在西线战场。我给了他一份特别细致的报告，把所有事情都说得明白。要是当时OKW都觉得前线上的部队表现不出色，那么他们这种主观的思想也该改变了。要是当局早听取我的意见，一开始敌人发动进攻的时候，就集中三个师的兵力发起反攻，那么，就不会是现在这个结果了。这几天，有好几个将领牺牲了，其中包括法里将军。

……敌人现在只想快点突破巴黎，但已经不太可能了。我们的实力也增强了许多。元首的态度和心情都不错。他也知道局势有多严峻了……

6月18日

最亲爱的露：

战况又突然变得糟糕。敌空军不停轰炸我们的补给部队。到现在，我们的补给线已经完全被切断了。要是双方开始决定性的战斗，我们没有任何弹药。你应该理解我有多难受。这个时候，连瑟堡也守不下去了。我们要面对更严峻的形势。

6月23日

最亲爱的露：

东线战场那边，苏军又发起了进攻。我希望起码有一个方面的战况不会太差。虽然守军还在顽强抵抗，但瑟堡快失守了。凭借着炸弹和炮弹的优势，敌人可以在任何地方——只用突击也能得到很好的战果。最大的悲哀是我们没有办法使用相同的办法去进攻他们。我马上要上前线了，这成了我每天的功课。

6月24日

1944年6月23日，苏军开始夏季进攻，目标是维捷布斯克地区。德军的指挥官曾经提议在敌人还没发起进攻以前，就撤退到贝里西拉一线，不让敌人进攻成功。可希特勒却不准他们撤退。苏军很容易就突破了延伸很长的德军防线，一星期内就渗入150英里，越过了明斯克—华沙公路。7月中，他们已经渗入到波兰和立陶宛境内。7月底，他们已经来到维斯瓦河旁边，而且在南边穿过了桑河——五个星期就前进了450英里。1945年1月，他们又重新开始进攻。这次他们一鼓作气冲到奥得河，距离柏林只有60英里。

最亲爱的露:

　　我现在在医院里,只想静静躺着,要在两个星期以后才可以动。我的左眼很肿,但医生说比之前要好一些了。到了夜晚,我的头会很疼,但白天却会减轻许多。就在我受伤的时候,又突然发生刺杀元首的事情,让我吃惊不已。这件事已经过去了,我们都要感激上帝。在这个事变还没发生以前,我就把我对现在情况的想法报告给元首。

　　向你和曼弗雷德表达我最深的爱,祝你一切顺利。

7月24日

　　这是隆美尔在受伤以后写的第一封信,是他口述,别人写的。他在6月24日到7月17日之间的信件都丢失了。

　　在他给希特勒发送报告以前,他还发过一份电报给希特勒,说西线战场已经守不住了,让他尽快做出决定。

　　几个星期以后,隆美尔要求回德国,他不想在自己受伤的情况下成为敌人的俘虏。他并不知道这个请求会决定自己的命运。因为,希特勒那个时候已经决定要杀死他了。但7月24日希特勒还是发了一个电报给他,内容是:

　　元帅,请你收下我的祝福,希望你早日身体康复。

希特勒

第二十一章　天已经黑了

　　以下是隆美尔受伤在家期间,写下的关于非洲战役和诺曼底战役的回忆录，内容十分精彩，但只是草稿，因为他没有时间修改。他要是没有去世，一定会好好修改的。里面有一些观点不够严密，对某件事的评价也不一定正确，但他最后还是表扬了凯塞林。这说明他是个正直善良的人，虽然两人关系不好，但他评价别人时不夹带个人恩怨。

突尼斯的沦陷注定北非战役正式"结束"。和斯大林格勒之战一样，戈林的错误指挥决定了这个集团军最后的命运。一共13万德军最后都进入了盟军的战俘营。这些人对南欧的防御有着很大的意义，但损失却如此惨重。（1941年以后，到1942—1943年撤出的黎波里塔尼亚为止，非洲军团中德军一共牺牲5200人，被俘14,000人。）

盟军的物资优势是决定北非战争胜负的关键。实际上，从美国人加入战争以后，我们就不抱胜利的希望。要是我们的潜艇可以控制大西洋，或许还有一线生机。因为即使美国人可以生产许多战车、火炮还有车辆，但都要经过海运才能到达战场。所以说，只要是美英运输舰队可以到达的地方，那我们就一定输了。

因此，在盟军的入侵计划里，他们只要拿下一个很好的桥头阵地，物资就可以源源不断地运送过来，而且若是卸载的时候不被阻止，那他们基本上是赢定了。

但他们想同时把20个师的兵力，以及所有装备、补给送到岸上去，也需要几天时间，所以最初的几天是很关键的。

要想打败敌人的登陆作战，有两种可能：1.头几天，把兵力集中在重点地区，用尽全力把敌人赶到海里去；2.拖延登陆战的时间，拖住敌人的同时，集中兵力发动反击。

我们在法国的兵力实力不强，因此不能同时肩负两种不一样的任务——一边是在海岸上保持强大的守备兵力，一边是在内陆保持一支适合的作战预备队。要想增加沿岸的防守兵力，就要调取作战预备队；要想成立一支作战预备队，就需要减少海岸上的兵力。

伦德施泰特元帅是一个很有战略意识的军人，他安排装甲师和摩托化师在法国中部，那样方便他们以最快速度赶到任何一个战场，然后在敌人登陆的前一两天里获得局部优势。在正常情况下，这是一个正确决定，但元帅并不清楚盟军的空中优势，也不知道在这种空中优势下，我们这种作战方式会存在很大问题。

因为海岸防御士兵不够多，因此装甲师和摩托化师在前进的时候要讲求速度。以我在北非作战的经验看，我觉得很难做到这一点，因此我让伦德施泰特元帅要留意下列几点。

1.英美两国的战斗机可以24小时攻击，监视一切道路，炸毁补给线。
2.盟军轰炸机群可以炸毁所有桥梁和城镇，会让所有重要路段都失去作用。
3.摩托化部队在前进时一定会伤亡惨重。
4.因此，要想按照原来的时间到达是不可能的。部队要重新编组，如果只有两三个师，编组起来不算太困难，但十几个师重新编组，分别前进，则需要很长时间。
5.这支队伍可能需要十天或半个月才能到达战场。那时候，盟军已经扫除海岸上的薄弱防守兵力，往内陆深入了。要是这样，我们这一支在路上已经损失很大的打击兵力要想进攻，就没多少胜算了。

因此，我的计划是：尽可能加固海岸防线。对最容易被威胁的地方，要尽可能加强兵力进行保护，我认为要做到以下几点。

1.在敌人的登陆艇开向滩头的时候，是他们最脆弱的时候，我们此时应该狠狠打击他们。
2.我们的一部分兵力要防止敌军扩大他们的桥头阵地，不让他们补充物资和兵力。还有，从其他地区抽调装甲和摩托化部队，集中袭击敌人后方，让敌人首尾难顾。

我们已经加快速度去工作，但因各种原因，总是不能按照原定计划把事情做好。另外，元首大本营、西线总司令等，都不清楚诺曼底是威胁最大的地区，所以对我提出的计划不屑一顾。但对盟军而言，登陆成功决定了所有战略计划是否可以成功，所以他们极度重视。

关于非洲战场，最重要的问题：要是德国的总兵力做一次比较合理的分配，那么是否就能得到地中海的制空权，还能让北非的轴心国部队在补给上得到保障？

第二个问题：要是对德国的总兵力做一次比较合理的分配，是不是可以从德国本土抽调一部分机械化部队，用到北非来？

其实只要做到以下几个步骤，是有可能把充足兵力派到北非的，还可以使保障和补给不会发生困难。

1.调动驻守在法国、挪威等地的空军，集中到地中海地区，让空军掌握局部制空权。

2.把留在法国和德国境内无所事事的装甲师和摩托化师调几个到北非战场。当时盟军还没有大规模入侵的能力。

3.先拿下马耳他岛。

4.找一个人专门负责补给。

其实这些都能够办到。如果当时真的都办到了，我们在非洲的战争一定会取得胜利。

要是给我们更多摩托化部队，还有一条安全的补给线，那我们在1941年年初到1942年夏季，可能会取得以下成绩：

1.我们能击败英军的野战军，因此到苏伊士运河的道路会被完全打通。

2.要是占领整个地中海海岸线，运到北非的补给在路上就不会遭受任何损失。我们也可以对伊朗和伊拉克境内发起进攻，切断苏联到巴士拉的运输线，攻占那边的油田。

3.我们在美索不达米亚准备对苏联南部发起大规模进攻的时候，还要切断摩尔曼斯克和苏联内陆的联系，然后从芬兰发起进攻。要是成功了，苏联人就很好对付了。

4.我们最后要攻下南高加索，拿下巴库的油田，抓住苏联的要害。

可当我提出这些计划的时候，许多人认为不可能实现，实际上，这几点都有可能成功。在英国第八军团后面，实际上只有利比亚沙漠的一条单薄防线而已，只要成功突破这条防线，我军就能一鼓作气冲入后面那些不设防的国家。

拜尔莱因将军附注：这几个想法有一点问题。例如当德军把许多摩托化兵力派到非洲以后,那么盟军可能会提前登陆。但德军也有办法应对——在东线改为守势,然后抽出一些兵力去西欧。

国防军最高统帅部一些人对事情的看法常常跟我相左,他们认为我的想法过于大胆。他们以为自己谨慎,但和英国的蒙哥马利的谨慎不同,他们谨慎只是怕承担责任。

　　拜尔莱因将军附注:我们可以从以上论述得到下列两点结论:
　　1.隆美尔对补给方面的批评基本上是正确的。
　　2.隆美尔的战略计划似乎比国防军最高统帅部的方法——一边不休止地进攻苏联,一边又让西方国家去提高自己的实力——好许多。

近代军事领导能力

在19世纪的最后25年里,所有欧洲强国都选择"知识分子"来当军官。选择军官重要的是看他有没有文人气质。这种在意军官知识的做法,是因为以下几个原因。

1.战争是一种科学,对于知识分子来说,研究科学自然是强项。

2.开始普及征兵制,军队数量变得庞大,选拔知识分子做军官,自然是不错的选择。

3.新型作战工具不断增加,让战争理念或者战争准备都需要更有计划,而研究和制订计划,恰恰是知识分子的强项。

以后战术方面的领袖人才会决定战争的走向,因为将来战争的重点,是要在战术上把敌人消灭。这种领袖人才不仅需要具备高智商,而且也要有很强的个性才能肩负起重大的责任。关于将来如何对军官进行训练的问题,我觉得要着重注意以下几点:

1.要特别重视技术和组织方面的训练。

2.有了计划和想法后，马上执行。

3.许多军事理论家都会忽略部队的心理问题。军官们需要尽可能地让他们的下属保持心理上的健康，要让他们怀着轻松的心情上战场。

4.在训练上，一定要避免每一个军种和每一个兵种走向过分专门化的倾向。一定不能让军种和兵种发生分裂和对立的状况。

非洲战役的回顾

在非洲战场上，因为英国人在前线犯了不少错误，所以才让我们有得到胜利的机会。以下是对英国第八军团失败的简述。

感谢古德里安将军，德国一切装甲部队在战前已经有很出色的理论基础。我们在装甲部队的训练和组织上已经达到了可以实际运用的地步，但英国人保守古板，他们不愿意接受机械化战争的观念，也不怎么注重训练机械化部队。

后来，英军的指挥官发现了自己的缺点，他们意识到，只靠摩托化部队和步兵，不管他们多优秀，都很难扭转局面。虽然他们意识到了这个问题，但要想在短时间内改变局面比较难，因为供给跟不上。

孔令汉和李特奇都不算什么军事人才，因此经常中我设计的圈套而导致失败。直到蒙哥马利成为指挥官——他是个谨慎的人，所有细节都不会放过，他不再纸上谈兵，而是用以往的经验来做计划。不过，他是战略家，不是战术家。在诺曼底入侵战中，他指挥盟军，没犯过什么严重的战略错误。

让人惊讶的是，美国人对现代战争的适应速度很快，因为他们一直推崇实用主义和物质主义，摒弃了传统且无意义的理论。再加上他们拥有巨大的物质资源，所以他们在经济上成为世界第一强国。

在欧洲，许多人浪费自己的精力在一些只能让自己得到满足但没有实际用途的事情上。要是把这样的人放在军队里，他们就会成为阻力，因此最好把这些人赶出军队。

美国陆军不管是在组织、训练还是在装备上，都体现出他们丰富的想象力和远见卓识，而且他们拥有一个建立起真正打击力量的战争机器的心态。他们在很短的时间里凭空建造了一支强大的陆军——装备、武器和组织都达到独步世界的地步。而且其装备等都在不停改进，这也是我们做不到的。

不管是战术或者战略上，诺曼底登陆都是一个十分完美的作品。它证明美国人拥有巨大的勇气，可以勇敢地尝试从没使用过的武器。在突尼斯，美军也付出过沉重的代价才得到宝贵的经验。实话说，虽然美国人进入非洲战场的时间没有英国人长，美国人在非洲战场上所得到的经验比英国人要多，这就说明一个道理：能不能有所得，看个人的领悟能力。

从开始，我们的奋斗目标是要让我们的军队拥有随机应变的能力，而且可以快速行动。对一些低级的参谋人员，我不太在乎他们是否了解战略知识，我在乎他们拥有良好的战术基础。我也想过要把我和前方战斗部队之间建立密切的通信网络。我得出的结论是：最好的方法是把司令部设在前线旁边，然后用一支强大的卫队来保护。我的军官必须具有吃苦耐劳、身先士卒、以身作则……这些优点，才可以让整支军队具有很好的执行能力。在我指挥的德国部队中，从没发生过士气低迷的状况，也没有发生因为失望或者疲惫向敌人投降的事情。

德意两国最高统帅部让我们失去了在北非取得胜利的机会，因此导致我们在意大利南部阻止不了盟军登陆。凭借着我们部队的浴血奋战，以及凯塞林和魏斯特伐两人的优秀领导，才让意大利的战线没有马上失守。但突尼斯的沦陷让墨索里尼的威望降到了冰点，也让他那个重建"罗马帝国"的梦变成泡影。

后来，盟军再次在诺曼底登陆，这一次登陆来势更猛，他们用炮兵、战车和空军把我们打得惨败。

我们没办法同时在三条战线上作战。苏军在东线战场成功突破我们的防线，消灭了我们很多部队，然后往西边进攻。面对重重困难，我们只能用上最后的预备兵力，才能勉强在东西两边再凑出一道新的防线。

因此，德国的天空已经乌云密布。